HEIDEMARIE GRAUL

Künstlerische Urteile im Rahmen der staatlichen Förderungstätigkeit

AF814929

Schriften zum Öffentlichen Recht

Band 112

Künstlerische Urteile im Rahmen der staatlichen Förderungstätigkeit

Ein Versuch zur Begrenzung der Staatsaufgaben

Von

Dr. Heidemarie Graul

DUNCKER & HUMBLOT / BERLIN

Gedruckt mit Unterstützung des Marburger Universitätsbundes

Alle Rechte vorbehalten
© 1970 Duncker & Humblot, Berlin 41
Gedruckt 1970 bei Buchdruckerei Bruno Luck, Berlin 65
Printed in Germany

Inhaltsverzeichnis

Einleitung

A. Das Problem 11

B. Gang der Untersuchung 12

Erster Teil

Grenzen staatlicher Entscheidungsbefugnisse 14

A. Grenzen der Zurechenbarkeit zum Staat aus der Natur bestimmter Lebensgebiete und Kritik 14

B. Begrenzung der Zurechenbarkeit aus der verfassungsrechtlichen Normierung der jeweiligen Staatsaufgaben und ihrer Grenzen 16

1. Staatliche Entscheidungen als Entscheidungen über das „Abstimmbare“ 16
2. Das „Unabstimmbare“: Bereiche der Nicht-Identifikation 17

Zweiter Teil

Sich wandelnde Zielvorstellungen staatlicher Kunstförderung in den letzten Jahrhunderten 19

A. Absolutismus 19

1. Kunstförderung als Staatsaufgabe 19
2. Die Annahme unbegrenzter Staatsaufgaben und die Indienstnahme der Kunst 20

B. Liberalismus 21

I. Der limitierte Staatszweck 21

II. Die Wendung von der Kulturnation zum Kulturstaat und die Kunstförderung 22

1. Mit der Kunstförderung verbundene Zielvorstellungen 22
2. Aufkommende Zweifel an der Befugnis des Staates zur Bewertung von Kunstwerken 23

C. Der moderne Sozialstaat 25

Dritter Teil

Ziel und Grenzen staatlicher Kunstförderung in der bisherigen Literatur und Rechtsprechung 26

A. Literatur (Herrfahrdt — Huber — Knies — Erbel — Ridder — Schäuble) 26

B. Rechtsprechung 35

1. OVG Münster und Bundesverwaltungsgericht zur Vergnügungssteuerermäßigung für ein Jazzkonzert (Armstrong-Fall) 35
2. Verwaltungsgericht Wiesbaden, Hessischer VGH und Bundesverwaltungsgericht zur Filmbewertung durch die FBW Wiesbaden (Pamir-Fall) 37
3. VGH Baden-Württemberg und Bundesverwaltungsgericht zur Subventionierung eines Marionettentheaters (Marionetten-Fall) 44

Vierter Teil

Die objektive Bedeutungskomponente des Art. 5 Abs. 3 GG als Bestimmung des Zieles, der Grenzen und der Modalitäten staatlicher Kunstförderung 46

A. Methodische Ansätze 46

1. Institutionelle Deutungen des Art. 5 Abs. 3 GG und Kritik 46
2. Die Auffassung von Dürig und Erbel und Kritik 47

B. Eigene Lösung: Ausgang von der Verbürgung der Freiheit des Sachbereiches Kunst in Art. 5 Abs. 3 GG: Bedeutung der Freiheitsgarantie angesichts der Bedingungen der Freiheit des Kunstlebens im politischen Gemeinwesen 49

I. Wegfall alter Mäzene und Angewiesenheit der Kunst auf den Staat als Änderung der Ambiance im Sinne Schindlers 49

II. Das daraus folgende veränderte Verständnis der Freiheitsrechte 50

III. Art. 5 Abs. 3 GG als gleichzeitige Konstituierung und Begrenzung der Aufgabe des Staates zur Herstellung des erreichbaren Maximums an effektiver Freiheit der Kunst 51

1. Rechtspflicht des Staates zum Tätigwerden 51
2. Die Begrenztheit seiner Aufgabe 52

IV. Kongruenz zwischen dem subjektiven Freiheitsbereich und dem Gegenstand potentieller staatlicher Förderung 54

C. Die Vergleichbarkeit des Art. 5 Abs. 3 GG mit Art. 5 Abs. 1 GG 56

I. Teilweise hinsichtlich ihres Objekts 56

II. Hinsichtlich ihrer Funktion als Verbürgung der Freiheit eines Lebensbereichs 57

III. Folgerung: Kunstförderung als Förderung der Freiheit eines speziellen Bereiches geistiger Kommunikation 59

1. Kein Mittel zur „Volkserziehung“ 59
2. Kein staatliches Kunstideal 61

D. Folgerungen für Modalitäten und Grenze staatlichen Tätigwerdens im Bereich der Kunstförderung 63

I. Die Verwirklichung der komplementären Strukturen dessen, was Unfreiheit im Außerstaatlichen bewirkt 63

1. Durch finanzielle Förderung 63
2. Bei kunstpolitischen Entscheidungen 64

II. Das Problem der Auswahl des zu Fördernden 66

1. Die Notwendigkeit eines künstlerischen Werturteils 66
2. Die Subjektivität des künstlerischen Werturteils 68
3. Die Unabstimmbarkeit des künstlerischen Werturteils 71
4. Die Angewiesenheit des Staates auf das Außerstaatliche bei der Auswahl 73

E. Die Aufgabe komplementären Sich-Ergänzens des Staates und des außerstaatlichen Teils des politischen Gemeinwesens: Modelle des Zusammenwirkens 74

I. Erstes Modell: Eigenverantwortliche Auswahl durch eine staatlich unterstützte Künstlervereinigung 74

1. Beispiel: Die Akademie der Künste in Berlin 74
2. Die Nicht-Identifikation des Staates mit ihren Entscheidungen 75
3. Die Entstaatlichung der Berliner Festspiele 76

II. Zweites Modell: Das künstlerische Werturteil einer Jury, das der Staat in seine Entscheidung über die Vergabe seiner Mittel einbezieht 77

1. Die Staatsaufgabe der Auswahl der Juroren — Ziel und Methode 78
   a) Schutz gegen die Bedrohung der Freiheit der Kunst durch das „Publikum en large“ und durch pluralistische Kompromisse 79
   b) Gremien von Künstlern und Kunstsachverständigen und die Vermeidung der Dogmatisierung des Irrtums 82

2. Die Nicht-Identifikation des Staates mit den Entscheidungen solcher Gremien und ihre positive Auswirkung auf ein freies Kunstleben 85

3. Die staatliche Nachprüfbarkeit der Entscheidungen solcher Juries 87
   a) Die Kontrollfunktion des Staatsorgans, das unter Einbeziehung des nichtstaatlichen Werturteils ein allgemeinverbindliches Sollens-Urteil fällt 87
   b) Die gerichtliche Nachprüfbarkeit der Entscheidung des Staatsorgans 89

c) Die gerichtliche Nachprüfbarkeit der Entscheidungen der FBW 90
d) Insbesondere: sachfremde Motive 94

F. Kunstpflege in staatlichen Institutionen 96

G. Die „künstlerisch hochstehende" Veranstaltung im Sinne der Vergnügungssteuergesetze 101

Fünfter Teil

Selbstdarstellung des Staates und Kunst 105

A. Beziehungen des Staates zur Kunst außerhalb des Rahmens der Förderung ihrer Freiheit 105

B. Die Zulässigkeit der Selbstdarstellung des Staates und die Notwendigkeit der Verwendung von Hilfswerten 106

C. Der Grund für die Verwendung gerade der Kunst bei der Selbstdarstellung des Staates 107

D. Die Zulässigkeit der Einbeziehung von ästhetischen Werten und von Kunstwerken in die Selbstdarstellung des Staates 108

E. Die Identifikation des Staates mit der politischen Aussage und dem „Propagandawert", u. U. sogar mit der Schöpfung solcher Kunstwerke 110

F. Selbstdarstellung des Staates und Kunstpflege 111

1. Versuch einer theoretischen Abgrenzung 111
2. Anwendung auf einige Grenzgebiete 112

Sechster Teil

Folgerungen für einige Spezialbereiche staatlicher Kunstförderung 116

A. „Kunst am Bau" 116

B. Theaterbesucher-Organisationen 121

C. Förderung des deutschen Films 127

I. Die Erlasse des Bundesinnenministers über Filmpreise, Spielfilm- und Kulturfilmprämien 127

1. Die Zielsetzung der Förderung 128
2. Der Auswahlvorgang 129

II. Das Kuratorium Junger Deutscher Film 132

III. Das Filmförderungsgesetz 133

1. Entstehung und verfassungsrechtliche Problematik 133
2. Die Entscheidung der Kleinen Kommission über den „guten Unterhaltungsfilm“ 141
3. Die „Sittenklausel“ des § 7 Abs. 9 FilmförderungsG 145

Literaturverzeichnis 153

Abkürzungsverzeichnis

FAZ	=	Frankfurter Allgemeine Zeitung für Deutschland
FBW	=	Filmbewertungsstelle Wiesbaden
FBW-Inf.	=	FBW-Information, hrsg. von der Filmbewertungsstelle Wiesbaden
FR	=	Frankfurter Rundschau
FSK	=	Freiwillige Selbstkontrolle der Filmwirtschaft
FuR	=	Film und Recht. Informationsdienst des Instituts für Film- und Fernsehrecht, München
FVB	=	Freie Volksbühne
GA	=	Goltdammers Archiv für Strafrecht
GO-FBW	=	Geschäftsordnung der Filmbewertungsstelle Wiesbaden (a.F.: vom 6. Dezember 1963, StAnz. [Hess.] S. 1423, n.F.: vom 6. Mai 1969, StAnz. [Hess.] S. 860)
SZ	=	Süddeutsche Zeitung
UFITA	=	Archiv für Urheber-, Film-, Funk- und Theaterrecht
VA-FBW	=	Verfahrensordnung für die Ausschüsse der Filmbewertungsstelle Wiesbaden (a.F.: vom 6. Dezember 1963, StAnz. [Hess.] S. 1424, n.F.: vom 6. Mai 1969, StAnz. [Hess.] S. 858)
VV-FBW	=	Verwaltungsvereinbarung über die Filmbewertungsstelle in Wiesbaden zwischen den Ländern der Bundesrepublik (a.F.: vom 20. September 1957, StAnz. [Hess.] S. 1071, n.F.: vom 6. Mai 1969, StAnz. [Hess.] S. 856)

Vgl. zu den übrigen in dieser Arbeit verwandten Abkürzungen *Hildebert Kirchner*, Abkürzungsverzeichnis der Rechtssprache, 2. Aufl. Berlin 1968.

Einleitung

A. Das Problem

Die Belebung der juristischen Diskussion über die Kunstfreiheitsgarantie, die nach langer Pause in den letzten Jahren zu verzeichnen ist, hat vor allem eine verstärkte Analyse der subjektiven Bedeutungskomponente des Art. 5 Abs. 3 GG, der individuellen Kunstfreiheit, und der mit ihr verbundenen Schrankenproblematik erbracht[1]; primär die objektivrechtliche Seite des Art. 5 Abs. 3 GG, die Freiheit des Kunstlebens, als „Grundgesetz staatlicher Kunstpflege", steht dagegen im Mittelpunkt der Arbeit von *Schäuble*[2]. Als Kristallisationspunkt der wesensmäßigen Antinomie des Staates als Organisiertem und der Kunst als nicht Organisierbarem, auf die jede Betrachtung dieses Problems stößt, schält sich dabei die Auswahl des mit Geldern der Allgemeinheit zu Fördernden heraus.

Ein Blick in die Praxis zeigt eine durch Experimentierfreude etwas verdeckte Unsicherheit staatlicher Organe: Teils fällen Verwaltungsbeamte Urteile über künstlerische Leistungen, teils werden Gremien von Laien, Korporationen von Künstlern, Kunstsachverständige oder nach Proporzgesichtspunkten zusammengesetzte Kommissionen damit betraut. Die Frage der gerichtlichen Nachprüfbarkeit solcher Entscheidungen wurde denn auch zum Anknüpfungspunkt der Auseinandersetzung der Rechtsprechung mit Problemen staatlicher Kunstförderung generell[3]. Der Streit um den Rechtscharakter solcher Entscheidungen, zumal wenn sie von Sachverständigengremien gefällt werden, wurde dabei mit ihrer Einordnung in den Bereich des Ermessens, des höchst-

---

1 Hier seien zunächst nur die wichtigsten monographischen Abhandlungen der letzten Jahre genannt: *Ridder:* Freiheit der Kunst nach dem Grundgesetz (1963); *Ropertz:* Die Freiheit der Kunst nach dem Grundgesetz (1966); *Erbel:* Inhalt und Auswirkungen der verfassungsrechtlichen Kunstfreiheitsgarantie (1966); *Knies:* Schranken der Kunstfreiheit als verfassungsrechtliches Problem (1967).

2 Rechtsprobleme der staatlichen Kunstförderung (1965), Zitat: S. 171.

3 Urteil des OVG Münster vom 4. 3. 1963, DÖV 1963, 764 und des BVerwG vom 28. 5. 1965, BVerwGE 21, 184 (Armstrong-Fall); Urteil des Hess.VGH vom 20. 2. 1962, DVBl. 1962, 605 (Pamir I), des BVerwG vom 28. 1. 1966, BVerwGE 23, 194 (Pamir-Urteil) und des Hess.VGH vom 13. 6. 1967 in FBW-Inf. Nr. 4/1967 (Pamir II); Urteile des Baden-Württ.VGH vom 28. 7. 1964, ESVGH Bd. 17 S. 54, 56 und Beschlüsse des BVerwG vom 26. 9. 1966 — VII B 176.64 — und — VII B 147.64 —, auszugsweise abgedruckt in ESVGH Bd. 17 S. 56, 58 (Marionetten-Fall).

persönlichen Fachurteils mit Beurteilungsspielraum oder des unbestimmten Rechtsbegriffs ausschließlich auf dem Gebiet des Verwaltungsrechts ausgetragen. Die logisch vorrangige Frage, ob es Angelegenheit des demokratischen Staates sein kann, Werturteile über Kunst zu fällen, ob die Entscheidungen solcher Sachverständigengremien ihm überhaupt zurechenbar sind, wird am Rande bejaht als Folge aus einer — ungeschriebenen — Kompetenz des Staates zur Kunstförderung, die notwendig seine Befugnis, das, was er für wertvoll hält, auszuwählen und zu diesem Zweck künstlerische Werturteile zu fällen, enthalte. Stärker rückt sie dagegen in den Untersuchungen von *Ridder*[4], *Ernst Rudolf Huber*[5] und *Schäuble*[6] sowie in einer Rede von *Arndt*[7] in den Vordergrund. Die irrationale, sich der Regelung und Organisation entziehende Eigengesetzlichkeit der Kunst, deren Anerkennung *Kitzinger*[8] als den Kerngedanken der Kunstfreiheitsgarantie der WRV bezeichnet, bildet für *Schäuble* den Grund, sie zu verneinen. Der Streit um den mehr oder minder diskursiven Charakter künstlerischer Werturteile gewinnt so grundsätzlichere Bedeutung und mündet in die Frage nach den Grenzen der Entscheidungsbefugnisse des Staates in künstlerischen Angelegenheiten. Damit ist das Grundproblem staatlicher Kunstförderung als das eines Bereiches zwischen Staat und „Gesellschaft" bezeichnet.

Hier erreicht die Diskussion über Fragen der Kunstförderung einen Punkt, an dem eine Untersuchung mit Hilfe von Kategorien der Staatslehre erforderlich wird. Die kritische Frage, ob Grenzen des Staates aus dem „Wesen", der „Eigengesetzlichkeit" eines Lebensbereiches, zu dem er in Beziehung tritt, ableitbar sind, erfordert ihre Einbeziehung ebenso wie die weitere Frage nach der dogmatischen Begründbarkeit von Legitimation und Grenzen staatlicher Aufgaben in einem Bereich, dessen Erwähnung in der Verfassung sich auf die Proklamation seiner Freiheit beschränkt.

B. Gang der Untersuchung

Aufgrund dieser Überlegungen ist die Frage nach der Zulässigkeit staatlicher Entscheidungen im Bereich der Kunst zunächst in den weiteren Zusammenhang der Begrenzung der Aufgaben des Staates zu stellen (erster Teil). Solche Grenzen der Staatstätigkeit und damit der Zurechenbarkeit individueller Entscheidungen zum Staate aus der Na-

---

4 a.a.O. (Fn. 1) S. 23.

5 Kulturstaat S. 14 f.

6 a.a.O. (Fn. 2) S. 59 ff., 201 ff., 211 ff.

7 Demokratie als Bauherr S. 230 ff.

8 S. 459.

tur bestimmter Lebensgebiete, also unter dem Blickwinkel der Staatstheorie gewissermaßen ein für allemal zu bestimmen, hat eine frühere Lehre versucht, deren Untersuchung den Anfang bilden soll. Aus ihrer Unzulänglichkeit, die nicht nur in ihren tatsächlichen Voraussetzungen liegt, sondern auch methodisch begründbar ist, ergibt sich die Notwendigkeit eines neuen Ansatzpunktes: der Frage, in welchem Umfang die Staatsaufgabe der Kunstförderung staatlich-allgemeinverbindliche Entscheidungen erfordert. Ihre Beantwortung hängt entscheidend ab von dem Ziel, dem die Förderung der Kunst durch den konkreten Staat des Grundgesetzes nach dem Willen der Verfassung zu dienen hat. Einer kritischen Betrachtung der Auffassungen in der bisherigen Literatur und Rechtsprechung über diese Zielvorstellung (dritter Teil) und ihrer eigenen Ermittlung (vierter Teil) soll eine kurze Darstellung der sich wandelnden Zwecke, die der Staat in früheren historischen Ausprägungen mit der Kunstpflege verfolgt hat und die ihrerseits ein Korrelat zu der jeweiligen Staatsauffassung bilden, vorangehen (zweiter Teil). Den fünften Teil bildet eine gesonderte Untersuchung des Grenzbereiches zwischen staatlicher Kunstpflege und der Selbstdarstellung des Staates mit Mitteln der Kunst. Im sechsten Teil schließlich soll versucht werden, die gefundenen Ergebnisse auf drei aktuelle und besonders umstrittene Bereiche staatlicher Kunstförderung anzuwenden: die „Kunst am Bau“, die Theaterförderung unter Einschaltung von Theaterbesucher-Organisationen und die Filmförderung.

Erster Teil

Grenzen staatlicher Entscheidungsbefugnisse

Erster Ansatzpunkt der Frage nach der Befugnis des Staates, Entscheidungen auf dem Gebiet der Kunst zu fällen, muß die Erinnerung an die von *Heller*[1] immer wieder betonte Tatsache sein, daß staatliche Wirksamkeit menschliche Wirksamkeit — und somit staatliches Entscheiden immer menschliches Entscheiden ist. Ein staatliches Urteil über Kunst ist das Urteil eines oder mehrerer Menschen, das dem Staat als „organisierter Wirkungs- und Entscheidungseinheit"[2] des politischen Gemeinwesens zugerechnet wird, eine individuelle Tätigkeit, die er sich zueignet[3]. Die Frage muß somit präzisiert lauten, welche individuellen Entscheidungen und Urteile über Kunst der Staat sich zueignen darf und wo die Grenzen des ihm Zuzurechnenden liegen.

A. Grenzen der Zurechenbarkeit zum Staat aus der Natur bestimmter Lebensgebiete und Kritik

Eine frühere Lehre hat eine Grenze solcher Zurechenbarkeit aus der Eigenart der jeweiligen menschlichen Tätigkeit abzuleiten versucht und ist davon ausgegangen, daß es individuelle Tätigkeiten gibt, die sich ihrem Wesen nach der Zurechenbarkeit zum Staat entziehen. Als solche Tätigkeiten hat sie zum Beispiel das wissenschaftliche und künstlerische Schaffen angesehen. So verweist *Bluntschli* in seiner Betrachtung des Verhältnisses des Staates zu Wissenschaft und Kunst[4] auf eine Stelle bei *Spinoza*[5], in der es heißt: „Alles das, zu dessen Ausübung man weder durch Belohnungen noch durch Drohungen gebracht werden kann, gehört nicht zu den Rechten des Staates", und erklärt eine Herrschaft des Staates über die Wissenschaft[6] ebenso wie über die Kunst, auch dort, wo er sie fördert[7], für unzulässig. Denn die Zurech-

---

1 S. 69 ff., 101, 237; ebenso *Jellinek:* Allgemeine Staatslehre S. 260.

2 *Heller* S. 228 ff., 238 ff.

3 *Jellinek,* a.a.O. S. 260.

4 S. 463 ff.

5 Politik II 8, zitiert nach *Bluntschli* S. 464 Fn. 1.

6 S. 463.

7 S. 470.

nung wissenschaftlicher Tätigkeit zum Staat und ihre bis ins einzelne gehende Regelung seien eine Zwangsjacke, die „der Natur der Wissenschaft zuwider“ und „aus dem Rechte des Staates nimmermehr zu begründen“ sei[8]. Dieselbe, aus der „Natur der Sache“ deduzierende Argumentationsweise findet sich bei *Jellinek*[9]. Im Rahmen der Lehre vom Zweck des Staates stellt er fest, daß der Staat befugt sei, grundsätzlich zu allen menschlichen Solidarinteressen in Beziehung zu treten. Sein Verhältnis zu den einzelnen Interessen sei aber durch „deren Natur bedingt“. So könne der Staat u. a. Kunst und Wissenschaft nicht erzeugen: Er sei nicht imstande, die hierzu notwendige individuelle Tätigkeit sich zuzueignen. Jellineks Begründung dafür ist eine Differenzierung der zitierten These Spinozas: Solche Tätigkeiten, deren eigentümliche Art er zu bestimmen außerstande sei, bei denen er nur anordnen könne, daß sie in bestimmter Richtung wirken und gewisse Effekte hervorrufen sollen, bei denen er das Quantum, nicht aber das Quale der Leistung anbefehlen könne, blieben individuelle, vom Staat autorisierte Tat und würden niemals Inhalt staatlicher Organtätigkeit. Sie seien Vollziehung staatlichen Willens, nicht staatlicher Wille selbst[10]. Dies gelte auch dann, wenn die entscheidende Person Staatsbeamter sei, denn nicht nach seiner Stellung, sondern nach dem „innere(n) Wesen der staatlichen Funktionen“ entscheide sich die Frage der Zurechenbarkeit. So gehöre auch die spezifische Tätigkeit des angestellten Arztes, des Professors, des Lehrers und des Regierungsbaumeisters hierher: „Das richterliche Urteil hat der Staat gefällt, die vom Minister ausgehende Ernennung der Staat vollzogen usw. Aber der Universitätslehrer trägt nicht königlich preußische Mathematik oder großherzoglich badische Psychologie vor ... Ein Gemeinwesen, das lehrt und baut, kann auch vorschreiben, wie zu lehren und zu bauen, wie zu malen und Tonkunst zu üben sei. Vor solcher ‚organischer‘ Zukunft möge ein gnädiges Geschick uns immerdar bewahren[11]!“

So einleuchtend eine solche Begrenzung der Zurechenbarkeit individuellen Tätigwerdens zum Staat auf den ersten Blick auch erscheinen mag, drängen sich doch zwei Gegenargumente auf[12]: Die von Jellinek entwickelten Schranken sind nur solche des kausalen Könnens, nicht dagegen des rechtlichen Dürfens. „Daß aber in dem faktischen Nichtkönnen eine Grenze für die Tätigkeit des Staates liegt, ist eine Selbstverständlichkeit. Mehr als Können kann auch der Staat nicht“. Historische und aktuelle Beispiele belegen zudem, daß es Staaten gibt und

[8] S. 463, vgl. dazu auch *Roesler* S. 228.

[9] Allgemeine Staatslehre S. 259 ff.

[10] System S. 224.

[11] Allgemeine Staatslehre S. 260 Fn. 1.

[12] Vgl. dazu auch das folgende Zitat: *Holubek* S. 89 f.

gegeben hat, die alle menschlichen Tätigkeiten einschließlich des künstlerischen und wissenschaftlichen Schaffens zum Inhalt der Staatstätigkeit gemacht haben. Zumal mit allen modernen Mitteln der Propaganda und „Gehirnwäsche" operierende Diktaturen zeigen, daß auch Eingriffe des Staates in die Gedankenfreiheit im wörtlichen Sinne, die religiöse und sittliche Überzeugung, in die wissenschaftliche Lehre und das Kunstempfinden der Staatsbürger keineswegs unmöglich sind[13]. Als ein Modell der völligen Verstaatlichung der Wissenschaft hat schon Bluntschli ausdrücklich das kaiserliche China benannt[14]. Das „Nichtkönnen" selbst ist somit alles andere als selbstverständlich. Die Nicht-Zurechenbarkeit individueller Tätigkeit zum Staat und damit seine Grenzen lassen sich daraus nicht herleiten.

B. Begrenzung der Zurechenbarkeit aus der verfassungsrechtlichen Normierung der jeweiligen Staatsaufgaben und ihrer Grenzen

Die rechtliche Frage, welche Aufgaben der Staat wahrnehmen, welche individuellen Tätigkeiten er sich zurechnen darf und welches die Grenzen seiner Wirksamkeit sind, wird vielmehr durch die normative Verfassung des jeweiligen politischen Gemeinwesens entschieden. Als Regelung der politischen Einheitsbildung, der Integration, einerseits und des Handelns und Wirkens der im Wege dieser politischen Einheitsbildung konstituierten Gewalten andererseits[15] bestimmt sie nach ihrer sachlichen Eigenart unterschiedene, bestimmte und begrenzte Aufgabenbereiche staatlichen Wirkens[16].

I. Staatliche Entscheidungen als Entscheidungen über das „Abstimmbare"

Hierin liegt vor allem die eine Funktion der Grundrechte, die als „Grundelemente objektiver Ordnung des Gemeinwesens"[17] solche Sachgehalte herausstellen, in denen das betreffende Volk von Verfassungs wegen einig sein will und soll[18]. Hinsichtlich solcher Sachgehalte ist die Allgemeinheit durch ihre im Wege verfassungsmäßiger politischer Inte-

---

[13] *Holubek* S. 90; *Menzel* in Zeitschrift für öffentliches Recht Bd. VII (1928) S. 211 ff. (215); *Nawiasky* II 1 S. 157 f.

[14] S. 463.

[15] *Hesse* S. 7.

[16] *Ders.* S. 13.

[17] *Hesse* S. 110 und passim; vgl. auch BVerfGE 7, 198 (204 f.).

[18] *Smend:* VVDStRL 4 S. 44 ff. (49); *Krüger* S. 540 f.; vgl. dazu auch *Scheuner:* VVDStRL 22 S. 46, 51.

gration gewählten Repräsentanten befugt, Entscheidungen zu fällen. Das Vertrauen in die Kompetenz der zur Entscheidung Berufenen wird meßbar gemacht durch Abstimmung, die Minderheit hat sich der Mehrheit zu beugen[19]. Die staatlichen Organe sind ermächtigt, das Seinsollende festzustellen, mit der Folge, daß ihre Entscheidung „Gemeinverbindlichkeit nicht nur für die Mitglieder der staatlichen Organisationen, sondern in der Hauptsache für alle Gebietsbewohner hat"[20], daß die Entscheidungen der Repräsentanten den Repräsentierten zugerechnet werden[21].

2. Das „Unabstimmbare": Bereiche der Nicht-Identifikation

Freiheitliche Demokratie beruht jedoch nicht allein auf diesem Prinzip der Bildung des maßgeblichen Willens durch Mehrheitsentscheidung, durch Abstimmung, sondern zusätzlich auf einer anderen, noch vorrangigen Funktion der Grundrechte, Übereinstimmung über das Unabstimmbare zu normieren hinsichtlich solcher Bereiche, in denen nicht zu erwarten ist, daß die Bürger bereit sind, sich einer von der Allgemeinheit getroffenen Entscheidung zu unterwerfen, in denen die Mehrheitsentscheidung nicht das geeignete Mittel ist, eine für alle verbindliche Wahrheit festzustellen, vielmehr als Vergewaltigung der sittlichen Persönlichkeit, der Freiheit des einzelnen zu höchstpersönlicher, selbstverantwortlicher Entscheidung wirken müßte[22]. Einig soll das Volk im Zeichen solcher Grundrechte nicht in der Sache selbst, sondern darin sein, daß eine solche Einigkeit nicht erreicht werden kann und die Allgemeinheit folglich kein Recht hat, über derartige Lebensbereiche mit Wirkung für die Überstimmten zu entscheiden. Daraus folgt, daß der Staat als Ordnungs- und Regelungsfaktor des politischen Gemeinwesens[23] nicht nur die individuellen auf solchen Gebieten gefällten Entscheidungen zu respektieren hat, sondern daß er sich mit keiner von ihnen identifizieren und ihr dadurch den Anschein der Allgemeinverbindlichkeit verleihen darf. Seine Nicht-Identifikation[24] in bestimmten Bereichen prägt nicht nur die Eigenart des modernen Staates und unterscheidet ihn sowohl vom absolutistischen Staat als auch von sich mit bestimmten Ideologien identifizierenden autoritären und totalitären Staaten der Moderne. Sie ist vielmehr gleichzeitig eine Bedingung für die Freiheit der in ihm lebenden Bürger: Sie haben die Gewißheit, daß

---

[19] Dazu *Arndt:* Demokratie als Bauherr S. 230.

[20] *Heller* S. 236.

[21] *Leibholz* S. 37 f.

[22] Hierzu und zum folgenden: *Krüger* S. 541; *Arndt:* Demokratie als Bauherr S. 230 f.

[23] Vgl. *Draht:* Staat Sp. 2121 ff.

[24] Dazu grundlegend *Krüger* S. 178 ff.

sie in ihrer materialen Entscheidung innerhalb des betreffenden Lebensbereichs — gleichgültig, wie sie ausfällt — geachtet und geschützt sind und nicht Gefahr laufen, sich durch ihre Entscheidung außerhalb der staatlichen Gemeinschaft zu stellen, weil der Staat sich gerade mit der Gegenmeinung (-religion, -weltanschauung) identifiziert[25]. Diejenigen Grundrechte, die Bereiche der Nicht-Identifikation normieren, entfalten ihre integrierende Wirkung, begründen die Möglichkeit des Zusammenlebens also dadurch, daß sie dem einzelnen die Sicherheit geben, eine solche Entscheidung nicht befürchten zu müssen. Raum solcher Entscheidungen wird damit die Privatsphäre des einzelnen[26], bzw., wenn sie Relevanz für den politischen Integrationsprozeß haben, die „politische Gesellschaft" als nichtstaatlicher Teil des sozialen Ganzen[27].

Die gestellte Frage präzisiert sich also weiter dahin, in welchen Aspekten des Lebensbereiches Kunst nach dem Willen der Verfassung Einigkeit bestehen soll und in welchen nicht: ob und in welchem Umfang die Aufgaben, die der Staat nach dem Grundgesetz im Bereich der Kunst zu erfüllen hat, ein mit Allgemeinverbindlichkeit ausgestattetes Urteil in künstlerischen Angelegenheiten erfordern. Die Beantwortung dieser Frage hängt ab von der Legitimation des Staates zur Kunstförderung durch das Grundgesetz und die in ihm enthaltenen Zielvorstellungen und Grenzen. Sie können schärfer herausgearbeitet werden vor dem Hintergrund staatlichen Mäzenatentums in der neueren Geschichte und des Wandels der Zielvorstellungen, von denen der Staat sich bei seiner Kunstpflege leiten ließ.

---

[25] *Ders.* S. 181.

[26] *Krüger* S. 541.

[27] *Arndt:* Demokratie als Bauherr S. 231.

Zweiter Teil

Sich wandelnde Zielvorstellungen staatlicher Kunstförderung in den letzten Jahrhunderten

A. Absolutismus

1. Kunstförderung als Staatsaufgabe

„Staatliche" Kunstpolitik in der Moderne setzt ein Doppeltes voraus: die Ablösung der mittelalterlichen privatrechtlichen Auffassung der Herrschaft durch das Verständnis der Gesamtheit der fürstlichen Rechte als einheitliche obrigkeitliche Gewalt, als Staatsgewalt[1] und die Zurechnung von Aufwendungen, die für Kunst gemacht werden, zu dieser und nicht zu der Person des Herrschers. Ihre erste bedeutsame Ausprägung erfährt sie im Absolutismus. So sind bei *v. Justi*[2] alle Ausgaben für Kunst, freilich verschiedenen Zwecken entsprechend verstreut an drei verschiedenen Stellen, unter die Staatsausgaben eingereiht: Der „allgemeine Wirthschafts-Etat" wird eingeteilt in den Militär- und den Civil-Etat[3], und dieser umfaßt u. a. Aufwendungen für Hof und Hofstatt, die „besonderen Hofämtern und Hofbedienten überlassen werden" und Cammerausgaben, deren „Besorgung ... der Cammer anvertrauet" ist[4]. Unter den ordentlichen Ausgaben für Hof und Hofstatt finden sich — nicht im Rahmen, sondern neben der „Chatoulle", die zu dem „unmittelbaren Gebrauche des Regenten bestimmt ist, und woraus nichts ohne seine besondere höchste Anordnung ausgegeben wird"[5] — solche „zum Vergnügen und Pracht des Hofes"[6]. Mit ihnen werden neben Gärten, Feuerwerken, Jagden, Bällen etc. Opern und Komödien, Gemälde und Statuen sowie Kunstsammlungen finanziert. v. Justi betont, daß es für eine große Residenzstadt nötig sei, daneben ein öffentliches Theater zu veranstalten, was aber ohne Kosten des Hofes geschehen könne[7]. Die außerordentlichen Ausgaben für Hof

1 *Hartung* S. 62.
2 Staatswirthschaft, zweiter Teil S. 508 ff.
3 S. 508 ff.
4 S. 587, zur Einteilung generell S. 558 ff.
5 S. 561.
6 S. 574 ff.
7 S. 576.

und Hofstatt umfassen solche für „große(n) Werke(n) der Kunst, wodurch der Monarch seinen und seines Landes Reichtum zutage legen will“[8]. „Große Statuen, welche die Monarchen in besonderer Schönheit der Kunst und ungewöhnlicher Größe vorstellen“, sollen ihrem Andenken in der Nachwelt dienen[9]. Kunst spielt so die Rolle einer persönlichen Liebhaberei des Monarchen einerseits und die eines fürstlichen Prunkstückes andererseits[10]. Unter den Cammerausgaben schließlich finden sich solche für Maler- und Bildhauerakademien, deren „Endzweck auf die wirkliche Beförderung der Künste“, nicht nur auf das Renommieren damit, daß überhaupt eine Akademie unterhalten wird, gerichtet sein soll[11]. Denn „es ist gar nicht zu läugnen, daß nicht auch die Aufnahme der Künste (sc. wie die der Wissenschaft) die Vernunft und den guten Geschmack der Zeiten, und mithin die Artigkeit der Sitten befördert“[12]. Diese Begründung für das Betreiben staatlicher Kunstpflege wirkt bis in die Staatslehre des Liberalismus fort[13].

2. Die Annahme unbegrenzter Staatsaufgaben und die Indienstnahme der Kunst

Die Zielvorstellungen, die in der Praxis mit dieser letzten Art der Kunstförderung im absolutistischen Staat verbunden wurden, bilden ein Korrelat zu der damaligen Staatsauffassung: Der aufklärerischen Vorstellung, daß es über die Gefahrenabwehr und die Erhaltung der Ordnung hinaus Aufgabe des Herrschers sei, durch positive Maßnahmen für die Wohlfahrt seiner Untertanen, auch gegen ihren Willen, zu sorgen, entsprach es, daß die Aufgaben, die sich die Fürsten als Häupter des absolutistischen Staates zumaßen, praktisch unbegrenzt waren[14]. Den Kompetenzen der Polizei, die als Instrument zur Durchsetzung dieser Ziele geschaffen wurde, waren dementsprechend keine Schranken gesetzt, was zu bürokratischer Bevormundung der Untertanen und Regelung auch ihrer privaten Lebensbereiche führte.

Typisches Beispiel einer unter diesen Vorstellungen stehenden staatlichen Kunstpolitik ist die Pflege der Kunst im Frankreich des 17. Jahrhunderts[15]. In der ersten Hälfte des Jahrhunderts noch relativ freiheitlich, nahm sie unter Ludwig XIV. ausgesprochen autoritäre Züge an.

---

[8] S. 581.

[9] S. 585.

[10] *Jaeger* S. 198; *Friedrich* S. 102.

[11] *v. Justi* S. 611 f.

[12] *Ders.* S. 611.

[13] s. u. S. 22 f.

[14] Dazu *Forsthoff:* Verfassungsgeschichte S. 52 f.; *Hartung* S. 67.

[15] Zum folgenden: *Hauser* I S. 474 ff.

Sie wurde dem der Kunst heteronomen Gesichtspunkt des Dienstes an Ruhm und Ansehen des Königs völlig unterstellt. Von der absolutistischen Staatsauffassung konnten Zweifel an der Befugnis des Staates, die Kunstproduktion zu lenken, als Entscheidungsorgan in allen Geschmacksfragen zu wirken und die ästhetischen Grundsätze, nach denen sich das künstlerische Schaffen zu richten hatte, doktrinär festzulegen und autoritativ durchzusetzen, nicht entstehen. Die kunstpolitischen Zielvorstellungen hatten dem künstlerischen Schaffen gegenüber einen unbedingten Primat. Als Instrument dieser Kunstpolitik fungierte die Académie Royale de Peinture et de Sculpture, die, im Jahre 1648 als freie Vereinigung von Künstlern gegründet, bis 1664 verstaatlicht wurde. Sie begann alsbald, einen umfassenden Zwang auf die Künstler auszuüben: Die Ausbildung der Künstler wurde ihr Monopol, sie entschied über die Verleihung von Preisen (vor allem des Rom-Preises) und die Zulassung zu Ausstellungen, sie verbag Staatsstellen, Titel und Pensionen. „Es handelt sich um Heranbildung junger Künstler durch Beamte, deren Lehrweise der Staat approbirt hat. Es wird also hier eine vom Staat approbirte Kunst vorausgesetzt... Wer Director der Akademie in Paris oder Rom war, der hatte als Künstler damit die Sanction der Staatsgewalt empfangen; wer als malender Beamter den höchsten Rang innehatte, dessen Manier war die beste und die herrschende[16]." Der Staat identifizierte sich also mit einer bestimmten Kunstanschauung, einem Kunststil. Totale Anpassung an sie war der Preis, den der Künstler für seine Unterstützung durch die Akademie zahlen mußte. Dasselbe gilt für die von Colbert und LeBrun vor allem nach dem Ankauf der Teppichfabrik der Familie Gobelin in großem Stil organisierte Kunstproduktion. Da zudem die Aristokratie und die Hochfinanz vom Kunstmarkt verdrängt wurden, kann man von einem absoluten Kunstmonopol des Staates sprechen. Dieses Monopol, verbunden mit seiner Identifikation, prägt die Eigenart der Kunstpolitik des absolutistischen Frankreich und machte sie zu einem Modell, das auf das damalige Europa einen nicht zu unterschätzenden Einfluß gewann[17].

B. Liberalismus

I. Der limitierte Staatszweck

Der Umschwung der Staatsauffassung vollzog sich unter dem Einfluß der Französischen Revolution im 19. Jahrhundert. Mit dem Bewußtwerden der Freiheit des Individuums gewann die liberale Idee an

---

16 *Grimm* in Preußische Jahrbücher Bd. 29 S. 749.

17 Dazu *Hauser*, a.a.O. (Fn. 15); zu der gleichliegenden Entwicklung in Italien und England *Grimm*: Akademie S. 18 f.

Boden, daß es nicht Aufgabe des Staates sein könne, seine hoheitlichen Mittel für Wohlfahrtszwecke einzusetzen. Die private Glückseligkeit des Menschen schien vielmehr durch den Ausgleich der verschiedenen Gruppen innerhalb der als autonom gedachten Gesellschaft gewährleistet. Soweit die Verwaltung dennoch Wohlfahrtszwecke erfüllte, wurde diese Tätigkeit aus dem eigentlichen Verwaltungsrecht eliminiert und auf diese Weise die Eingriffsverwaltung mit der Ausübung hoheitlicher Gewalt schlechthin identifiziert. Die Reduktion der Ausübung der Staatsgewalt auf die Eingriffsverwaltung bildet das Korrelat zum limitierten Staatszweck der liberalen Theorie[18]. In ihrer ursprünglichen und schärfsten Ausprägung hat die liberale Theorie die Wahrnehmung all jener Aufgaben durch den Staat abgelehnt, die der einzelne ebensogut selbst verwirklichen kann. Die Sorge für die positive Wohlfahrt des Menschen, etwa für seine Erziehung und — auch ästhetische — Bildung konnte nach diesem Verständnis nicht Angelegenheit des Staates sein[19].

II. Die Wendung von der Kulturnation zum Kulturstaat und die Kunstförderung

Ernst Rudolf Huber bezeichnet es in seiner Verfassungsgeschichte[20] als eine der großen Ironien der deutschen Geistes- und Staatsgeschichte, daß gerade *Humboldt* als Verfasser des Manifests über die Grenzen der Wirksamkeit des Staates es war, der als Leiter der Preußischen Unterrichtsverwaltung das Erziehungswesen verstaatlichte. Humboldts Wendung von der Kulturnation zum Kulturstaat stehe stellvertretend für die des geistigen Deutschland[21]. Die Kunst wurde damit über polizeiliche Gesichtspunkte der Gefahrenabwehr hinaus Gegenstand der fördernden Zuwendung des sich als Kulturstaat verstehenden Staates[22].

1. Mit der Kunstförderung verbundene Zielvorstellungen

Die Zielvorstellungen, unter denen die Kunstförderung betrieben wurde, stehen dabei in engem Zusammenhang mit den Kunstvorstellungen des Idealismus[23]. Förderung der Kunst wurde vornehmlich

---

18 Vgl. dazu *Badura* S. 8 ff.

19 *Humboldt*, bes. S. 37 ff., 76 ff., 108 ff.

20 Bd. I S. 274.

21 *Huber*: Verfassungsgeschichte I S. 275; zur Geschichte der deutschen Kulturstaatsidee vgl. *ders.*, a.a.O. S. 261 ff.

22 Dazu *Heckel* S. 127 f.; *Knies* S. 207 ff.; *Schäuble* S. 80 ff.

23 Zu ihrem Fortwirken bis in die Rspr. der jüngsten Zeit vgl. *Knies* S. 148 ff.

als Mittel zur ästhetischen Erziehung der Bürger verstanden. Die Kunst sollte der Gesittigung des Volkes dienen, seine Neigung zum Schönen und Edlen vermehren und dem Betrachter reinen Genuß vermitteln[24]. Weiter wird die Kunst in ihrer Rolle als Integrationsfaktor der Gesellschaft erkannt und gleichzeitig als solcher bewußt eingesetzt, wenn gefordert wird, in den öffentlich geförderten Kunstwerken sollten im Anschluß an die vaterländische Geschichte große Taten verherrlicht werden[25]; Kunstwerke, die nur um der formalen Schönheit willen ohne Gehalt, ohne Zusammenhang mit den Forderungen der Zeit und des Lebens, nicht um des Volkes, sondern um des Künstlers willen ausgeführt würden, seien eine Abstraktion, die an ihrer inneren Hohlheit bald zugrunde gehen werde; öffentliche Kunst müsse vielmehr den großen Zwecken des gemeinschaftlichen Lebens gewidmet sein[26]. Die Vermutung, daß dieser Vorstellung der Einsatz der Kunst als Mittel zu staatlichen Zwecken nicht fremd ist, wird verstärkt durch ihre Bezeichnung als „Hebel des Nationalreichtums"[27] und durch die Proklamation, die beste Sorge des Staates für die Kunst sei es, wenn er durch sie dem öffentlichen Leben ein sinnvoll wohlgefälliges Gepräge, *seinen* Ideen einen entsprechenden Ausdruck gäbe[28]. Zudem wird unter Betonung des nationalen Aspekts der Gemeinde hervorgehoben, daß durch die Kunst sowohl anderen Staaten als auch der Nachwelt ein Zeugnis der Kultur des eigenen Volkes übermittelt werden solle[29]. Einen weiteren Aspekt staatlicher Kunstpflege im 19. Jahrhundert sieht *Lorenz v. Stein*[30] darin, daß die heraufkommende industrielle Epoche sich der Kunst wegen ihres wirtschaftlichen Wertes als Grundlage für die gewerbliche Kunst bewußt zuzuwenden begann.

2. Aufkommende Zweifel an der Befugnis des Staates zur Bewertung von Kunstwerken

Gleichzeitig entstehen aber im liberalen Denken Zweifel an der Kompetenz staatlicher Organe zu künstlerischen Entscheidungen. *v. Mohl*[31], der als Ziel der Kunstförderung ebenfalls die Bildung des Schönheitssinns der Bürger hervorhebt und ihre einzelnen Arten be-

---

24 *Carriere* S. 167, 169; Art. *Kunst* (v. Rotteck-Welcker) S. 371; *Roesler* S. 224 ff.

25 *Carriere* S. 169.

26 *Carriere* S. 170.

27 *Ders.* S. 167.

28 *Ders.* S. 170 (Hervorhebung von Verf. dieser Arbeit).

29 Vgl. die bei *Carriere* S. 167 auszugsweise wiedergegebenen Reden *Metternichs* und *Maximilians I von Bayern;* Art. *Kunst* (Rotteck-Welcker) S. 371 f.

30 Verwaltungslehre 5. Theil S. 282 ff.

31 Die Polizeiwissenschaft I S. 677 ff. (688).

handelt, fordert ohne nähere Begründung, man solle im Rahmen der Veranstaltung von Kunstausstellungen das Urteil eines Gerichts von unbeteiligten Kunstsachverständigen „über den verhältnismäßigen Wert der ausgestellten Werke" einholen. Von diesem Urteil solle die Verleihung der Preise, aber auch der Ankauf durch die Regierung abhängig gemacht werden. Auf diese Weise möge der Staat auch auf privat veranstalteten Ausstellungen Kunstwerke kaufen. Bedeutsam sind die Vorstellungen zu diesem Punkt, die *Kugler* in seinem Entwurf von „Grundbestimmungen für die Verwaltung der Kunst-Angelegenheiten im Preußischen Staate" im Jahre 1849[32] auf Veranlassung des damals für die Kunstverwaltung zuständigen Ministers entwickelt hat. Danach steht die Förderung der Kunst, die als staatliche Pflicht anerkannt wird, unter der Verwaltung des Ministers für Unterrichts-Angelegenheiten als oberster Kunstbehörde[33]. Weiter heißt es: „Die Maßnahmen der Verwaltung beruhen auf den Gutachten, welche von Sachverständigen erfordert werden. Dem Minister steht zu diesem Behufe, unter dem Titel des ‚Kunstrathes', eine Commission von Sachverständigen, welche vorzugsweise aus den anerkanntesten ausübenden Meistern der verschiedenen Kunstfächer berufen werden, zur Seite. Bei den Provinzialbehörden werden die künstlerischen Interessen durch Sachverständige je nach dem vorhandenen Bedürfnis vertreten." In einer Erläuterung zu § 4 des Entwurfes trifft Kugler Grundbestimmungen für die Verfassung des Kunstrates, dem 20 Mitglieder, davon 17 Künstler der verschiedenen Fachrichtungen und drei „Kunsttheoretiker oder Freunde der Kunst" angehören sollen. Die Hälfte der Mitglieder soll nach jeweils drei Jahren ausscheiden und durch Neuernennung ersetzt werden. Der Kunstrat hat ein Gutachten namentlich bei „der Verteilung und Verwendung der für die verschiedenen Kunstfächer jährlich bestimmten Fonds und bei der Prüfung der Tätigkeit der Kunstinstitute" abzugeben. Wenn es auf das Urteil über bestimmte Kunstleistungen ankommt, kann er eine besondere Jury, die aus den Mitgliedern der Kunstakademie gewählt wird, berufen. Die Akademie selbst ist eine Gemeinschaft von Meistern der Kunst für genossenschaftliche Zwecke, eine Künstlervereinigung, ein freies Organ für die allgemeinen künstlerischen Interessen des Staates[34]. — Für kunstpolitische Entscheidungen wird also der Verwaltung der Kunstrat als Sachverständigengremium beigeordnet. Wertdifferenzierende Kunstentscheidungen, an die staatliche Organe Rechtsfolgen knüpfen, werden

---

32 Diese Schrift wurde erst nach *Kuglers* Tod 1859 herausgegeben. Dazu ausführlich *Knies* S. 209 ff.

33 § 4 des Entwurfes.

34 § 5 des Entwurfes und: Grundbestimmungen für die Verfassung der Kunstakademie, lit. a) und ergänzende Bemerkungen.

dagegen der aus den Reihen der Kunstakademie gewählten Jury, also einem genossenschaftlichen, nichtstaatlichen Gremium anvertraut.

C. Der moderne Sozialstaat

Die gegenläufige Bewegung zum modernen Sozialstaat hin veränderte das Erscheinungsbild des Staates von seinen tatsächlichen Aufgaben her[35]. Schon im 19. Jahrhundert wurde er durch Bevölkerungszunahme und Industrialisierung, einschneidend aber durch den Verlust des Ersten Weltkrieges und die Krisen der zwanziger Jahre gezwungen, besonders auf wirtschaftlichem Gebiet planend, fördernd und lenkend in die „Gesellschaft" einzugreifen. Durch die staatliche Wahrnehmung von Aufgaben, die das Leben der Menschen tendenziell verplanen und dirigieren, droht eine neue Abhängigkeit und Unfreiheit, die totaler ist als das frühere, durch sporadische Eingriffe bewirkte Unterworfensein der Bürger unter den Staat. Daß innerhalb des vielfältigen Instrumentariums, welches den Staat befähigt, die kulturelle und zumal die künstlerische Freiheit zu beeinträchtigen, ja sogar zu vernichten, das sublimere Mittel des „Drehens am Subventionshahn"[36] dem gröberen repressiver Maßnahmen gegen Künstler und Kunstwerke an Wirksamkeit nicht nachsteht, dürfte gerade auch die fördernde Kunstpolitik des nationalsozialistischen Staates[37] bewiesen haben. Verstärkt drängt sich nach dieser Erfahrung die Frage auf, wie die Freiheit der Kunst auch in dem Bereich, in dem der Staat sich ihr aktiv fördernd zuwendet, verwirklicht werden kann. Ihre Behandlung in der Literatur und Rechtsprechung bildet den Gegenstand des nächsten Abschnittes.

---

35 Dazu *Badura:* Verwaltungsrecht im liberalen und im sozialen Rechtsstaat; *Draht:* Staat Sp. 2121 ff.; *Dürig:* Verfassung und Verwaltung im Wohlfahrtsstaat, JZ 1953, 193 ff.; *Ehmke* in II. Smend-FG S. 23 ff.; *Forsthoff:* Verfassungsgeschichte S. 185 ff.

36 Ausdruck von *Ridder:* Freiheit der Kunst S. 21.

37 Dazu *Brenner:* Die Kunstpolitik des Nationalsozialismus; *Lehmann-Haupt:* Art Under A Dictatorship; *Rave:* Kunstdiktatur im Dritten Reich; *Roh:* „Entartete" Kunst; *Buchholz* S. 50 ff.; *Erbel* S. 65 ff. und *Knies* S. 11 ff., 192 ff. mit weiteren Nachweisen.

Dritter Teil

Ziel und Grenzen staatlicher Kunstförderung in der bisherigen Literatur und Rechtsprechung

Obwohl Schwerpunkt der Auslegung des Art. 5 Abs. 3 GG nach wie vor die Individualfreiheit des Künstlers und ihre möglichen Schranken sind, haben sowohl Literatur als auch Rechtsprechung in den letzten Jahren zunehmend auch zu Legitimation und Grenzen staatlicher Kunstförderung Stellung genommen.

A. Literatur

Während Probleme der Kunstförderung in keinem der Kommentare behandelt werden, waren es Aufsätze, Monografien und Dissertationen, die die „weißen Flecken" der Fachliteratur auszufüllen begonnen haben, von denen *Ridder* noch im Jahre 1962 sprechen konnte[1]. Zunächst ist jedoch auf eine ältere Untersuchung einzugehen, die die neuere Lehre bisher unbeachtet gelassen hat.

Herrfahrdt

In einer Monografie aus dem Jahre 1917 entwickelt Herrfahrdt[2] Grundlagen einer normativen Kunstwissenschaft. Hinsichtlich ihrer Probleme stellt er zunächst fest, daß die Aufgabe einer Normativwissenschaft nie damit erfüllt sei, daß sie Werturteile über ihren Gegenstand fälle. Ein Werturteil sei nichts als ein unfertiges Soll-Urteil, zu Ende gedacht sei es erst, wenn es sich in der Form des Sollens an bestimmte Personen wende. Für eine Kunstwissenschaft seien aber zwei Personenkreise relevant: die kunstgenießende Menschheit einerseits und die schaffenden Künstler und alle, die auf das künstlerische Schaffen Einfluß haben könnten, andererseits: „Wir dürfen also nicht von einem Werturteil über ein Kunstwerk, eine Kunstrichtung oder einen Künstler sprechen, sondern von einem Soll-Urteil über das Kunstgenießen und einem Soll-Urteil über das Kunstschaffen. In diesen beiden Fragen können wir zu entgegengesetzten Werturteilen über ein und dasselbe Kunstwerk langen[3]." Auszugehen

---

[1] Freiheit der Kunst S. 10.

[2] Normative Kunstwissenschaft S. 5 ff., vgl. auch *ders.* in v. Hippel-FS S. 209 ff. (226 f.).

[3] Normative Kunstwissenschaft S. 5.

habe eine normative Kunstwissenschaft also von der Bedeutung von Kunstwerken für die kunstgenießende Menschheit einerseits und für die Entwicklung der Künstler und damit der Kunst andererseits. Die erstere sieht Herrfahrdt in der Vermittlung von sittlichen Werten, Erkenntniswerten und ästhetischen Genußwerten auf der einen Seite und von ästhetischer Kultur, Formalgefühl auf außerästhetischem Gebiet und einem Gefühl für die Rangordnung unter den Menschen andererseits.

Hinsichtlich der Einwirkung auf das künstlerische Schaffen seien sein Ziel und die anzuwendenden Mittel scharf zu trennen. Sein Ziel könne ein doppeltes sein: zum Hervorbringen solcher Kunstwerke anzuregen, die in ihrer Wirkung auf die Menschheit als wertvoll erkannt worden seien, und solcher, die für die Entwicklung der Kunst von Bedeutung seien oder werden könnten. Zur Auswahl der Kunstwerke, die der Menschheit zum Genießen empfohlen werden können, könne jeder Gebildete beitragen; von einem Urteil über eine künstlerische Leistung aber sollten Unbefugte und auch der größte Teil der Gebildeten sich fernhalten; nur gemeinschaftliche Arbeit von Künstlern und Kunstwissenschaft könne Probleme dieses Gebietes lösen, wobei man das so für wertvoll Erkannte den Künstlern keinesfalls aufzwingen solle.

Festzuhalten ist für die folgende Untersuchung die Unterscheidung zwischen dem Soll-Urteil und den — bei verschiedenen Soll-Urteilen u. U. differierenden — Werturteilen über ein Kunstwerk sowie die Erkenntnis, daß bei der Auswahl methodisch richtig von dem Ziel der Beeinflussung der Kunst durch den Staat ausgegangen werden muß. Dieses Ziel kann heute für den Staat des Grundgesetzes allerdings nur unter Berücksichtigung des Art. 5 Abs. 3 GG ermittelt werden. Die von Herrfahrdt angenommene Bedeutung der Kunstwerke für die kunstgenießende Menschheit erscheint als stark an einer idealistischen Kunstauffassung orientiert und bedarf nach den grundlegenden Veränderungen des Bewußtseins und Lebensgefühls seit dem Ersten Weltkrieg und ihrer Widerspiegelung in der Entwicklung der Kunst der erneuten Untersuchung[4].

Ernst Rudolf Huber

In seiner staatstheoretischen Untersuchung der Problematik des Kulturstaats entwickelt Ernst Rudolf Huber[5] aus dem Kulturstaatsbegriff eine Konzeption staatlicher Kunstförderung und geht dabei detailliert auf staatliche Entscheidungsbefugnisse im Bereich der Kunst

---

[4] Kritischer gegenüber der Berücksichtigung sittlich-erzieherischer Gesichtspunkte jetzt auch *Herrfahrdt* selbst in v. Hippel-FS S. 227.

[5] Zur Problematik des Kulturstaats (1958).

ein. Ausgehend von der Autonomie der Kultur und ihrer Gefährdung in der Gesellschaft kommt er zur Pflicht des Kulturstaates zu Schutz, Pflege und Vermittlung der Kultur. Diese aber gehe unentrinnbar in die aktive Kulturgestaltungsmacht des Staates über. Die Unterscheidung zwischen Kultur und Nichtkultur sowie wertdifferenzierende Entscheidungen seien notwendig eine staatliche Aufgabe: „Es geht hier um eine Entscheidung, die nicht nur im Bereich der wissenschaftlichen oder gesellschaftlichen Wertung gelten, sondern *Verbindlichkeit im Bereich des Staates besitzen soll.* Da von ihr abhängt, was als *anerkanntes Bildungsgut* der staatlichen Bewahrung, Vermittlung und Förderung würdig ist und was nicht, kann die Entscheidung nur von einer Instanz gefällt werden, die der Staat dazu ermächtigt hat[6].“ Übertrage er sie einem Gremium unabhängiger Sachkenner, so bürokratisiere sich diese Instanz entweder und werde damit ein Stück Staat. Oder aber sie behaupte ihren Platz in der Gesellschaft: dann sei staatliche Entscheidungsmacht an eine gesellschaftliche Instanz ausgeantwortet. „Das aber bedeutet nichts anderes als eine Entstaatlichung des Staates und Verstaatlichung der Gesellschaft; die mit delegierter staatlicher Entscheidungsmacht betraute gesellschaftliche Instanz wird ihrer Funktion nach ein Staatsorgan. Was ‚Staat‘ ist, ist eben keine bloße Frage der organisatorischen Zuordnung, sondern im letzten eine Frage der *Funktion* ... Eine im freien Sozialraum gebildete Instanz, die kraft staatlicher Ermächtigung eine unabhängige, mit *staatlicher Verbindlichkeit* ausgestattete Entscheidung in einer Grundfrage unserer Gesittung, nämlich der Frage nach dem Unterschied zwischen Kultur und Nichtkultur, zu fällen hat, ist der Funktion nach Staat gewordene Gesellschaft[7].“ Die Auswahl und Heraushebung sowohl einzelner Kulturgebiete als auch Kulturrichtungen sei auch deshalb geboten, weil die Neutralität des Staates ihnen gegenüber und die daraus folgende schematische Parität der staatlichen Kulturpolitik grundsätzlich verfehlt sei und den staatlichen Dienst an der Kultur unmöglich und sinnlos machen würde.

Die Begrenzung des die Kultur gestaltenden Staates ergebe sich aber daraus, daß die Herrschaft des Staates über die Kultur in einem dialektischen Prozeß umschlage in die Herrschaft der Kultur über den Staat[8]. Der Staat werde zum Kulturgebilde und damit zum Kulturstaat im eigentlichen Sinne in dem Maße, in dem die Kulturgestaltungsmacht des Staates und die Staatsgestaltungsmacht der Kultur sich gegenseitig aufhöben[9]: „Kulturstaat ist der Staat, der sich als Kultur

---

[6] *Ders.* S. 14.

[7] *Ders.* S. 15 f. (alle Hervorhebungen von Verf. dieser Arbeit).

[8] S. 21 ff.

[9] S. 22.

weiß und verwirklicht" — und: „Kulturstaat ist der Staat, in dem Kultur sich als Staat weiß und verwirklicht[10]."

Knies

Hubers Auffassung schließt sich Knies[11] an. Er weist besonders darauf hin, daß dogmatischer Standort des — von ihm im Gegensatz zur h. L. angenommenen — qualitativen Definitionsverbots und des Differenzierungsverbots der status libertatis sei, daß diese Verbote im Bereich der „Pflege und Förderung der Kunst" dagegen prinzipiell nicht gälten. Knies sieht aber auch die Kunstförderung des Staates als von der Kunstfreiheitsgarantie „zweifellos beeinflußt"[12] an. Er deutet, insoweit im Gegensatz zu Huber[13], eine begrenzte staatliche Neutralitätspflicht an[14] und folgert aus ihr ein Verbot willkürlicher Bevorzugung oder Benachteiligung bestimmter Kunstrichtungen durch den Staat und ein dementsprechendes Gebot pluralistischer Förderung.

Erbel

Von einem ähnlichen staatstheoretischen Ansatz wie Huber kommt Erbel[15] zu sehr weitgehenden Befugnissen des Staates. Dabei geht er von einem „durch die Kunstfreiheitsgarantie prinzipiell nicht beeinträchtigten"[16] Recht des Staates zur Kunstpflege aus, die angewandte Kulturpolitik sei. Ohne die Befugnis, das, was er fördere, zu bewerten, sei der Staat in die Rolle eines „unpolitischen wertneutralen Geldgebers für die Künste"[17] verdrängt, eine Rolle, die dem Wesen staatlichen Handelns, das stets politisch, also auf die Verwirklichung von Wertvorstellungen gerichtet sei, widerspreche. Er sei daher im Rahmen der Kunstpflege nicht nur berechtigt, die Qualität eines Kunstwerkes und die Begabung eines Künstlers zu beurteilen, sondern er dürfe darüber hinaus das, was er vermitteln und fördern will, nach inhaltlichen Gesichtspunkten auswählen und dabei kulturpolitische Maßstäbe einschließlich parteipolitischer anlegen: „Zwar mögen auf diese Weise manche künstlerischen Strömungen und Richtungen unter dem Einfluß bestimmter politischer Gruppen nicht oder nur sehr schwach zu Worte kommen. Doch gilt das in anderen Bereichen genau so: die politisch dominierende Kraft setzt in der Demokratie meistens

---

[10] S. 26.

[11] S. 224 ff., vgl. auch *ders.:* Freiheit der Kunst Sp. 1200.

[12] S. 227.

[13] Und auch zu seiner eigenen kritischen Auseinandersetzung mit *Krüger* (S. 224).

[14] S. 214 Fn. 180.

[15] S. 177 ff.

[16] S. 177.

[17] S. 178.

ihre Ideen gegen die Vorstellungen einer Minderheit durch[18]." Das Korrektiv hiergegen sieht Erbel in der Möglichkeit, die Verantwortlichen abzuwählen.

Während *Hubers* Legitimation staatlicher Kulturförderung überzeugt, ist die Orientierung der Zielvorstellung, die er mit ihr verbindet, an pädagogischen Gesichtspunkten („anerkanntes Bildungsgut") für die Kunstförderung nicht zweifelsfrei. Doch diese unterstellt, begründet Huber die Notwendigkeit der Identifikation des Staates mit dem Wert der geförderten Kunst — im Gegensatz zu derjenigen mit einer bestimmten Bildungs- und Erziehungsidee[19] — nicht zwingend für den Gesamtbereich staatlicher Kunstförderung. Die Hypothese, daß Förderung eines Kunstwerks es in jedem Fall voraussetze, dieses mit Verbindlichkeit im Bereich des Staates für wertvoll zu erklären, ist angesichts anderer Bereiche der Nicht-Identifikation nicht denknotwendig. In dem weiten Bereich der Kultur gibt es neben solchen Inhalten, die „als (sc. staatlich) anerkanntes Bildungsgut der staatlichen Bewahrung, Vermittlung und Förderung"[20] für würdig befunden werden, gerade auch solche, deren bildende Wirkung sich allein dadurch entfaltet, daß sie zur Diskussion und damit zur freien Bewertung durch die einzelnen gestellt werden, und die der Staat deshalb fördert, ohne sich mit ihnen zu identifizieren. Erinnert sei an den gesamten Bereich der Religion, aber auch an im Rahmen staatlich finanzierter Universitäten vertretene wissenschaftliche Lehrmeinungen. Dem Wesen des Kulturstaates widerspricht eine so betriebene Förderung also nicht. Für den Staat des Grundgesetzes müssen vielmehr hinsichtlich jedes einzelnen Teilbereiches der Kultur das von der Verfassung normierte Ziel staatlichen Wirkens und der zulässige Umfang staatlicher Identifikation gesondert untersucht werden.

Das Vertrauen auf den bei Huber die Grenze staatlicher Kulturförderung bildenden Umschlag der Herrschaft des Staates über die Kultur in eine Herrschaft der Kultur über den Staat erscheint ergänzungsbedürftig durch die Suche nach solchen normativen Regelungen, die die Freiheit der Kunst auch dort, wo sie staatlich gefördert wird, gewährleisten. Sicher ist der Staat Kulturstaat nur in dem Maße, in

---

[18] S. 178; vgl. aber *Erbels* Kehrtwendung in Verfassungswidrige Filmbewertung? Noch einmal BVerwGE 23, 194, JuS 1969, 120 ff. (123), wo er aus Art. 5 GG in Anlehnung an das Fernsehurteil des BVerfG (BVerfGE 12, 259) folgert, die staatlichen kulturfödernden Stellen müßten durch gesetzliche Regelungen so organisiert werden, „daß die wichtigsten gesellschaftlichen Kräfte und die von der Sache her in Betracht kommenden Interessengruppen in ihren Organen Einfluß haben und daß für die Förderung Maßstäbe verbindlich sind, welche sachgerecht und grundrechtskonform sind".

[19] S. 18 ff.

[20] *Ders.* S. 14.

dem er „durch die absolute Hingabe an die Herrschaft ... zum Diener der Sache“[21] wird. Hier aber droht nicht nur die Gefahr, daß es die — im Sinne irgendeines Betrachters — „falsche“ Kultur ist, die Herrschaft über den Staat gewinnt[22], sondern weitergehend — wie Huber selbst andeutet[23] — die Unkultur; für den Spezialbereich der Kunst konkreter gesagt: daß der Umschlag der Herrschaft in den Dienst ausbleibt und die Kunst unter politischen Aspekten funktionalisiert wird. *Beling*[24] weist zu Recht hin auf die Möglichkeit des Entstehens einer „durch ‚staatliches Geschmacksurteil' festgelegten Kunst“, die „in ihrer Einseitigkeit bald erstarren, bald zur müden Treibhauskultur werden und jedenfalls an der salus rei publicae keinen großen Anteil haben“ wird.

Auch *Erbel* setzt die Zielvorstellung der „Gestaltung eines möglichst hochstehenden kulturellen Lebens“[25] und die aus ihr folgende Zulässigkeit staatlicher Identifikation nicht nur mit einer bestimmten künstlerischen Stilrichtung, sondern sogar mit der inhaltlichen Aussage von Kunstwerken ohne Begründung voraus. Er entwirft so ein totalitär-demokratisches Bild eines sich vollkommen identifizierenden Staates, in dem tendenziell solche Kunst, die der gerade an der Regierung befindlichen Partei nicht geeignet erscheint, von ihr verfochtene Weltanschauungen oder politische Aussagen zu illustrieren — oder die es gar wagt, diesen zu widersprechen — keine Chance auf Förderung hat. Grenzen des die Kunst pflegenden Staates werden bei Erbel nicht erkennbar. Wenn er abschließend die „allgemeine Verbindlichkeit“ für den Staat betont, „die Wertentscheidung der Verfassung für ein freies Kunstleben als Leitbild im Auge zu behalten“ und „seine kulturpolitische Aufgabe stets im Geiste der Kunstfreiheit zu erfüllen“[26], wirkt dies nach dem Vorangegangenen inhaltsleer.

Ridder

Ridder[27] entwickelt aus einem institutionellen Verständnis der Kunstfreiheitsgarantie Grundsätze und Schranken staatlicher Kunstförderung, deren Notwendigkeit er in Abkehr von einem frühliberalen Verständnis ebenso bejaht wie die anderen Autoren. Nicht Art. 3 GG und nicht ein subjektives Recht auf fehlerfreie Ermessensausübung, das gar keine Entscheidung zur Sache ermöglichen würde, seien die

---

[21] *Huber* S. 21.
[22] *Ders.* S. 24 f.
[23] S. 22.
[24] S. 24.
[25] S. 177.
[26] S. 179, s. aber oben Fn. 18.
[27] Freiheit der Kunst S. 9 ff.

Maßstäbe der Verfassungsmäßigkeit staatlichen Mäzenatentums[28], sondern allein die Sachgesetzlichkeit der Kunst, die „über die Brücke, die das Grundrecht zur ‚Sache' Kunst schlägt, so in die Verfassung hineingenommen wird, wie gewisse bürgerlich-rechtliche Generalnormen gesellschaftliche Konventionalregeln zu juristischen Maßstäben machen"[29]. Da die grundgesetzliche Freiheit der Kunst von vornherein in ihrer historischen Formulierung nicht mit dem Ballast der liberalen Gegenüberstellung von „Staat" und „Gesellschaft" behaftet sei, sei sie vor Übergriffen durch Hoheitsakte ebenso geschützt wie vor derjenigen von „sozialen Mächten"[30]. Sie bedürfe, mutatis mutandis ebenso wie die öffentliche Meinung und die Wissenschaft, solcher Medien, die Kommunikation und Information ermöglichten. Deshalb sei es ein Verfassungsgebot, daß etwa im Rundfunkprogramm Kunst einen respektablen Anteil stelle[31]; die Freiheit der an Kunsthochschulen lehrenden Künstler dürfe nicht geringer sein als die der Lehrer an wissenschaftlichen Hochschulen, und Spielplan und Konzertprogramm dürften „kein Interventionsobjekt und durch Drehen am Subventionshahn manipuliert werden"[32]. Der Staat dürfe zwar zwischen Kunst und Nichtkunst entscheiden, nicht aber zwischen verschiedenen Kunstrichtungen qualitativ unterscheiden. So bedürfe er für seine fördernde Tätigkeit der Mitsprache der Kunst, wie sie etwa in der Filmbewertungsstelle der Länder in Wiesbaden praktiziert werde. Indem aber auch diese entscheidenden Tätigkeiten wieder der Rechtskontrolle unterworfen sein müßten, zeige sich erneut die Angewiesenheit der Kunst auf die staatliche Macht: Deshalb müsse man es bedauern, daß der Hessische VGH in seiner (ersten) Pamir-Entscheidung[33] „der allgemeinen Resignation vor einer Verrechtlichung der Freiheit der Kunst erlegen" sei[34]. Schutz schließlich müsse der Kunst in der freiheitlichen Demokratie, die im wesentlichen ein System wertbezogenen Minoritätenschutzes sei, auch „gegen die Beschränkung ihres Bereiches auf eine Resultante massendemokratischer Übereinkunft oder pluralistischer Kompromisse"[35] gewährt werden.

Den von *Ridder* — der notwendigen Knappheit eines Vortrages entsprechend — nur angedeuteten Folgerungen aus der Abkehr des Grundgesetzes von einem frühliberalen Verständnis soll in dieser Ar-

---

[28] S. 11.
[29] S. 19.
[30] S. 20.
[31] S. 21.
[32] S. 21.
[33] In DVBl. 1962, 605; dazu unten S. 37 f.
[34] S. 23.
[35] S. 23 f.

beit weiter nachgegangen werden. Dabei erweist sich eine genauere verfassungstheoretische Begründung des Verbotes an den Staat, zwischen verschiedenen Kunstrichtungen qualitativ zu unterscheiden, als ebenso notwendig wie ein kritisches Messen der Konsequenz, die sich aus Ridders Kritik an der Entscheidung des Hessischen VGH ergibt — das Bundesverwaltungsgericht hat sie in seinem Pamir-Urteil gezogen[36] — an der Freiheitsverbürgung des Art. 5 Abs. 3 GG.

Schäuble

In seiner Untersuchung staatlicher Kunstförderung bejaht Schäuble[37] das Recht des Staates, sich der Kunst fördernd zuzuwenden, als eine geschichtlich gewachsene Gegebenheit, die grundsätzlich für unzulässig zu halten irreal wäre[38], ist allerdings der Auffassung, daß es sich nur aus solchen Länderverfassungen, die eine Förderung ausdrücklich vorschreiben, nicht dagegen aus dem Grundgesetz herleiten lasse[39]. Er betrachtet sie vielmehr als zu der in Art. 5 Abs. 3 GG normierten Pflicht des Staates, die Freiheit des Sachbereichs Kunst vor staatlichen Übergriffen ebenso wie vor solchen anderer sozialer Mächte zu sichern, hinzutretende Aufgabe[40]. Für sie bilde Art. 5 Abs. 3 GG die Zweckbestimmung, er sei geradezu ihr Grundgesetz[41]. Nachdrücklich betont Schäuble deshalb die Notwendigkeit der Begrenzung dieser Aufgabe gerade auch durch Art. 5 Abs. 3 GG[42]. Er entwickelt einen wertdifferenzierungsfreien Kunstbegriff, der nur auf das künstlerische Bemühen, nicht aber auf das Gelingen abstellt und auch für die staatliche Kunstförderung gelten müsse: Staatliche Förderungsmaßnahmen, die ebenfalls in den für frei erklärten eigengesetzlichen Bereich der Kunst eingriffen, seien mit dem Grundrecht der Kunstfreiheit nur zu vereinbaren, wenn der Bereich, den der Staat zu fördern gehalten sei, sich mit demjenigen decke, dessen verfassungsrechtlich garantierte Eigengesetzlichkeit er zu achten habe. Andernfalls läge ein Widerspruch innerhalb der Verfassung vor[43]. Der Staat sei demnach berechtigt, zwischen Kunst und Nichtkunst zu unterscheiden, nicht dagegen, künstlerisches Bemühen zu beurteilen, d. h. wertdifferenzierende Entscheidungen zu fällen[44]. Eine weitere, staatstheoretische Begründung klingt an, wenn Schäuble unter Berufung auf *Adorno*[45] feststellt,

[36] Dazu unten S. 38 f.
[37] Rechtsprobleme der staatlichen Kunstförderung (1965).
[38] S. 5.
[39] S. 101.
[40] S. 172.
[41] S. 171.
[42] S. 5 ff., 171 f.
[43] S. 61 f.
[44] S. 62; 79 f.; 202 ff.; 214, 217, 234.
[45] Kultur und Verwaltung, Merkur 1960 S. 119.

künstlerische Wertfragen gingen über den Sachverstand der Staatsverwaltung hinaus[46]; der Staat, dessen Kategorien hier nicht paßten, sei für sie völlig unzuständig[47], sie seien eine materiell nichtstaatliche Aufgabe, für sie bestehe eine sachgesetzliche Inkompetenz des Staates[48]. Diese und nicht der Gesichtspunkt bürgerschaftlicher Mitverantwortung oder der des Interessenausgleichs seien dafür maßgebend, daß etwa die Entscheidungen über die Vergabe von Kunstpreisen Juries anvertraut würden, die Schäuble — im Gegensatz zu Huber und Knies — als nichtstaatliche Einrichtungen ansieht[49]. Die Identifikation des Staates mit dem von ihm Unterstützten schließlich sieht Schäuble als zweifelhaft an, ohne dieser Frage jedoch weiter nachzugehen[50].

Im Gegensatz zu der Auffassung *Schäubles* soll in der vorliegenden Arbeit versucht werden, die Legitimation staatlicher Kunstförderungsmaßnahmen aus Art. 5 Abs. 3 GG unmittelbar herzuleiten. Zweifelhaft erscheint, ob sich das Verbot wertender Beurteilung von Kunstwerken, das im Bereich repressiver Staatstätigkeit mehr und mehr Anerkennung findet[51], auch für den Bereich staatlicher Förderungsmaßnahmen primär aus der Zugrundelegung eines wertdifferenzierungsfreien Kunstbegriffs begründen läßt[52]. Denn der Kunstbegriff der Verfassung ist selbst nur eine Funktion des telos der Verfassungsnorm des Art. 5 Abs. 3 GG, der in ihr enthaltenen Freiheitsverbürgung[53]. So richtig es ist, daß mit dem Begriff „Kunst" auch der Gegenstand potentieller Förderung durch den Staat bestimmt wird, daß jedes Werk, das Kunst ist, tendenziell auch Gegenstand der Kunstförderung des Staates sein muß, läßt sich doch eine Antwort auf die weitere Frage nach der Aktualisierung dieser Potentialität, den Modalitäten der Auswahl des tatsächlich zu Fördernden, aus dem Kunstbegriff allein nicht herleiten. Es ist dies viel weniger eine Frage nach dem Umfang dessen, was Kunst ist, als nach den Kompetenzen des Staates. Hier ist schärfer, als Schäuble es tut, zu unterscheiden zwischen der Frage, ob der Staat ein künstlerisches Werturteil in seine

---

46 S. 214.

47 S. 216.

48 S. 217

49 S. 215 ff.

50 S. 205.

51 Vgl. *Ropertz* S. 78 ff.; *Erbel* S. 90 ff., dessen Synopse des subjektiven Freiheitsrechts des Art. 5 Abs. 3 GG mit Art. 2 GG wesentlich erscheint; zur Entwicklung in den letzten Jahren vgl. *ders.* S. 3 ff. und *Knies* S. 134 ff.; ihren Höhepunkt hat diese mit der Annahme eines völlig wertdifferenzierungsfreien, rein formalen Kunstbegriffes durch *Knies* (S. 217 f.) gefunden.

52 Wie es *Schäuble* S. 61 f. versucht.

53 Deutlich dazu *Knies* S. 215 f.; *Erbel* S. 93.

Auswahlentscheidung einbeziehen[54], die Förderung also auch nach Wertgesichtspunkten vergeben darf, und der weiteren, ob dieses Urteil ihm in jedem Fall zuzurechnen ist. Anknüpfungspunkt dieser zweiten Frage kann nicht der Kunstbegriff der Verfassung sein, sondern nur Umfang und Begrenzung der in Art. 5 Abs. 3 GG normierten Staatsaufgabe. Skepsis gegen die Lösung aus dem mangelnden Sachverstand des Staates, das heißt letztlich aus der Eigenart der Kunst und des künstlerischen Wertens, wurde bereits angemeldet[55]. Damit rückt die von Schäuble ohne eigentliche staatstheoretische Begründung behauptete Inkompetenz des Staates, künstlerische Wertentscheidungen zu fällen, in den Mittelpunkt kritischer Prüfung.

B. Rechtsprechung

Gerichtliche Urteile über Maßnahmen staatlicher Kunstförderung und ihre möglichen Grenzen liegen im wesentlichen zu drei Komplexen vor: Zur Anerkennung eines Jazzkonzerts als „künstlerisch hochstehende Leistung" im Sinne des Vergnügungssteuerrechts, zur verfassungsrechtlichen Zulässigkeit und gerichtlichen Nachprüfbarkeit von Entscheidungen der FBW Wiesbaden und zur Entscheidung über die Subventionierung eines Marionettentheaters.

1. OVG Münster und Bundesverwaltungsgericht zur Vergnügungssteuerermäßigung für ein Jazzkonzert (Armstrong-Fall)

Im Armstrong-Fall[56] klagte die Konzertdirektion, die im Frühjahr 1962 eine Tournee des Jazz-Ensembles Louis Armstrong veranstaltet hatte, gegen die Ablehnung der Anerkennung des veranstalteten Konzerts als „künstlerisch hochstehend" i. S. d. § 3 Abs. 1 Ziffer 2 des seinerzeit geltenden nordrhein-westfälischen Vergnügungssteuergesetzes durch den Kultusminister des Landes Nordrhein-Westfalen. Dieser hatte die Auffassung vertreten, daß Jazz als Kunstrichtung generell nicht das Niveau europäischer Musik erreichen könne, und deshalb von der Erteilung des höchsten Prädikats bewußt abgesehen. Das OVG Münster sieht eine solche Diskriminierung einer bestimmten Kunstrichtung als Verstoß gegen Art. 5 Abs. 3 GG an. Es sei nicht Sache der Steuerpolitik und Steuergesetzgebung, über Kunst zu richten. Die

---

[54] *Schäuble* verneint diese Frage zunächst pauschal (S. 63, s. a. S. 234 f.), bejaht aber die Anknüpfung der Förderung an das (nichtstaatliche) Werturteil einer Jury (S. 217 f.).

[55] Oben S. 15 f.

[56] Urteile des OVG Münster vom 4. 3. 1963, DÖV 1963, 764 ff. und des BVerwG vom 28. 5. 1965, BVerwGE 21, 184.

Entscheidung der Behörde erklärt das Gericht — unter Ablehnung der Auffassung des Hessischen VGH, der in seiner ersten Pamir-Entscheidung[57] für die künstlerischen Werturteile der FBW Wiesbaden einen gerichtsfreien Beurteilungsspielraum angenommen hatte — für vollinhaltlich nachprüfbar. Dabei verwendet es das später vom Bundesverwaltungsgericht in seine Pamir-Entscheidung[58] entsprechend aufgenommene Argument, die Leistungen der Musiker seien durch Schallplatten- und Tonbandaufnahmen reproduzierbar und könnten so, anders als die einer Prüfung zugrundeliegenden Leistungen eines Schülers (für die auch das OVG Münster einen Beurteilungsspielraum anerkennt), zum Gegenstand des gerichtlichen Urteils gemacht werden. Das Gericht sei deshalb, vor allem auch im Hinblick auf Art. 19 Abs. 4 GG, zu der Nachprüfung der Entscheidung der Behörde, und das heißt, zur eigenen künstlerischen Bewertung des Konzerts verpflichtet.

Dieser Auffassung stimmt das Bundesverwaltungsgericht in seiner Revisionsentscheidung[59] zu. Über die Frage, ob ein Konzert künstlerisch hochstehend sei, möge es zwar verschiedene Ansichten geben. Nach der vom Gesetzgeber getroffenen Regelung könne es aber nicht mehrere richtige Entscheidungen, sondern nur eine richtige Entscheidung geben. Auch die mit den Worten „künstlerisch hochstehend" verbundene Wertung rechtfertige einen Beurteilungsspielraum nicht etwa deshalb, weil diese objektiven und allgemeingültigen Erkenntnissen kaum zugänglich sei und immer ein subjektives Erkennen des Betrachters eine entscheidende Rolle spiele. Denn „dann müßte für sämtliche Begriffe aus dem geistig-seelischen Bereich den Behörden ein Beurteilungsspielraum eingeräumt werden, weil auf diesem Gebiet eine ‚objektive' Erkenntnis zum wenigsten erschwert ist"[60]. Der Richter sei vielmehr gewohnt, „bei der Anwendung unbestimmter Rechtsbegriffe auf den verschiedensten Lebensgebieten seine persönliche Empfindung und Anschauung" zurückzudrängen und „zum ‚objektiven' Maßstab seiner wertenden Beurteilung die Empfindungen und Anschauungen der Allgemeinheit oder bestimmter Gruppen von Menschen"[61] zu machen. Zudem könnten die Gerichte in zweifelhaften Fällen Sachverständige beiziehen.

---

[57] In DVBl. 1962, 605, dazu unten S. 37 f.

[58] BVerwGE 23, 194, dazu unten S. 38 f.

[59] BVerwGE 21, 184 ff.

[60] a.a.O. S. 187.

[61] a.a.O. S. 187.

2. Verwaltungsgericht Wiesbaden, Hessischer VGH und Bundesverwaltungsgericht zur Filmbewertung durch die FBW Wiesbaden (Pamir-Fall)

Während diese Urteile die Befugnis staatlicher Instanzen, künstlerische Werturteile zu fällen, als durch das Vergnügungssteuergesetz geboten nicht anzweifelten, gab der Streit um die Prädikatisierung des „Pamir"-Films dem Hessischen VGH und dem Bundesverwaltungsgericht Gelegenheit, grundsätzlich auf Umfang und Grenzen staatlicher Kunstförderung einzugehen. Denn im Gegensatz zu früheren Rechtsstreitigkeiten um Filmbewertungen der FBW, die vom Verwaltungsgericht Wiesbaden rechtskräftig entschieden worden waren, erstritt der Hersteller des „Pamir"-Films in einem über zehn Jahre dauernden Rechtsstreit Urteile in drei Instanzen, wobei er die Verfassungsmäßigkeit der Existenz und Arbeitsweise der FBW unter bundesstaatlichen Gesichtspunkten, aber auch solchen der Kunstfreiheitsgarantie in Zweifel zog.

Ausgangspunkt dieser neuesten Entwicklung der Rechtsprechung ist die Auffassung des Verwaltungsgerichts Wiesbaden[62], das die Bewertung eines Films durch die FBW als richterlich nur beschränkt nachprüfbare Ermessensentscheidung qualifiziert. Die dafür in dem Urteil vom 14. 10. 1965[63] gegebene Begründung gibt die Rechtsauffassung des Gerichts auch für die anderen streitig gewordenen Fälle wieder: „Die Beurteilung erfordert ein wertendes Messen einer künstlerischen Leistung, für das es keinen rechtsnormgebundenen Maßstab gibt, das vielmehr aufgrund der Erfahrung, durch Vergleich und Orientierung an einem vorgestellten Idealbild ausgeübt wird. Dabei sind notwendig subjektive Empfindungen maßgebend. Die Filmbewertungsstelle entscheidet daher hinsichtlich der künstlerischen Bewertung der eingereichten Filme nach freiem Ermessen, das einer richterlichen Nachprüfung entzogen ist."

---

[62] Urteile vom:

28. 2. 1959	(I/1 — 811/59)
13. 7. 1961	(I/2 — 14/60)
28. 9. 1961	(I/1 — 445/59)
5. 12. 1963	(I/2 — 393/62)
5. 12. 1963	(I/2 — 417/63)
25. 6. 1964	(I/2 — 104/64)
14. 10. 1965	(I/2 — 465/64)

sämtlich nicht veröffentlicht. Quelle: *Dörffeldt:* Die FBW vor dem Bundesverwaltungsgericht, in: FBW-Inf. Nr. 2/1966 S. 7 und *ders.*: Filmbewertung im Rechtstaat, in: FBW-Inf. Nr. 3/1966 S. 6; dieser Rechtsprechung stimmt *Keim:* Kommentar zur Verfahrens- und Geschäftsordnung der FBW Wiesbaden, in: FBW-Inf. Nr. 2/1964 S. 5 zu unter Hinweis auf Art. 7 und 8 VV-FBW a. F. und § 2 VA-FBW a. F. (jetzt: Art. 9 und 10 VV-FBW n. F.), die Ehrenamtlichkeit, Unabhängigkeit und Weisungsfreiheit der Tätigkeit der Ausschußmitglieder normieren.

[63] Zitiert nach *Dörffeldt:* FBW-Inf. Nr. 2/1966 S. 7 (Fn. 62).

Ebenso wie in dieser Rechtsprechung des Verwaltungsgerichts Wiesbaden wird in der des Hessischen VGH[64] die Intention erkennbar, seine Wertentscheidung nicht an die Stelle derjenigen der Gutachter der FBW zu setzen. Der Hessische VGH gibt für seine beschränkte Nachprüfung jedoch eine andere Begründung, indem er den Relativismus, der in der Qualifizierung der Wertung als Ermessensentscheidung liegt, abmildert: Rein theoretisch betrachtet, gebe es nur eine richtige Entscheidung. Die künstlerische Bewertung von Filmen beruhe aber auf inneren Bewertungsvorgängen, die nur teilweise rational begründbar seien und deren Ergebnis daher auch je nach Ansichten und Eigenart der Prüfer bei gleicher Leistung verschieden ausfallen könne, ohne daß sich die objektive Richtigkeit der einen oder anderen Ansicht feststellen ließe. Hierin sieht das Gericht den entscheidenden Vergleichspunkt zu den pädagogischen Prüfungsentscheidungen, bei denen die Rechtsprechung einen Beurteilungsspielraum anerkannt hat[65]. Damit beschränkt der Hessische VGH seine Nachprüfung auf die Verletzung von Verfahrensvorschriften, Tatsachenirrtümer und unsachliche Beweggründe bei der Entscheidung.

Das Bundesverwaltungsgericht hat in seiner Revisionsentscheidung[66] die Auffassung des Hessischen VGH abgelehnt und seine dem Armstrong-Urteil zugrundeliegende Ansicht über ästhetische Werturteile weiterentwickelt. Der Staat dürfe, so stellt das Gericht fest, im Rahmen seiner Kulturpolitik Filme durch Verleihung von Prädikaten auszeichnen und steuerlich begünstigen, wenn nur die Ablehnung des Prädikats auf Erwägungen beruhe, die mit den Grundrechten der Verfassung vereinbar sind. „Es wird Aufgabe der Gerichte sein, darüber zu wachen, daß nicht Künstler oder Kunstrichtungen nur deshalb durch die Art der Prädikatisierung zurückgesetzt werden, weil sie mit einer herrschenden Kunstauffassung nicht übereinstimmen. Art. 5 Abs. 3 GG steht somit einer Kulturpolitik durch Prädikatisierung von Filmen nicht entgegen, soweit diese nicht dazu dient, der Tolerierung anderer Kunstauffassungen entgegenzuwirken und damit eine herrschende Kunstrichtung in einer Art zu verfestigen, wie sie um die Jahrhundertwende beispielsweise zu den verschiedenen Sezessionen auf dem Gebiet der Malerei führte[67].“ Die Bewertung der FBW hält

---

[64] Vgl. die Urteile vom 14. 7. 1961 (ESVGH Bd. 12 S. 359), vom 20. 2. 1962, DVBl. 1962, 605 (Pamir I), vom 5. 6. 1963 (FBW-Inf. Nr. 4/1963), vom 16. 12. 1964 (FBW-Inf. Nr. 3/1965) und den Beschluß vom 20. 12. 1963, DVBl. 1964, 825; zustimmend *Roellenbleg* S. 151 f.; *Menger:* Höchstrichterliche Rechtsprechung zum Verwaltungsrecht, VerwArch 54, 88 ff. (101); *Wolff* I S. 168.

[65] Statt aller BVerwGE 8, 272.

[66] Vom 28. 1. 1966, BVerwGE 23, 194, in Tenor und Entscheidungsgründen wörtlich übereinstimmend mit dem Urteil — VII C 42.65 —, betreffend den Film „Ein Tag in Amsterdam“.

[67] a.a.O. S. 200.

das Bundesverwaltungsgericht im Gegensatz zum Hessischen VGH für vollinhaltlich nachprüfbar. Der Vergleich der Bewertungen der FBW mit pädagogischen Prüfungsentscheidungen durch den Hessischen VGH wendet sich dabei als „Bumerang“[68] gegen dessen eigene Rechtsprechung: Das Bundesverwaltungsgericht sieht den eigentlichen Grund für die Beschränkung der Nachprüfbarkeit von pädagogischen Prüfungsentscheidungen darin, daß es dem Richter nicht möglich sei, Prüfungssituationen in ihrer Einmaligkeit und Gesamtheit zu wiederholen. Aus der Reproduzierbarkeit von Filmen zieht es, wie vor ihm das OVG Münster hinsichtlich der Bewertung musikalischer Leistungen, den Umkehrschluß, sie seien richterlich nachprüfbar. Der Richter könne sich selbst oder unter Hinzuziehung von Sachverständigen von der Qualität des Films ein Bild machen „und erforderlichenfalls durch Vergleich mit anderen Filmen sich darüber klarwerden, welche künstlerischen Maßstäbe bei der Verleihung von Prädikaten angelegt werden dürfen und ob die Bewertung des Prüfungsausschusses ... die in Art. 5 GG gesetzten Schranken eingehalten hat“[69]. Auch die Unabhängigkeit und Weisungsfreiheit der Gutachter ändere nichts an diesem Ergebnis.

Dieses Urteil, dem nur *v. Hartlieb*[70] zustimmt, ist sowohl in der juristischen Literatur als auch in der Presse überwiegend auf Ablehnung gestoßen[71]. v. Hartlieb begrüßt das Urteil als richtungsweisend zugunsten einer freiheitlichen Entwicklung in der Bundesrepublik mit der Begründung[72], die ungeschmälerte Aufrechterhaltung der Freiheitsrechte im demokratischen Rechtsstaat könne nur durch eine umfassende und exakte Überprüfung der Tätigkeit der Verwaltung durch die Gerichte gesichert werden. Inwieweit die Ablehnung eines Prädikats durch die FBW ein Freiheitsrecht des Filmherstellers einschränkt, bleibt allerdings unklar.

---

68 So Hans *Becker:* Weiteres zum juristischen Aspekt der Filmbewertung, in: FBW-Inf. Nr. 1/1967 S. 4.

69 a.a.O. S. 201.

70 „Prädikat für die Meinungsfreiheit“, in: FBW-Inf. Nr. 3/1966 S. 10; im Ergebnis ebenso wie das BVerwG schon *Berthold-v. Hartlieb* S. 290.

71 Hans *Becker:* Weiteres zum juristischen Aspekt der Filmbewertung, in: FBW-Inf. Nr. 1/1967 S. 1 ff.; *Dörffeldt:* Filmbewertung im Rechtsstaat, in: FBW-Inf. Nr. 3/1966 S. 2 ff. und *ders.:* Die Rechtsprechung der Verwaltungsgerichte zur FBW, in: FBW-Inf. Nr. 3/1967 S. 2 ff.; *W. F.:* Richter schreiben Filmkritik. Streitfälle in Sachen Filmbewertung, in: FAZ vom 15. Juli 1967 S. 32; *Keim:* Filmbewertungsstelle und Bundesverwaltungsgericht, in: FBW-Inf. Nr. 3/1966 S. 17 ff.; *Karl Korn:* Die neue, die juristische Filmwelle, in: FAZ vom 16. Juni 1966; *Ule:* Anmerkung zum Pamir-Urteil des BVerwG, DVBl. 1966, 574.

72 Und unter zustimmendem Hinweis auf die Aufsätze von *Kellner* in DÖV 1962, 572, in DÖV 1963, 418 und NJW 1966, 857 zu Fragen des Ermessens und des unbestimmten Rechtsbegriffs.

Eine Wendung zur Betrachtung des Problems unter staatstheoretischem Aspekt ist dagegen erstmalig bei Kritikern des Urteils des Bundesverwaltungsgerichts zu verzeichnen. So wird bemerkt[73], indem die Richter sich für berechtigt hielten, die Bewertung der FBW durch ihr eigenes Werturteil zu ersetzen, nähmen sie außer dem Richteramt das Amt des Kunstrichters für sich in Anspruch. Künstlerische Werturteile des Staates seien aber wegen der Kunstfreiheitsgarantie suspekt. Um diesen Bedenken Rechnung zu tragen, sei das zur Auslegung der Vergnügungssteuergesetze unumgängliche Werturteil dem Staat entzogen und unabhängigen Ausschüssen übertragen worden, die „weniger eine staatliche als eine gesellschaftliche Instanz" darstellten und alle denkbaren Richtungen und Kräfte einer pluralistischen Gesellschaft repräsentierten. Angesichts der Unmöglichkeit, in allgemeiner Einhelligkeit Urteile über geistige und künstlerische Leistungen zu erzielen, biete das Gegen- und Miteinander der Vertreter verschiedenster Kunstauffassungen in den Ausschüssen der FBW die beste Gewähr für ein befriedigendes Urteil und gegen sachfremde und tendenziöse Bestrebungen. Indem das Werturteil dieser „quasi außerstaatlichen Instanz" der uneingeschränkten Kontrolle der Gerichte, also zwar unabhängiger, aber eben doch staatlicher Instanzen unterworfen werde, hole der Staat das zunächst bewußt aus der Hand gegebene künstlerische Werturteil auf einem Umweg gleichsam wieder zurück. Die beliebige Reproduzierbarkeit der Filme sei nur ein äußerliches Kriterium, eigentliches tertium comparationis zwischen Filmbewertung und pädagogischen Prüfungsentscheidungen seien die Möglichkeit zu Vergleichen, die Kenntnis der Leistungen und der Qualität gleichartiger Tatbestände und der zur Beurteilung notwendige Sachverstand.

Eben dieser, so lautet das zweite Gegenargument[74], könne den Richtern mangels ausreichender Erfahrung und Vergleichsmöglichkeit nicht ohne weiteres zugebilligt werden (in anderem Zusammenhang hat das Bundesverwaltungsgericht selbst festgestellt, daß „die Fähigkeit, Kunstwerke gegenüber Werken ohne künstlerischen Gehalt mit allgemeinverbindlicher Wirkung abzugrenzen, auch durch längere richterliche Tätigkeit und die Beschäftigung des gebildeten Menschen mit Fragen der Kunst nicht ohne weiteres erworben wird"[75]). Die Richter seien daher, wie das Bundesverwaltungsgericht ja auch selbst andeutet, auf Sachverständige angewiesen. Weshalb aber das so gefällte Urteil die Chance größerer Objektivität und Richtigkeit für sich haben

[73] Zum folgenden *Dörffeldt* in FBW-Inf. Nr. 3/1966 S. 8 und deutlicher *ders.* in FBW-Inf. Nr. 3/1967 S. 11 f. (Fn. 71) sowie *Schäuble:* Filmprädikate und Kunstfreiheit, FuR 1966, 261 ff. (267).

[74] Zu diesem vgl. alle in Fn. 71 Zitierten.

[75] BVerwGE 25, 318 (327) (betreffend Schamoni, „Dein Sohn läßt grüßen") unter Hinweis auf das Urteil des OLG Hamburg, NJW 1964, 559.

solle als das der fünf bzw. sieben Sachverständigen im Bewertungs- bzw. Hauptausschuß der FBW, die über jahrzehntelange Filmerfahrung verfügten und alle vergleichbaren Filme kennten, bleibe unerfindlich.

Zudem gerate die Filmbewertung durch das Urteil des Bundesverwaltungsgerichts in ein juristisches Fahrwasser[76]: Die Filmbewerter müßten sich in Zukunft bemühen, den Richtern in ihrer Bewertung vorzuarbeiten. Eine abgewogene Wertung anhand objektiver und formaler Maßstäbe und in der distanzierten Sprache der Juristen habe dabei die größere Aussicht, von den Richtern anerkannt zu werden. Gerade sie aber vermöge ein Kunstwerk nicht auszuschöpfen. Solche „Objektivität" vermittelnde Sicherheit und die Kontinuität der Beurteilungen könnten daher in Zukunft vor Intuition und künstlerischem Wagnis rangieren.

Diese Kritik berührt in ihrer Analyse der Rechtsstellung der FBW-Ausschüsse den Kern des Problems: die Frage nämlich, wie ein Verfahren beschaffen sein muß, durch das unter der verfassungsrechtlichen Garantie der Freiheit der Kunst im politischen Gemeinwesen eine am Wert des Kunstwerks orientierte Auswahl zu treffen ist, welcher Modus größere Freiheit der Kunst verbürgt: das staatlich-hoheitliche Werturteil mit seinem Korrektiv der Nachprüfbarkeit durch drei gerichtliche Instanzen und der endgültigen Entscheidung durch höchste richterliche Autorität — oder aber das Hervorbringen eines Werturteils, das Gültigkeit von vornherein nur im Bereich der „Gesellschaft" beansprucht, durch Streit der Meinungen, Pluralität der Standpunkte — kurz: allgemeinverbindliche Ermittlung einer „Wahrheit" über künstlerischen Wert durch Autorität oder Verzicht auf sie und Institutionalisierung des Konflikts. *Dörffeldt* und *Schäuble*, nach deren etwas vager Formulierung die Ausschüsse der FBW „weniger eine staatliche als eine gesellschaftliche Instanz darstellen"[77], bleiben jedoch eine theoretische Begründung dafür schuldig, wie dann ein staatliches Verwaltungsgericht dazu kommt, diese nichtstaatlichen Entscheidungen überhaupt zum Gegenstand seiner — wenn auch eingeschränkten — Kontrolle zu machen.

„Deutliche und unüberhörbare Kritik"[78] hat auch der Hessische VGH[79], der aufgrund der Zurückverweisung erneut über den Pamir-

---

[76] So W. *F.* in FAZ vom 15. Juni 1967 S. 32 (Fn. 71).

[77] Fn. 73; deutlicher *Schäuble* S. 242 f., wo er das Urteil der FBW nur als nichtstaatliches für verfassungskonform erklärt; vgl. auch *Ott*: Kunstfreiheit und Filmbewertung, JuS 1968, 459 ff. (464) f.).

[78] So *Dörffeldt:* Anmerkungen zum Urteil des Hess.VGH vom 13. 6. 1967, in: FBW-Inf. Nr. 4/1967, S. 26 ff. (30).

[79] In seinem Urteil vom 13. 6. 1967 — OS II 69/66 — abgedruckt in FBW-Inf. Nr. 4/1967 S. 14 ff. (Pamir II).

Fall zu entscheiden hatte, trotz seiner Bindung an das Revisionsgericht an dem Urteil des Bundesverwaltungsgerichts geübt. Die hauptsächlichen Thesen dieses bisher zu Fragen der Kunstförderung gründlichsten Urteils sollen kurz dargestellt werden:

Der Hessische VGH betont zunächst die Notwendigkeit, als Voraussetzung der Prüfung auch von Maßnahmen der Kunstförderung den verfassungsrechtlichen Kunstbegriff zu klären, und schließt sich im Ergebnis dem Kunstbegriff von *Erbel* an. Die in Art. 142 S. 2 WRV gebotene Kunstpflege des Staates sei in Art. 5 Abs. 3 GG jedenfalls nicht verboten. Das Gericht bejaht im Anschluß an *Erbel* die Befugnis des Staates, kulturpolitische Wertvorstellungen zu verwirklichen und (im Gegensatz zu dem Verbot der Wertdifferenzierung bei Eingriffen des Staates in die Kunstfreiheit) im Rahmen der Kunstpflege seine Förderung von einer Wertung abhängig zu machen und diese auch selbst vorzunehmen. Im Falle der Filmbewertung bleibe die Entscheidung über die Erteilung der Prädikate einer von den ermächtigten Regierungen bestimmten Stelle, der FBW, überlassen. Diese sei damit ermächtigt, „selbst und eigenverantwortlich die Wertmaßstäbe zu setzen, nach denen die gesetzlichen Wertmarken dann zu ermitteln sind“[80] und „durch die in den Bewertungsausschüssen zusammengefaßten sachkundigen Organwalter diesen Maßstab verbindlich und eigenverantwortlich zu interpretieren“[81]. Seine auf nicht völlig diskursiven Gründen beruhende Beurteilung, in der ein Restraum subjektiver Wertung verbleibe, werde damit zum höchstpersönlichen Fachurteil, welches — und damit interpretiert der Hessische VGH das Bundesverwaltungsgericht äußerst limitiert — durch das Gericht nur darauf hin nachprüfbar sei, ob die Grenzen des Beurteilungsvermögens eingehalten worden seien. Der Maßstab der Beurteilung seien die in den „Arbeitsgrundlagen“, die in die Verfahrensordnung eingearbeitet sind[82], von der FBW eigenverantwortlich gesetzten objektivierten künstlerischen Wertmaßstäbe. Diese könnten weder das zur Überprüfung berufene Gericht noch etwa von diesem beauftragte Sachverständige durch eigene Wertvorstellungen oder persönliche künstlerische Maßstäbe ersetzen, „weil durch das Gesetz nur den zur Prädikatisierung berufenen Ausschüssen der FBW, die aus den Vertretern und Angehörigen der verschiedensten Gruppen und Verbände zusammengesetzt sind, die zu treffende Entscheidung über die Prädikatswürdig-

---

[80] a.a.O. S. 18.

[81] a.a.O. S. 19.

[82] Vgl. die Abschnitte II und III der Arbeitsgrundlagen der FBW vom 1. 1. 1958, abgedruckt in: Die Zehnjahresliste der FBW, S. XXV—XXVII sowie §§ 8 und 12 VA-FBW a. F.

keit anvertraut ist“[83]. In der Anwendung dieser Maßstäbe auf die vorgelegten Filme durch ein dazu berufenes, sachkundiges Gremium sieht das Gericht auch das tertium comparationis zu pädagogischen Prüfungsentscheidungen, nicht in der Reproduzierbarkeit, die auch bei Prüfungen weder technisch unmöglich noch rechtlich unzulässig sei.

Legt das Gericht in seiner rechtlichen Qualifizierung der Rolle und Tätigkeit der Mitglieder der FBW den Akzent schon deutlich auf die Eigenverantwortlichkeit und Unvertretbarkeit ihres Werturteils, so gibt es durch einige obiter dicta zusätzlich zu erkennen, daß es mit Allgemeinverbindlichkeit gefällten Werturteilen über Kunst skeptisch gegenübersteht. So, wenn es feststellt[84], daß ein „genuines“ Kunstwerk, „was den ‚inneren Kunstwert‘[85] anbelangt, allgemeinverbindlich überhaupt nicht, und hinsichtlich des überzeitlichen Qualitätswertes[86] nur am eigenen Maßstab gemessen werden kann“. Auch trennt das Gericht scharf zwischen den Vergnügungssteuergesetzen, die die Rechtsfolge der Steuervergünstigung an die unbestimmten Rechtsbegriffe „Wertvoll“ und „Besonders wertvoll“ knüpfen, und die eigenverantwortliche Zuerkennung dieser Prädikate durch die FBW[87]. An diese Unterscheidung knüpft es unter dem Gesichtspunkt der Subsidiarität staatlicher Kunstförderung und der daraus folgenden wirtschaftlichen Wettbewerbsneutralität der Förderungsmaßnahmen de lege ferenda die Frage, ob die — durch die Vergnügungssteuergesetze nicht beabsichtigte — kommerzielle Auswertung der Prädikate durch Hersteller und Verleihe nicht dadurch verhindert werden könne, daß lediglich werbeneutral gehaltene Anerkennungsbescheide für die Inanspruchnahme vergnügungssteuerrechtlicher Vergünstigungen ausgegeben würden. Denn die Herausstellung der Prädikate als „staatlich verliehenes, öffentliche Anerkennung verbürgendes Etikett“ und als Werbemittel könne „bei unkritischer Einstellung weiter Kreise gegenüber Massenmedien, gepaart mit Empfänglichkeit für derartige Anerkennung heischende Wertmarken, zu propagierten Orientierungshilfen werden und deshalb zu Wettbewerbsverzerrungen führen“[88].

Das Bundesverwaltungsgericht hat die Nichtzulassungsbeschwerde gegen das Urteil des Hessischen VGH durch Beschluß vom 12. 7. 68[88a]

---

[83] a.a.O. S. 21.

[84] a.a.O. S. 18.

[85] Zu diesem Begriff *Beling* S. 24.

[86] Zu diesem Begriff Georg *Schmidt* S. 278 ff.

[87] a.a.O. S. 18.

[88] a.a.O. S. 16.

[88a] — VII B 99.67 —. s. *Dörffeldt:* Filmprädikat und Grundgesetz, FuR 1968. 341.

zurückgewiesen und ausgeführt, das Urteil habe dem Revisionsurteil des Bundesverwaltungsgerichts vom 28. Januar 1966 „Rechnung getragen".

3. VGH Baden-Württemberg und Bundesverwaltungsgericht zur Subventionierung eines Marionettentheaters (Marionetten-Fall)

Mit einem Fall von Kunstförderung ohne gesetzliche Grundlage hatten sich schließlich der VGH Baden-Württemberg[89] und das Bundesverwaltungsgericht[90] zu befassen.

Der Kläger, der Marionettentheatervorführungen in Schulen veranstaltete, hatte auf Gewährung von Zuschüssen mit dem Hinweis darauf geklagt, daß auch andere Marionettentheater bzw. andere Theater generell unterstützt würden. Beide Gerichte haben festgestellt, die Entscheidung, *ob* die Gemeinde ein bestimmtes Theater mit Zuschüssen fördern will, gehöre als Entscheidung über die Vergabe öffentlicher Leistungen zur Erreichung eines im öffentlichen Interesse liegenden Zwecks dem Subventionsrecht an. Ob die Gemeinde dies tue oder nicht, liege in ihrem Ermessen. Das Ermessen sei, so fährt der VGH Baden-Württemberg in seiner ersten Entscheidung fort, bei der Eigenart kultureller Leistungen und der Begrenzung der Mittel allerdings besonders weitreichend, da die Ansichten über den Wert künstlerischer Leistungen unterschiedlich seien und genaue Maßstäbe sich nicht aufstellen ließen. Unter denjenigen Unternehmen und Künstlern, die sich um finanzielle Förderung bewerben, diejenigen auszuwählen, die die besten künstlerischen Leistungen erwarten ließen oder erbrächten, sei eine schwierige Aufgabe. Wo das ernste Bemühen erkennbar sei, dieser Aufgabe gerecht zu werden, werde sich kaum je ein Ermessensfehler feststellen lassen. Insbesondere sei der Gleichheitsgrundsatz hier nicht verletzt, da (im ersten Fall) der Theaterausschuß des Kulturpolitischen Ausschusses des Landtags nach einer Sichtveranstaltung die künstlerischen Leistungen des Klägers ungünstig beurteilt habe. Wenn das Kultusministerium diese Beurteilung seinem ablehnenden Bescheid zugrunde gelegt habe, sei seine Entscheidung nicht willkürlich, sondern sachgemäß. Aber selbst wenn die künstlerischen Leistungen aller Theater, die sich um Zuschüsse bemühten, gleich wären, könne der Kläger keinen Rechtsanspruch darauf erheben, daß der Staat bei der durch die Begrenztheit der Förderungsmittel notwendigen Auswahl unter den zahlreichen förderungs-

[89] Urteile vom 28. 7. 1964 in ESVGH Bd. 17 S. 54 und 56 = Baden-Württembergisches Verwaltungsblatt 1967 S. 107 und 108.

[90] Beschlüsse vom 26. 9. 1966 — VII B 176.64 — und — VII B 147.64 — (auszugsweise abgedruckt in ESVGH Bd. 17 S. 56 und 58).

würdigen Unternehmen und Künstlern von seinem Ermessen gerade zugunsten des Klägers Gebrauch mache.

Diese Entscheidungen sind in mehreren Punkten problematisch: Einmal dadurch, daß zwei verschiedene staatliche Entscheidungen, die in dem zugrunde liegenden Sachverhalt allerdings zusammenfielen, nicht scharf getrennt werden: Die kunstpolitische Entscheidung der Gemeinde, überhaupt Mittel für Theater aufzuwenden, und die künstlerische Bewertung, aufgrund derer die Förderung gerade dieses Marionettentheaters abgelehnt wurde. Die Unterscheidung beider wird für die folgende Untersuchung festzuhalten sein.

Bei einem Vergleich des Armstrong-Urteils, des Pamir-Urteils und der Marionetten-Entscheidung des Bundesverwaltungsgerichts drängt sich weiter die Frage auf, ob das Gericht sich nicht in einen Widerspruch verwickelt, wenn es die künstlerische Bewertung von Filmen durch die FBW und von Konzerten durch das Kultusministerium für voll nachprüfbar hält, die künstlerische Beurteilung des Marionettentheaters durch das Kultusministerium dagegen für eine nur begrenzt nachprüfbare Ermessensentscheidung. In allen drei Fällen handelt es sich um eine — nach Meinung des Bundesverwaltungsgerichts auch im Fall der FBW — staatliche Bewertung einer künstlerischen Veranstaltung. Demgegenüber kann es keinen entscheidenden Unterschied bedeuten, daß ein Begriff wie „künstlerisch hochstehend", „wertvoll", „besonders wertvoll", unter den subsumiert wird, in den ersten beiden Fällen im Gesetz bzw. der VA-FBW schriftlich fixiert ist und im dritten Fall — nur ohne gesetzliche Normierung — genauso zugrunde gelegt wurde. In allen drei Fällen ist die künstlerische Bewertung auch Voraussetzung für staatliche Förderungsmaßnahmen. Ob diese durch Vergnügungssteuererlaß oder durch direkte Zuwendungen gewährt werden, kann demgegenüber nicht ins Gewicht fallen. Oder sollte das Bundesverwaltungsgericht vielleicht vor einer Konsequenz seiner Pamir-Entscheidung zurückgeschreckt sein, die Karl *Korn*[91] an den Horizont gemalt hat: „Es ist nicht auszudenken, was per Analogie auf anderen Kunstgebieten, die ohne öffentliche Subventionen nicht existieren könnten (Theater, Museen) noch alles im Verwaltungsklagewege seine ‚Bewältigung' finden kann und wird ... Wie lange die Gerichte diese Last auf sich nehmen, bleibe der Phantasie überlassen. Es scheint uns nicht ausgeschlossen, daß Maler, deren Bild nicht gekauft wurde, Schriftsteller, die keinen Preis bekamen, Theater, die keine oder weniger Subventionen erhielten, das Grundgesetz studieren und mit dem Prinzip der Chancengleichheit vor die Gerichte gehen"?

[91] a.a.O. (Fn. 71); vgl. auch *Dörffeldts* Bemerkung a.a.O. (Fn. 88a) S. 346, in seinem Beschluß vom 12. 7. 1968 sei das BVerwG von seinen umstrittenen Ausführungen im Urteil vom 28. 1. 1966 zur Frage des Umfanges der Nachprüfbarkeit von FBW-Entscheidungen in gewissem Sinne wieder abgerückt.

Vierter Teil

Die objektive Bedeutungskomponente des Art. 5 Abs. 3 GG als Bestimmung des Zieles, der Grenzen und der Modalitäten staatlicher Kunstförderung

Auszugehen ist für die folgende Untersuchung von der objektiven Bedeutungskomponente der Kunstfreiheitsgarantie. Sie stand wegen der objektiven, keinen Grundrechtsträger nennenden Fassung des Art. 142 Satz 1 WRV, dem Art. 5 Abs. 3 GG insoweit entspricht, in der Lehre der Weimarer Republik[1] zunächst im Vordergrund und wird von der heutigen Lehre[2] und Rechtsprechung[3] als neben[4] der subjektiven Bedeutungskomponente der Vorschrift stehend angesehen. Als Satz des objektiven Rechts stellt Art. 5 Abs. 3 GG das Verhältnis der Staatsgewalt zur Kunst grundsätzlich klar[5] durch die Bestimmung, daß das Kunstleben, der „Sachbereich" Kunst[6] frei sein soll[7].

A. Methodische Ansätze

1. Institutionelle Deutungen des Art. 5 Abs. 3 GG und Kritik

Ausgehend von der Erkenntnis, daß eine Auslegung des Grundrechts als subjektives Abwehrrecht gegen den Staat über eine mögliche positive Funktion des Staates in dem als frei erklärten Bereich keine Aussage ermöglicht, deutet ein Teil der Literatur die Kunstfreiheitsgarantie im Anschluß an die Lehre der Weimarer Republik mit verschiedenen Modifikationen und unter bisweilen unscharfer Verwendung des Begriffes institutionell[8].

---

[1] Vgl. etwa *Kitzinger* S. 465 f.; *Gebhard* Anm. 3a zu Art. 142 WRV S. 518 f.

[2] *Erbel* S. 93 f., 99 ff.; *Knies* S. 177 ff.; *Oppermann* S. 439; *Ott:* Kunst und Staat S. 111, 114; *Ropertz* S. 63, 73 ff.; *Schäuble* S. 172.

[3] Vgl. etwa Hess.VGH in FBW-Inf. Nr. 4/1967 S. 17 f.; BVerwGE 23, 199 f. (Pamir-Urteile).

[4] Zur Beziehung zwischen beiden *Knies* S. 195 ff.

[5] *Gebhard* a.a.O. (Fn. 1).

[6] *Erbel* S. 99; *Knies* S. 190 ff.; *Ridder:* Freiheit der Kunst S. 12, 19.

[7] Dazu, daß es sich hier um ein Sollens-Urteil, nicht um ein Seins-Urteil handelt, erstmals *Beling* S. 20; zustimmend *Erbel* S. 47; *Knies* S. 23; *Ropertz* S. 64 f. Fn. 13; a. A. *Düwel* in Ule-FS S. 57.

[8] *v. Mangoldt-Klein* Anm. X 2b zu Art. 5 GG, S. 253; die unscharfe Verwendung des Begriffes führt dazu, daß bisweilen festgestellt wird, die Kunst sei keine Einrichtung, gleichzeitig aber von „institutioneller Auffassung der

Daß in ihrem präzisen, von *Carl Schmitt* herausgearbeiteten Sinn weder die Rechtsfigur der Institutsgarantie[9] noch die der institutionellen Garantie[10] auf die Freiheit der Kunst in ihrer Vielgestaltigkeit, Unorganisierbarkeit und Abhängigkeit von der schöpferischen Individualität anwendbar ist, ist zu Recht betont worden[11]. Soll mit dem Begriff des „institutionellen Denkens" aber nur die Auslegung des Art. 5 Abs. 3 GG als objektive Norm, mit seiner Bezeichnung als institutionelle Garantie seine Funktion als verfassungsrechtliche Verbürgung der Freiheit eines Lebensbereiches bezeichnet werden[12], so erscheint die Verwendung dieses in einem ganz bestimmten Sinne festgelegten Begriffes entbehrlich und geeignet, Unklarheit zu schaffen[13].

2. Die Auffassung von Dürig und Erbel und Kritik

Demgegenüber leitet *Dürig*[14] unter Hinweis auf die Entscheidung des Bundesverfassungsgerichts[15], in der Art. 6 Abs. 1 GG nicht nur als Abwehrrecht und sich damit verbindende Einrichtungsgarantie angesehen wird, sondern weitergehend als eine „Grundsatznorm ..., d. h. eine verbindliche Wertentscheidung für den gesamten Bereich des Ehe und Familie betreffenden privaten und öffentlichen Rechts", aus solchen Grundrechtsnormen eine — freilich nicht näher umschriebene — Förderungsfunktion des Staates zugunsten des betreffenden Grundrechtswertes ab. Diese bezeichnet er als „dritte Aufgabenkategorie" neben den negativen Abwehrrechten und den Einrichtungsgarantien und läßt eine entsprechende Möglichkeit für andere Grundrechte offen.

Kunstfreiheitsgarantie" (so *Ridder* in GR II S. 268 einerseits und Freiheit der Kunst S. 19 andererseits, dazu *Erbel* S. 85 Fn. 1) oder „institutioneller Seite" des Art. 5 Abs. 3 GG (*Schäuble* S. 173 einerseits und 172 andererseits) oder „institutioneller Garantie besonderer Art" (*Ropertz* S. 73 einerseits und 74 andererseits) gesprochen wird; widersprüchlich auch *Geiger* in Leibholz-FS II S. 192.

[9] Die „typische, traditionell feststehende privatrechtliche Normenkomplexe" betrifft (Reichsverfassung S. 596).

[10] Die sich bezieht auf „bestehende Einrichtungen, und zwar Einrichtungen des öffentlichen Rechts, die einen Teil der öffentlichen Verwaltung öffentlicher Angelegenheiten ausmachen" (Grundrechte und Grundpflichten, in: Verfassungsrechtliche Aufsätze S. 215); „rechtlich anerkannte Institutionen, die als solche immer etwas Umschriebenes und Umgrenztes, bestimmten Aufgaben und bestimmten Zwecken Dienendes" sind (Verfassungslehre S. 171).

[11] So von *Erbel* S. 84 f.; *Heckel* S. 74 f.; *Knies* S. 182, 197 f.

[12] So wohl *Scheuner:* VVDStRL 22 S. 10, 33 ff., vgl. sein Schlußwort a.a.O. S. 201 f.

[13] Ebenso *Bachof:* VVDStRL 22 S. 184; *Heckel* S. 74 f.; *Knies* S. 182, 197 f.

[14] In *Maunz-Dürig:* Rdnr. 99 zu Art. 1 Abs. 3 GG.

[15] BVerfGE 6, 55 (72).

Unter Berufung auf *Dürig* wendet *Erbel*[16] diesen Gedanken auf Art. 5 Abs. 3 GG an.

Dürig selbst relativiert diese Deduktion jedoch durch seine Bemerkung, daß an sich jede Grundrechtsnorm eine Wertentscheidung enthalte[17]. So wendet sich *Bachof*[18] gegen eine solche Dreiteilung mit der Begründung, die Wertentscheidung der Verfassung sei nichts als die „ideelle Grundlage, das Substrat, der Inhalt" der objektiven Verfassungsverbürgung. In der Tat liegt der Freiheitsverbürgung über die Erkenntnis der sozialen Relevanz bestimmter Lebensbereiche hinaus die Verfassungsentscheidung zugrunde, ihnen zusätzlich besondere Bedeutung gerade für das verfassungsrechtlich intendierte Leben des Gemeinwesens zuzubilligen. Diese ist aber (nur) das Motiv, unter dem die Verfassung sie überhaupt zum Gegenstand ihrer Regelung macht: Sie sucht „bestimmte Lebensbereiche ... *wegen* ihrer Bedeutung für das verfassungsrechtlich intendierte Leben des Gemeinwesens als nichtstaatliche Lebensbereiche zu erhalten und zu schützen und anderen wesentlichen Lebensbereichen zuzuordnen — was nicht möglich wäre, wenn diese Bereiche in einen verfassungstranszendenten Bereich des für die Ordnung des Gemeinwesens Nicht-Erheblichen verwiesen würden"[19]. Weitergehend aber soll das politische Gemeinwesen als ein freies dadurch konzipiert werden, daß als Bedingung, als Chance der Verwirklichung von Werten in diesem Bereich seine Freiheit verbürgt wird. Derartige Normierungen werden damit zu objektiven Grundlagen und Grundzügen der Ordnung des Gemeinwesens[20].

Der Ansatz von der Wertentscheidung her bringt die Gefahr mit sich, diesen zusätzlichen Aspekt zu übersehen und als das vom Grundgesetz für wertvoll Erklärte „die Kunst", nicht aber ihre Freiheit, anzusehen[21] und die Kunstfreiheitsgarantie in eine Kunstwertgarantie umzuwandeln. *Knies*[22] weist zu Recht darauf hin, daß sich so die

---

16 S. 101; vgl. die ähnliche Argumentation bei *Bauer:* Anm. zum Urteil des BGH vom 23. 3. 1965 (Fall Baselitz), JZ 1965, 491; *Dünnwald:* Kunst und Unzüchtigkeit. Zum Film „Das Schweigen", JR 1965, 48; *Maetzel:* Jugendschutz und Geistesfreiheit, MDR 1955, 263; *Ridder:* Freiheit der Kunst S. 18; *Stein:* Anm. zum Bescheid des OVG Münster vom 18. 11. 1958 (betr. Sommer, Meine 99 Bräute), JZ 1959, 722.

17 a.a.O. (Fn. 14).

18 In VVDStRL 22 S. 185.

19 *Hesse* S. 117 f. (Hervorhebung von Verf. dieser Arbeit), a. A. *Krüger* S. 179; vgl. auch *Heckel* S. 72 Fn. 242.

20 *Hesse* S. 117.

21 So besonders deutlich *Bauer* a.a.O. (Fn. 16); *Dünnwald* S. 54 und a.a.O. (Fn. 16) sowie *Maetzel* a.a.O. (Fn. 16); undeutlich *Stein* a.a.O. (Fn. 16), dazu *Knies* S. 216 f. *Erbel* vermeidet diesen Fehler zwar (S. 101, bes. Fn. 3), tendiert aber bei seiner Untersuchung der Förderungsfunktion des Staates (S. 177) doch wieder in diese Richtung; unklar auch *Rabe* S. 65 f.

22 S. 217 Fn. 189.

Grundrechte unter der Hand von einem Freiheitskatalog in ein Güterschutzsystem verwandeln.

B. Eigene Lösung: Ausgang von der Verbürgung der Freiheit des Sachbereiches Kunst in Art. 5 Abs. 3 GG: Bedeutung der Freiheitsgarantie angesichts der Bedingungen der Freiheit des Kunstlebens im politischen Gemeinwesen

Gegenüber diesen methodischen Ansätzen soll hier unter Vermeidung des Begriffes des Institutionellen versucht werden, aus einem überindividuellen Verständnis der im Grundgesetz für die Kunst verbürgten Freiheit Rechtsfolgen für die Aufgaben des Staates zu ziehen[23]. Möglichkeit und Bedingungen eines freien Kunstlebens in dem durch das Grundgesetz verfaßten politischen Gemeinwesen müssen somit den Ansatzpunkt für Überlegungen über den Umfang der Entscheidungsbefugnisse des Staates im Bereich der Kunst bilden.

I. Wegfall alter Mäzene und Angewiesenheit der Kunst auf den Staat als Änderung der Ambiance im Sinne Schindlers

Die generelle Entwicklung der Angewiesenheit nichtstaatlicher Bereiche des politischen Gemeinwesens auf die Fürsorge und Förderung durch den Staat hat auch den kulturellen Bereich, und mit ihm die Kunst, ergriffen. Sie ist gekennzeichnet durch den Wegfall alter privater Mäzene und die daraus resultierende Abhängigkeit ganzer Kunstzweige — wie etwa Theater, Orchester und Oper — von staatlicher Förderung, aber auch durch die Entstehung neuer Kunstzweige — etwa des Films — mit besonders hohen Herstellungskosten. Die rechtliche Relevanz dieser oft beschriebenen[24] Erscheinung besteht darin, daß sie anzusehen ist als eine sich über einen langen Zeitraum erstreckende Änderung der Ambiance im Sinne *Schindlers*[25], nämlich des Außerrechtlichen, Impliziten, Hintergründigen, das vom Recht vorausgesetzt, aber aus bestimmten Gründen nicht oder zunächst nicht in das Recht aufgenommen wird. Die Ambiance bildet die außerrechtliche Kompensation, derer das Recht bedarf. Erst wenn diese nicht

[23] Vgl. das Vorgehen von *Heckel* S. 72 ff.; auch *Scheuner:* VVDStRL 22 S. 202, räumt eine solche Möglichkeit, seinen eigenen ursprünglichen Ansatz stark relativierend, ein.

[24] Vgl. etwa *Schäuble* S. 98 ff.; *Knies* S. 205 f.; *Zuhorn* S. 165 ff.

[25] Zum folgenden *Schindler* S. 92 ff.

mehr genügt, wird das kompensatorische Prinzip in das Recht selbst aufgenommen. So hängt die Möglichkeit, Freiheitsrechte zu verwirklichen, ab von dem sozialen Kontext, in dem sie gewährt werden, und ihre Bedeutung kann sich mit diesem ändern. Deshalb müssen gerade die Freiheitsverbürgungen der Verfassung, und besonders die verhältnismäßig neue und unbestimmt gefaßte Kunstfreiheitsgarantie in Verbindung mit der Ambiance gesehen und entsprechend ausgelegt werden[26].

II. Das daraus folgende veränderte Verständnis der Freiheitsrechte

Nach einer rein individualrechtlichen, gemeinhin der Zeit des klassischen Liberalismus zugeschriebenen[27] Auffassung[28] wäre Freiheit einseitig als Freiheit vom Staat zu verstehen. Bloße staatliche Nichtintervention kann dieser Auffassung als Bedingung der Freiheit nur deshalb erscheinen, weil sie unbewußt davon ausgeht, daß Freiheit in dem als autonom vorgestellten außerstaatlichen Bereich der „Gesellschaft", in dem die Individuen als unvermittelt nebeneinanderstehend gedacht werden, bereits verwirklicht würde. Das Verständnis der Freiheitsrechte als Verbot an den Staat, in dem normierten Freiheitsbereich tätig zu werden, ist die logische Konsequenz dieses Ausgangspunktes. Unberücksichtigt bleibt dabei der soziale Zusammenhang, in dem der einzelne steht, die Abhängigkeiten, in denen er sich befindet. Diese führen zu einer Herrschaft des Stärkeren über den Schwächeren und damit zu Unfreiheit, also jenem Zustand, den das Freiheitsrecht gerade beseitigen will. Deutlich wird dies im Bereich der Wirtschaft durch den Zusammenschluß zu Trusts und die Bildung von Monopolen, zunehmend aber ebenso im geistigen Bereich, etwa durch die Pressekonzentration. Auf dem Gebiet der Kunst würde die vollkommene Untätigkeit des Staates zum Absterben einzelner Kunstzweige, für deren Finanzierung Privatleute nicht zur Verfügung stehen, für andere Kunstzweige zum Unterworfensein der Künstler, sei es unter die Macht eines Mäzens, sei es unter die Bedürfnisse des Kunstmarktes, oder aber zur Abhängigkeit vom Publikumsgeschmack führen.

Erst die grundlegende Änderung der Ambiance im letzten Jahrhundert bringt zum Bewußtsein, daß ein rein individualrechtliches Verständnis der Freiheit sowohl die Eigenart des außerstaatlichen Berei-

---

[26] Dazu generell *Schindler* S. 98; *Heller* S. 255.

[27] Sehr skeptisch gegen diese Zuordnung *Heckel* S. 90 f. Fn. 302.

[28] Zum folgenden vgl. *Bäumlin* S. 60 ff.; *Ehmke* in II. Smend-FG S. 23 ff.; *Fechner* S. 10 ff.; *Heckel* S. 90 ff.; *Hesse* S. 7 f.; *Knies* S. 205; *Schindler* S. 149 sowie *Maunz-Dürig*: Rdnr. 53 zu Art. 1 Abs. 1 GG und *Denninger* S. 305.

ches als auch die Beziehungen und Wechselwirkungen zwischen Staatlichem und Außerstaatlichem verkennt. Beide Bereiche können, vollends nach dem Eindringen des Staates in die „Gesellschaft", nicht mehr als getrennt und beziehungslos nebeneinanderstehend gedacht werden: Sie stehen vielmehr in einem Verhältnis gegenseitiger Abhängigkeit und vielfältiger Interdependenzen. Dieses Verhältnis kennzeichnet eine Richtung der neueren Staatslehre[29] zutreffend als das polarer Zuordnung: Staat und außerstaatlicher Bereich (ebenso wie Recht und außerrechtliche Wirklichkeit), die Teile eines sozialen Ganzen bilden, stehen nicht in einem kontradiktorischen Gegensatz, sondern in einem Verhältnis komplementärer Ergänzung zueinander. Beide sind Integrationsformen ein und desselben Volkes; sie unterliegen nur verschiedenen Gesetzen. Die polare Zuordnung beider bewirkt, daß eine Überbetonung einzelner Strukturelemente im einen Bereich die polar entgegengesetzten im anderen als Ausgleich hervorruft, daß ein Moment dieses als dialektisch verstandenen Zusammenhanges das gegenteilige gleichsam aus sich heraustreibt. So erscheint die Unfreiheit im sozialen Bereich als spezifisches Komplementärprodukt der Freiheit vom Staat. Wirkliche Freiheit für die Kunst — das Ziel der Kunstfreiheitsgarantie — ist aber Freiheit im staatlichen und im außerstaatlichen Bereich zusammengenommen. Das „erreichbare Maximum an effektiver Freiheit"[30] liegt nicht am Ende einer imaginären Reihe, die von völliger Freiheit zu völliger Unfreiheit führt, sondern in der Mitte zwischen der Abhängigkeit vom Staat und der von gesellschaftlichen Kräften. Sie ist relativ insofern, als sie immer noch Elemente der Unfreiheit in sich birgt. Sie ist kein Zustand, sondern muß ständig im Wege des Ausgleichs polarer Spannungen neu hergestellt werden.

III. Art. 5 Abs. 3 GG als gleichzeitige Konstituierung und Begrenzung der Aufgabe des Staates zur Herstellung des erreichbaren Maximums an effektiver Freiheit der Kunst

1. Rechtspflicht des Staates zum Tätigwerden

Wenn die Verfassung eine Entscheidung für die Freiheit der Kunst angesichts dieser ihrer Bedingungen im gesamtgesellschaftlichen Gan-

[29] *Arndt:* Demokratie als Bauherr S. 230 ff.; *Draht* in Leibholz-FS I S. 45 ff., 51 ff., 59, 76; *Fechner* S. 12 ff.; *Schindler* S. 56 ff., zum folgenden vgl. bes. S. 149 ff.; *Smend:* Verfassung und Verfassungsrecht S. 7 ff.; zur Methode vgl. *Schindler* S. 7 ff.; *Cohn:* Theorie der Dialektik; *Schönfeld:* Die logische Struktur der Rechtsordnung und *ders.*: Über den Begriff einer dialektischen Jurisprudenz.

[30] Dazu *Schindler* S. 151 ff.; vgl. auch *Burckhardt,* bes. S. 23 ff. (27).

zen fällt und ihre Garantie mit unmittelbarer Bindungswirkung für die staatlichen Gewalten ausstattet, bedeutet dies — über die Pflicht, eigene Angriffe auf diese Freiheit zu unterlassen und solche aus dem nichtstaatlichen Bereich abzuwehren, hinaus — die Normierung der Aufgabe für den Staat, seinen zur Herstellung des erreichbaren Maximums an effektiver Kunstfreiheit unerläßlichen Beitrag zu leisten und die „Mittellage" zwischen der Unfreiheit im außerstaatlichen und im staatlichen Bereich bewirken zu helfen. Die Kunstfreiheitsgarantie schließt Förderungsmaßnahmen zugunsten der Freiheit der Kunst nicht nur nicht aus[31], mit der Folge, daß diese in einen Verfassungsleerraum fielen[32], sondern gebietet sie und enthält eine dementsprechende Rechtspflicht[33]. Nicht die Verpflichtung des Staates zur „Gestaltung eines möglichst hochstehenden Kulturlebens"[34] ist der Verfassung zu entnehmen, sondern die zur Freiheitsgewährung durch Förderung[35, 36].

Dieser Rechtspflicht entspricht allerdings kein subjektiv-öffentliches Recht eines bestimmten Künstlers oder künstlerischen Unternehmens auf Förderung. Eine Gewährung individueller Leistungsansprüche, die wie etwa in Art. 6 Abs. 4 oder Art. 14 Abs. 3 GG ausdrücklich normiert sein müßte, ist Art. 5 Abs. 3 GG nicht zu entnehmen[37]. Diese Tatsache alterniert jedoch die verfassungsrechtliche Verpflichtung des Staates, Vorkehrungen für die Freiheit des Kunstlebens zu treffen, nicht etwa zu einer nur politischen Aussage[38], denn der Wert von Verfassungsnormen besteht, worauf *Bachof*[39] hingewiesen hat, nicht ausschließlich in der Hervorbringung von Ansprüchen.

2. Die Begrenztheit seiner Aufgabe

Die Normierung der Herstellung des erreichbaren Maximums an Freiheit für die Kunst als Ziel staatlichen Tätigwerdens bezeichnet zu-

---

31 So aber der Hess.VGH in FBW-Inf. Nr. 4/1967 S. 17 und das BVerwG, BVerwGE 23, 199 f. (Pamir-Urteile) sowie *Knies* S. 213.

32 Dagegen dezidiert *Heckel* S. 79, 92 ff., 125 f.

33 Ebenso Hellmut *Becker* S. 25; *Heckel* S. 89 f.; *Katholnigg:* Die Filmbewertungsstelle und das Grundgesetz, UFITA Bd. 38 S. 25 ff. (39); *Scheuner:* VVDStRL 22 S. 10; *Rabe* S. 64 ff. (66); a. A., freilich ohne nähere Begründung, *Wehrhahn* S. 45 und *Geiger* in Leibholz-FS II S. 193.

34 So *Erbel* S. 177.

35 *Heckel* S. 89; vgl. auch *Schütz* S. 19; Hellmut *Becker* S. 24 ff.

36 Dieser weitere Aspekt der Freiheitsgewährung ist bei der Verwendung der Begriffe „Kunstförderung" oder „Kunstpflege" im folgenden immer mitzudenken.

37 So *Erbel* S. 102; VGH Baden-Württemberg in ESVGH Bd. 17 S. 54 f. und 56 f.; BVerwG in ESVGH Bd. 17 S. 56 und 58 (Marionetten-Entscheidungen); *Katholnigg* a.a.O. (Fn. 33); a. A. *Rabe* S. 102 ff., der aus Art. 5 Abs. 3 GG einen Anspruch jedes Theaterunternehmers auf Förderung herleitet.

38 Widersprüchlich *Schäuble* S. 101.

39 In VVDStRL 22 S. 192, zustimmend *Knies* S. 204.

gleich die Begrenztheit seiner Aufgabe[40]: Art. 5 Abs. 3 GG ist als positive Kompetenzbestimmung anzusehen, welche die verfassungsmäßige staatliche Gewalt — auch hinsichtlich ihrer fördernden Tätigkeit — bestimmt *und* begrenzt, so daß sie nur in dem damit gegebenen Umfang zu rechtmäßiger Machtausübung befugt ist[41]. Damit ist die Verweisung staatlicher Kunstpflege in einen dem Recht kaum mehr zugänglichen Raum der Kulturpolitik, in dem sie „durch die Kunstfreiheitsgarantie prinzipiell nicht beeinträchtigt" werde[42], ausgeschlossen. Die Grenze staatlichen Tätigwerdens auf diesem Gebiet ist nichts als die Kehrseite der Zielvorstellung der Verfassung: Diese untersagt es dem Staat, seine Förderung der Kunst Intentionen zu unterstellen, die ihrer Freiheit heteronom sind. Für den Spezialbereich der Kunst ist *Forsthoffs*[43] umstrittener[44] These, Bedingung der Freiheit im planenden, lenkenden und regulierenden Staat sei die Vermeidung der Konversion von Sozialfunktionen in Herrschaftsfunktionen, voll zuzustimmen: „Freiheit der Kunst wie aller Kultur eines freien Gemeinwesens ergibt sich im Auseinandertreten von Kunst und Macht, das das Antinomische ihres Grundverhältnisses begreifen und erfahren läßt[45]." Die heteronome Herrschaft des Staates über die Kunst, ihre Indienstnahme für der Freiheit des Kunstlebens fremde Zwecke, würden den Umschlag der freiheitsfördernden Tätigkeit des Staates in das entgegengesetzte Extrem, die Verschiebung der Mittellage des Maximums an Freiheit zum anderen Pol, der Abhängigkeit vom Staat, bedeuten[46]. Aufgabe des Staates, der die Mittellage zwischen der Abhängigkeit vom Staat und derjenigen von der „Gesellschaft" herstellen soll[47], der verpflichtet ist, die Kunst als außerstaatlichen Lebensbereich zu *erhalten*, gleichzeitig aber, sie als *außerstaatlichen* Lebensbereich zu erhalten[48], ist es vielmehr, die Freiheit im subjektiven, „klassisch-liberalen" Sinne in seine Förderungstätigkeit hineinzunehmen, sie nicht zu verkürzen, sondern im Bereich seiner Förderung weiterzuführen und erst in umfassender Weise zur Entfaltung zu bringen[49].

---

40 Hinsichtlich der Begrenzung ebenso *Schäuble* S. 171, zustimmend *Ott:* Kunst und Staat S. 166.

41 Dazu generell *Hesse* S. 116.

42 So *Erbel* S. 177, vgl. auch *ders.* S. 101 Fn. 1.

43 Sozialstaat S. 8 ff. (12).

44 Dazu *Scheuner* in II. Smend-FG S. 238 Fn. 51.

45 *Ridder:* Freiheit der Kunst S. 22.

46 Auf diese spezifische Gefahr jeder freiheitsfördernden Tätigkeit des Staates weist *Schindler* S. 151 nachdrücklich hin; vgl. auch *Jaeger* S. 212 f.

47 Ebenso *Ridder:* Freiheit der Kunst S. 20, 23 f., zustimmend *Heckel* S. 83, 95 ff.

48 Dazu *Hesse* S. 118.

49 Vgl. dazu *Scheuner* in VVDStRL 22 S. 58, 69 f., 202, 204 und *Heckel* S. 93 Fn. 307.

IV. Kongruenz zwischen dem subjektiven Freiheitsbereich und dem Gegenstand potentieller staatlicher Förderung

An dieser Stelle gilt es, für die äußere Grenze des Bereiches, der Gegenstand staatlicher Förderung sein muß, eine radikale Konsequenz aus der von der Verfassung radikal, nämlich absolut und ohne irgendwelche Einschränkungen gewährten Freiheit des Kunstlebens zu ziehen: Der subjektiven Freiheit des Künstlers[50] sind in der Gemeinschaft Schranken gesetzt — darüber besteht trotz des lebhaften Streites, welche dies sind und woraus sie herzuleiten sind, ganz überwiegend Einigkeit[51]. Der objektiven Freiheit des Kunstlebens nicht. Die „Schrankenproblematik" korrespondiert mit der Qualität des Grundrechts als subjektives Recht und nur mit ihr: Die Frage nach den „Schranken" ist die nach den Grenzen einer subjektiven Berechtigung, der Rechtsmacht eines Rechtssubjekts, des Grundrechtsträgers[52]. Im Rahmen der objektiven Komponente des Art. 5 Abs. 3 GG gibt es keine „gegen" den Staat gerichtete Berechtigung, sondern nur Rechte, Kompetenzen des Staates selbst und ihre Begrenzung. Das Fehlen einer Schrankenklausel in Art. 5 Abs. 3 GG ist hinsichtlich der subjektiven Freiheit des Künstlers mehrdeutig[53] — nur daraus erklärt sich der Streit um ihre Grenze — hinsichtlich der objektiven Freiheit der Kunst ist es eindeutig und keinen wie immer gearteten Manipulationen zugänglich. Die Schrankenlosigkeit ist adäquater und strukturgerechter Ausdruck des Willens des Verfassungsgebers: durch eine wertentscheidende Grundsatznorm dem Lebensbereich Kunst Freiheit zu garantieren, absolute[54], totale, nicht in Freiheiten zerstückelbare Freiheit[55].

Damit aber ist der Gegenstand bezeichnet, dem der Staat sich konfrontiert sieht, wann immer er sich anschickt, freiheitsfördernde Maßnahmen zu ergreifen: die Kunst als ganze[56] — nicht die „gezähmte",

---

[50] Dieser Begriff wird im folgenden als Abbreviatur für die individualrechtliche Seite der Kunstfreiheitsgarantie verwendet, die — wie *Knies* S. 198 ff. und *Heckel* S. 84 Fn. 275 überzeugend dargelegt haben, mehr umfaßt als nur die Schaffensfreiheit des Künstlers.

[51] Dazu ausführlich *Knies* S. 24 ff.; *Erbel* S. 107 ff.

[52] *Knies* S. 57; zum Verhältnis der subjektiven zur objektiven Bedeutungskomponente des Art. 5 Abs. 3 GG besonders deutlich *ders.* S. 57 ff., 177 ff., 195 ff. sowie *Erbel* S. 99 ff.; *Geiger* in Leibholz-FS II S. 195.

[53] *Knies* S. 30 ff., 59, 231 ff.

[54] *Ders.* S. 57 f., 231 f.; *Erbel* S. 103; richtig auch *Dünnwald* S. 54 f. — freilich nur für die objektive Bedeutungskomponente des Art. 5 Abs. 3 GG, die er von der subjektiven nicht klar trennt.

[55] Zu der Freiheit und den Freiheiten *Böll:* Die Kunst muß zu weit gehen, in: Die Zeit vom 30. Sept. 1966.

[56] Ebenso *Geiger* in Leibholz-FS II S. 195 und *Heckel* S. 77, 126 ff., der diesen Gedanken für das Verhältnis des Staates zur Sakralkunst fruchtbar macht.

die „brave“, die herrschenden Konventionen konforme Kunst, sondern die Kunst in ihrer Totalität, solange sie sich im Rahmen der Verfassung bewegt. Das heißt: der Bereich „Kunstleben“, dessen Freiheit der Staat durch seine Förderung mitzubewirken hat, ist nicht enger als der Bereich, den die Verfassung individueller Künstlerfreiheit zur Disposition stellt, sondern identisch mit ihr[57]. Sein Umfang wird bestimmt durch die Schranken, die der individuellen Ausübung künstlerischer Freiheit im politischen Gemeinwesen gesetzt sind, und nur durch diese. Der Staat hat das Recht, in Gesetzen, Erlassen oder Richtlinien solcher Kunst seine Förderung a priori zu verweigern, die diese Schranken — wo immer sie liegen mögen — überschreitet und nur dieser. Die ohne inhaltliche Begrenzung gewährte Freiheit des Kunstlebens — die nur total oder überhaupt nicht zu verwirklichen ist — verbietet es ihm aber, von vornherein aus dem ganzen, weiten Bereich verfassungsmäßiger Verwirklichung der individuellen künstlerischen Freiheit Teile als Gegenstand seiner potentiellen Förderung unter zensurähnlichen Gesichtspunkten auszuschließen, das Objekt seiner Förderung zu verkürzen und einzuengen gegenüber dem, was verfassungsmäßiges, innerhalb dieser Schranken bleibendes Gebrauchmachen von der individuellen Freiheit künstlerischen Schaffens ist. Konkret: Der Staat darf und muß einem Kunstwerk, das in religiöser, sittlicher oder politischer Hinsicht in den Bereich des gesellschaftlich Tabuierten vorstößt, seine Förderung dann versagen, wenn es die von der Rechtsordnung gesetzten Schranken überschreitet. Überschreitet das Kunstwerk sie aber nicht, so darf er ihm seine Förderung nicht versagen mit der Begründung, es weiche von in der Gesellschaft herrschenden Auffassungen über Religion, Sittlichkeit oder Politik ab. Das Maß an Abweichung, das die Gesellschaft als Preis für ihre Freiheit zu ertragen hat — und Freiheit bedeutet: Möglichkeit und Recht des einzelnen zum Abweichen von „herrschenden“ Meinungen — hat die Verfassung durch die Schranken individueller Freiheitsausübung und nur durch sie bestimmt. Sie schafft Freiheit im politischen Gemeinwesen dadurch, daß sie die Feststellung des noch Erträglichen der Sphäre individueller, subjektiver Geschmacksurteile entzieht und zur Regelung entstehender Konflikte für alle maßgebliche Spielregeln, nämlich endgültig von unabhängigen Gerichten anzuwendende objektive Rechtsnormen, zur Verfügung stellt. Mit dieser „Meinung“ des Verfassungsgebers über das noch Erträgliche — und mit der Meinung keiner anderen, noch so großen oder wirkungsvoll vertretenen Gruppe innerhalb der Gesellschaft — hat sich der Staat auch dort, wo er die Freiheit der Kunst zu fördern unternimmt, zu identifizieren. Der Staat

---

57 Ebenso *Schäuble* S. 62.

— im engen Sinne als Staatsapparat verstanden — darf keine anderen Tabus kennen als die ihn konstituierende und ihm Daseinsberechtigung verleihende Verfassung. Staatliche Förderung eines Kunstbereichs, die Förderung der Freiheit der Kunst ist, muß sich tendenziell auf alle in diesem Bereich denkbaren erlaubten Formen künstlerischen Schaffens richten, jedes erlaubte Kunstwerk Gegenstand potentieller Förderung sein. *Gebhards* These, dem Staat sei die Anwendung seiner Zwangsgewalt zu dem Zweck, die Kunst „in gewisse, ihm genehme Bahnen zu lenken", verboten[58], beansprucht in einem politischen Gemeinwesen, dessen Verfassung dem Staat die Mitverantwortung für die absolute Freiheit des Kunstlebens auferlegt, in gleichem Maße Gültigkeit für Maßnahmen der Förderung. Nur auf diese Weise ist das System sozialstaatlicher Leistungsverwaltung und rechtsstaatlicher Freiheitsgewährung zu vereinen[59]. Eine Konsequenz hieraus wird bei der Untersuchung der bei der Filmförderung üblichen „Sittenklauseln" zu ziehen sein.

C. Die Vergleichbarkeit des Art. 5 Abs. 3 GG mit Art. 5 Abs. 1 GG

Im Hinblick auf ihre Konstituierung einer begrenzten Förderungsaufgabe des Staates zugunsten der Freiheit eines Lebensbereiches wird die Funktion des Art. 5 Abs. 3 GG der des Art. 5 Abs. 1 GG vergleichbar, soweit dieser — als objektive Norm — die Aufgabe des Staates normiert, an der Erhaltung eines außerstaatlichen Bereiches frei gebildeter öffentlicher Meinung mitzuwirken.

I. Teilweise hinsichtlich ihres Objekts

Hier ist zunächst zu erinnern an die gemeinsame Wurzel derjenigen Grundrechte, die in verschiedenen besonderen Ausprägungen die Freiheit des geistigen Ausdrucks verbürgen[60]. Vor der Verengung des Begriffs der Meinung auf wertende Stellungnahmen bedeutete Meinungsfreiheit Gedankenfreiheit[61] — in ihrem ursprünglichen historischen Sinn, wie er besonders klar in Art. 11 der französischen Menschen- und Bürgerrechtserklärung von 1789[62] zum Ausdruck kommt,

[58] Anm. 3a zu Art. 142 WRV, S. 519; zum Problem vgl. auch *Rabe* S. 68.

[59] Dazu *Heckel* S. 94.

[60] Vgl. dazu *Geiger* in Leibholz-FS II S. 196; *Heckel* S. 66; *Knies* S. 245 ff.; *Scheuner*: VVDStRL 22 S. 9.

[61] So noch verschiedene Verfassungen des 19. Jahrhunderts, siehe *Knies* S. 246, bes. Fn. 94.

[62] „La libre communication des pensées et des opinions est un des droits les plus précieux de l'homme. Tout citoyen peut donc parler, écrire, imprimer librement, sauf à réponde de l'abus de cette liberté dans les cas déterminés par la loi."

Freiheit der geistigen Kommunikation der Individuen, des Prozesses geistigen Ausdrucks und Austausches auf allen Gebieten[63]. Die Kunst, die als eigenen Gesetzen unterliegende Form geistigen Ausdrucksvermögens des Menschen Gegenstand einer gesonderten Freiheitsgarantie geworden ist, wird von der Kunstsoziologie als elementares Kommunikations- und Integrationsmittel[64] und damit als einer der Grundfaktoren der Vergesellschaftung begriffen. Sie sei nicht „Überbau" über einen wirtschaftlichen „Unterbau"[65], sondern müsse als integrierender Bestandteil einer jeden Gruppe angesehen werden. Die Kommunikation des einzelnen mit einem Kunstwerk sei stets Kommunikation mit der Gesellschaft als ganzer, die Funktion der Kunst in der Gesellschaft bleibe, auch bei wechselnder materieller Aufgabenstellung, dieselbe: Darstellung des Kulturgeschehens und der dem jeweiligen Kulturwandel innewohnenden Tendenzen.

II. Hinsichtlich ihrer Funktion als Verbürgung der Freiheit eines Lebensbereichs

Die Bedeutung des Grundrechts der freien Meinungsäußerung über ein subjektives „Abwehrrecht" des in die Privatsphäre verwiesenen Bürgers gegen den Staat hinaus als Garantie für einen freiheitlichen Prozeß der Bildung öffentlicher Meinung und damit als Strukturprinzip eines in Freiheit erfolgenden politischen Integrationsprozesses haben die Ausführungen *Smends*[66] auf der Staatsrechtslehrertagung im Jahre 1928 wieder[67] zum Bewußtsein gebracht. Als solches wird sie „für die freiheitlich-demokratische Grundordnung schlechthin konstituierend"[68]. Der freiheitliche Staat ist darauf angewiesen, daß

---

[63] Vgl. dazu ausführlich *Knies* S. 246 ff.; *Scheuner:* VVDStRL 22 S. 3 ff.

[64] Vgl. dazu *Mierendorff-Trost* S. 39 ff., 54 ff.; *Brinkmann:* Art. Kunstsoziologie, in: Handwörterbuch der Sozialwissenschaften, 6. Band S. 425 ff.; *Henze:* Die zweite Hälfte der Kunst, in: Kulturarbeit 1962 S. 61 ff.; derselbe Gedanke klingt an bei *Knies* S. 194; *Heckel* S. 100; *Dünnwald* S. 53 (freilich unter unrichtiger Zitierung von *Ridder,* der (GR II, S. 274) von der Meinungsäußerung, nicht von der Kunst spricht). *Ridder* selbst zieht die — begrenzte — Parallele allerdings in Freiheit der Kunst S. 20 sowohl zur öffentlichen Meinung als auch zur Wissenschaft; zu dieser auch *Köttgen:* GR II S. 303.

[65] So, in Ablehnung der marxistischen Prämisse, *Mierendorff-Trost* S. 42 und *Ridder:* Freiheit der Kunst S. 19.

[66] In VVDStRL 4 S. 44 ff. (50); dazu auch *Bäumlin* S. 97 ff. (101); *Ridder:* GR II S. 249 ff.

[67] Zu diesem in England und Amerika lange vorher bestehenden Verständnis vgl. *Scheuner:* VVDStRL 22 S. 1 ff.

[68] BVerfGE 7, 198 (208), vgl. noch BVerfGE 5, 85 (134 f., 205); 8, 104 (112); 10, 118 (121); 12, 205 (257 f.); 20, 56 (97).

öffentliche Meinung sich auf eine bestimmte, qualifizierte Art ereignet[69], daß es einen freien „Marktplatz der Ideen"[70] gibt, auf dem die Wahrheit die Chance der Durchsetzung durch die Kraft des besseren Arguments erhält. Nicht der Kommunikation, sondern der *freien* Kommunikation wegen besteht Art. 5 Abs. 1 GG[71]. Der komplementär, aus der Wechselwirkung von rechtlich verfaßtem Staat und freier politischer Gesellschaft entworfene Staat darf deshalb Meinung nicht bei sich monopolisieren, die im Bereich des Öffentlichen gebildete Meinung nicht verstaatlichen[72].

Dies gilt auch dort, wo er sich denjenigen Medien der Bildung und Vermittlung öffentlicher Meinung fördernd zuwendet, die durch eine Entwicklung, die derjenigen des Kunstlebens in manchem vergleichbar ist, in ihrem Bestand auf diese Förderung angewiesen sind. Ihre Finanzierung gibt dem Staat kein Recht, sie zu seinem Instrument zu machen. Die Verfassung macht es ihm vielmehr zur Aufgabe, „die Voraussetzungen zu regeln und die Gewähr dafür zu übernehmen, daß aus den Kräften einer freien Gesellschaft eine Art öffentlicher Meinungsmarkt entsteht, der mit Chancengleichheit und von der Staatsmacht ungestört sich entfaltet. Die Massenmedien mit Inhalt zu füllen, sieht das Gericht also nicht als Befugnis des Staates, sondern als öffentliche Aufgabe der Gesellschaft an"[73]. Dies bedeutet nicht weniger als Nicht-Identifikation des Staates mit den Meinungen, die auf dem von ihm mitfinanzierten „Meinungsmarkt" zur freien Diskussion und Beurteilung durch jeden einzelnen dargeboten werden.

Ebenso wie Art. 5 Abs. 1 GG verbürgt Art. 5 Abs. 3 GG die Freiheit eines — freilich besonders gearteten — Prozesses geistiger Kommunikation, eines Lebensbereiches[74] mit dem „Charakter eines Kollektivprozesses mit vielfältigsten und variablen horizontalen und vertikalen

---

[69] *Arndt:* Öffentliche Meinung S. 6.

[70] Ausdruck von *Justice Holmes*, vgl. dazu *Dahrendorf* S. 268 f.; s. a. *Arndt:* Öffentliche Meinung S. 13, 19.

[71] So *Schnur:* VVDStRL 22 S. 109 f. Fn. 16.

[72] *Arndt:* Öffentliche Meinung S. 6 f.

[73] *Arndt:* Öffentliche Meinung S. 13 zum Fernsehurteil des BVerfGs. Vgl. auch a.a.O. S. 16: „Gewiß werden auch in einem freiheitlichen Staat — abgesehen davon, daß man seine Aussage über sich in der Verfassungsurkunde als seine Grundmeinung ansehen darf — von Staatsorganen Meinungen gebildet, und zwar für die Ausübung der Staatsgewalt rechtlich maßgebliche Meinungen. Aber nach einer Meinung des Staates in den Fragen zu suchen, in denen die Verfassung Meinungsfreiheit zusichert, hieße dem Gespenst einer volonté générale nachjagen, das aus dem Licht der Freiheitlichkeit verbannt ist. Die Repräsentation der Nation geschieht dadurch, daß sie sich im Reichtum und im fruchtbaren Widerspruch der Meinungen in der Weise darstellt, daß ihre gesellschaftlichen Kräfte zum Ausdruck gelangen."

[74] *Erbel* S. 99 f.; *Knies* S. 190 ff.; *Ropertz* S. 74; *Schäuble* S. 43 f., 172 f.

Zwischenabhängigkeiten"[75]. Die Kunstfreiheitsgarantie „umfaßt das ‚künstlerische Leben' in der freien Vielfalt und in dem Austausch der Richtungen und Strömungen, Gruppen, Schulen und Persönlichkeiten, sie umschließt die freie Wirkung des Kunstwerkes als Inspiration weiteren Schaffens, den Zusammenhang von Umwelt und Gaben des Künstlers selbst, sein Wirken, sein Werk, dessen Wirkung und seine rückschlagende Kritik"[76].

III. Folgerung: Kunstförderung als Förderung der Freiheit eines speziellen Bereiches geistiger Kommunikation

Die Vergleichbarkeit des ersten und des dritten Absatzes des Art. 5 GG als Sätze des objektiven Rechts ermöglicht es, eine — allerdings begrenzte — Parallele zwischen beiden Staatsaufgaben zu ziehen: Kunstförderung als Förderung der Freiheit dieses Kommunikationsprozesses muß heißen, ein Forum für die Kunst „in ihrer Allseitigkeit, ihrem lebendigen, natürlich-ursprünglichen Ringen"[77] schaffen zu helfen, ihre soziale Funktion, das Kulturgeschehen in seinen bisweilen untergründigen und nicht bewußten Aspekten und Tendenzen darzustellen, zur Wirksamkeit kommen zu lassen[78], hinsichtlich der zeitgenössischen Kunst „vor allem durch Schutz gegen Unverstand, durch Gewährung wirtschaftlicher Unabhängigkeit (Pflege) dem Werdenden erst zum Sein (zu) verhelfen"[79]. Die Herstellung eines Maximums an Freiheit für den Lebensbereich Kunst bedeutet Mitwirkung des Staates an der Errichtung und Erhaltung eines prinzipiell außerstaatlichen freien Forums für die Kunst, auf dem eine Vielfalt künstlerischer Ideen und Richtungen den Interessierten zugänglich gemacht und zur öffentlichen Diskussion gestellt wird.

1. Kein Mittel zur „Volkserziehung"

Damit verbietet sich die Unterstellung dieser Staatsaufgabe unter Gesichtspunkte der „Volkserziehung", die noch die Kunstförderung des 19. Jahrhunderts beherrschte. Denn „die Funktion der heutigen Kunst ... besteht in erster Linie nicht in der Bestätigung des Vorhan-

---

[75] *Ridder*, Freiheit der Kunst S. 20, vgl. auch S. 16.

[76] *Heckel* S. 77; dazu auch *Rabe* S. 17, 68; vgl. auch die Verdeutlichung der gegenständlichen und personalen Reichweite der Kunstfreiheitsgarantie bei *Knies* S. 198 ff., ähnlich *Heckel* S. 84 Fn. 275.

[77] *Beling* S. 24.

[78] Ähnlich *Schäuble* S. 201 f., 204, 217 f.

[79] *Hensel:* Art. 150 der Weimarer Verfassung und seine Auswirkung im Preußischen Recht, AöR 53, 329; speziell zur sakralen Kunst, die eigenen Gesetzmäßigkeiten unterliegt, *Heckel* S. 104 ff.

denen, sondern im Zweifel und in der Frage, im Angriff und in der Provokation"[80], „Zweck der Kunst ist nicht zu schmücken, nicht zu erheben, nicht zu erziehen, nicht das Schöne und Gute, nicht die Pflege von Idealen, nicht das Deutsche und Ewige, nicht dem Volke, der breiten Masse oder sonst irgend jemandem verständlich zu sein und ganz gewiß nicht tendenziös und parteiisch, optimistisch oder pessimistisch, auch nicht Menschentypen, Weltanschauungen und politische Anschauungen zu propagieren und die Menschen in irgendeinem Geiste ideologisch umzuformen. Hat der Künstler eines dieser Ziele, so ist es gut oder auch, je nach dem Ergebnis, nicht gut. Niemand aber hat das Recht, von der Kunst etwas anderes zu verlangen als Kunst"[81]. In dieser ihrer Eigengesetzlichkeit hat der Staat die Kunst zu respektieren und ihr Freiheit zu verschaffen. Pointiert ausgedrückt: Auch wenn man sich der pessimistischen Auffassung *Rousseaus* über die Wirkung des Theaters auf die Menschen[82] anschließen wollte, müßte der Staat es um seiner Freiheit willen dennoch fördern.

Unter dem Aspekt der Freiheitsgewährung für einen Kommunikationsbereich erscheint auch die scharfe Trennung staatlicher Förderungsmaßnahmen nach ihrer Auswirkung auf die ausübenden Künstler einerseits und die kunstgenießende Menschheit andererseits[83] nicht geboten. Sicher ist heute wie früher ein Kunstwerk denkbar, das „in der Gesamtheit seiner Wirkungen der Menschheit durchaus nicht zum Genuß empfohlen werden kann, ... aber andererseits für die Kunst einen Fortschritt bedeutet, indem es z. B. neue Ausdrucksmittel schafft, die, von späteren Künstlern auf andere inhaltliche Probleme angewandt, zum Hervorbringen von Kunstwerken führen können, die doch wieder für die kunstgenießende Menschheit von Wert sind"[84]. Zu denken ist auch an den umgekehrten Fall eines Gehaltes, „der künstlerische Form sucht, sie aber infolge seiner alle Grenzen überschreitenden Größe oder Lebensfülle nie findet, so daß nur ein Zerbrechen der Form die diesem Gehalt angemessene Form wird"[85]. In einem Gemeinwesen aber, in dem die Kunst als Ausdruck der kulturellen Situation

---

[80] *Schütz* S. 18.

[81] *Buchholz* S. 56.

[82] Wie sie in Lettre à M. d'Alembert sur les spectacles zum Ausdruck kommt.

[83] *Herrfahrdt:* Normative Kunstwissenschaft S. 5 ff.; kritisch gegenüber der Berücksichtigung pädagogischer Gesichtspunkte jetzt *ders.* in v. Hippel-FS S. 127.

[84] *Herrfahrdt:* Normative Kunstwissenschaft S. 5 f.

[85] *Cohn* S. 62 ff.; das bedeutendste Beispiel aus der neueren Kunstgeschichte ist die Abwendung eines Teils der bildenden Kunst des 20. Jahrhunderts vom Gegenstand, dazu *Mierendorff-Trost* S. 57 ff. (63), zur Unmöglichkeit einer ethisierenden Betrachtungsweise der ungegenständlichen Kunst *dies.* S. 66 f.

der Zeit in ihrer Entwicklung — und das heißt immer: sowohl in ihrer Chance, als auch in ihrer Gefährdung und ihren Irrwegen — exemplarisch zugänglich gemacht werden soll, hat der interessierte Bürger ein Recht darauf, auch das für die künstlerische Entwicklung Wesentliche, das keinen Genuß, sondern vielleicht nur Unsicherheit, Verblüffung oder selbst im Kunstschock[86] sich manifestierende Ärgernisnahme hervorruft, kennenzulernen[87].

Diese These bedarf freilich der Absicherung gegen ein mögliches Mißverständnis: Das Verbot an den Staat, seine Kunstförderung dem Gesichtspunkt der Erziehung der Bürger zu unterstellen, hat Gültigkeit nur im Bereich der Staatsaufgabe der Förderung der Kunstfreiheit. Bei der Erfüllung seines Bildungs- und Erziehungsauftrages — einer davon zu unterscheidenden Aufgabe — ist der Staat nicht gehindert, sich neben anderen Mitteln auch der Kunst zu bedienen, etwa Kinder- und Jugendbücher, Theatervorstellungen und Filme für die Jugend gesondert zu fördern und hierbei selbstverständlich auch pädagogische Maßstäbe anzulegen[88].

2. Kein staatliches Kunstideal

Aus der Legitimation der Kunstförderung als Freiheitsförderung durch die Verfassung selbst — und m. E. nur aus ihr — folgt weiter das Verbot an den Staat, sich innerhalb des Kunstlebens mit einer bestimmten künstlerischen Richtung[89] zu identifizieren[90], d. h. zwi-

---

86 Über den Kunstschock als Kommunikationsstörung *Mierendorff-Trost* S. 43 ff.

87 Zu dem aus Art. 5 Abs. 3 GG auch folgenden Recht auf künstlerische Information *Bauer:* Anmerkung zu den Urteilen des BVerwGs vom 12. 1. 1966 (betr. kriegsverherrlichende Schriften und Cain, Die Rechnung ohne den Wirt), JZ 1967, 168 r. Sp.; *Ridder:* Freiheit der Kunst S. 21; *Ott:* Kunst und Staat S. 114; zum Recht des einzelnen, an subventionierten künstlerischen Veranstaltungen teilzunehmen, vgl. den Beschluß des OVG Berlin — OVG V M 1/68 — vom 7. März 1968 in: UFITA Bd. 52 S. 313 ff.; vgl. zu diesem Recht generell auch die Allgemeine Erklärung der Menschrenrechte der Vereinten Nationen vom 10. Dez. 1948, Art. 22: „Jeder Mensch ... hat Anspruch darauf, ... in den Genuß der für seine Würde und die freie Entwicklung seiner Persönlichkeit unentbehrlichen ... kulturellen Rechte zu gelangen" und Art. 27: „Jeder Mensch hat das Recht, am kulturellen Leben der Gemeinschaft frei teilzunehmen, sich der Künste zu erfreuen ..." und den Vorentwurf einer Sozial-Charta des Europarates von 1955, Art. 19: „Jedermann hat das Recht, am kulturellen Leben teilzuhaben ... Die Vertragsparteien verpflichten sich ..., geeignete Maßnahmen zu ergreifen, um die Ausstrahlung und die Entwicklung der ... Kultur zu gewährleisten" (zitiert nach *van der Ven:* Soziale Grundrechte).

88 Zu einem interessanten, leider fruchtlos gebliebenen Versuch der Filmförderung unter staatsbürgerlichen Gesichtspunkten s. u. S. 129.

89 Mit den Begriffen Kunstrichtung und künstlerische Stilrichtung werden im folgenden einzelne Unterarten in bestimmten Kunstbereichen (wie Tragö-

schen Kunstrichtungen qualitativ zu unterscheiden und einzelne bei seiner Förderung anderen gegenüber pauschal zu bevorzugen. Anders als der absolutistische Staat darf der demokratische Staat des Grundgesetzes kein Kunstideal kennen[91]. Art. 5 Abs. 3 GG gehört zu den Grundrechten, die den Staat ermächtigen und verpflichten, die tatsächliche Existenz der pluralistischen Struktur eines gesellschaftlichen Sachverhalts zu garantieren, um die Chance für eine Pluralität der Standpunkte verfahrensmäßig offenzuhalten[92, 93]. Sieht man, wie der Hessische VGH[94] und das Bundesverwaltungsgericht[95], staatliche Kunstförderung als durch Art. 5 Abs. 3 GG lediglich nicht verboten an, so bleibt das von ihnen an den Staat gerichtete Verbot, bestimmte künstlerische Richtungen von seiner Förderung auszuschließen, ohne eigentliche dogmatische Begründung. Es sei denn, man wolle — was die Gerichte in diesen Entscheidungen selbst nicht tun — auf Art. 3 GG rekurrieren[96], der als verfassungsrechtlicher Maßstab der Auswahl des vom Staat zu Fördernden zu einer „niveauzerstörenden Karikatur des verfassungsrechtlichen Gleichheitssatzes“[97] würde. Auch der Meinung von *Knies*[98] und *Geiger*[99] kann nicht gefolgt werden, die das aus Art. 5 Abs. 3 GG abgeleitete Verbot der Identifikation dadurch einschränken, daß sie — ohne Begründung, in einer offenbar am Willkürverbot des Art. 3 GG orientierten Auslegung — den zusätzlichen Nachweis einer *willkürlichen* Bevorzugung oder Benachteiligung einer Kunstrichtung oder Künstlergruppe fordern. In der Kunstfreiheitsgarantie findet diese Auffassung keine Stütze. Die Relevanz dieses

---

die, Komödie, Oper, Operette etc.) sowie die einzelnen Stile (wie Impressionismus-Expressionismus, gegenständliche-ungegenständliche Kunst, klassische Musik-Jazz etc.), mit den Begriffen Kunstzweig oder Kunstbereich die verschiedenen Kunstarten wie Musik, Theater, Bildende Kunst, Film etc. bezeichnet.

90 Ebenso *Heckel* S. 97 f.; *Krüger* S. 808; *Ridder:* Freiheit der Kunst S. 23; *Schnerr:* Staatliche Verwaltung im Bereich der Kunst, BayVBl. 1960, 305 (l. Sp.); *Wehrhahn* S. 44.

91 *Heckel* S. 97 f.; *Knies* S. 170 ff., 217 ff.; *Grimm* in Preußische Jahrbücher, 29. Band S. 753: „Keines Künstlers Manier ist heute derart, um vom Staat als die beste adaptirt zu werden“; vgl. auch *Arndt:* Staat und Kunst S. 322; *Oppermann* S. 436 f.

92 Dazu allgemein *Denninger* S. 305.

93 Die Beschränkung der Perspektive auf die Alternative zwischen Nicht-Identifikation einerseits und schematischer Parität andererseits (*Huber* S. 17; *Erbel* S. 178) erscheint deshalb verfehlt.

94 In FBW-Inf. Nr. 4/1967 S. 17 (Pamir II).

95 BVerwGE 23, 199 f. (Pamir-Urteil); ebenso *Knies* S. 213.

96 So aber das BVerwG in seiner Marionetten-Entscheidung, s. o. S. 44.

97 *Ridder:* Freiheit der Kunst S. 11.

98 S. 214 Fn. 180 und *ders.:* Freiheit der Kunst Sp. 1200.

99 In Leibholz-FS II S. 193.

Unterschiedes wird bei der Analyse der Vergnügungssteuergesetze[100] sowie eines Urteils des Verwaltungsgerichts Schleswig-Holstein zur „Kunst am Bau“[101] deutlich werden.

Aus diesem Zwischenergebnis sind zunächst einige konkrete Folgerungen für das staatliche Vorgehen im Rahmen der Kunstförderung zu ziehen.

D. Folgerungen für Modalitäten und Grenze staatlichen Tätigwerdens im Bereich der Kunstförderung

I. Die Verwirklichung der komplementären Strukturen dessen, was Unfreiheit im Außerstaatlichen bewirkt

Mittel zur Erfüllung des Zweckes, die „Mittellage“ zwischen der Unfreiheit durch den Staat und der Unfreiheit im gesellschaftlichen Bereich bewirken zu helfen, ist die Verwirklichung der komplementären Strukturen dessen, was Unfreiheit im außerstaatlichen Bereich bewirkt, durch den Staat[102]. So, wie er die vom individualistischen Freiheitsbegriff nicht berücksichtigte Unfreiheit, die durch Unternehmenskonzentration und Abhängigkeit des Arbeitnehmers im außerstaatlichen Bereich der Wirtschaft bewirkt wird, durch die Schaffung von Antitrustgesetzen und Arbeiterschutzgesetzen mildert, durch eine Beschränkung im Verhältnis Staat — Individuum also gerade eine Erweiterung der Freiheit im Außerstaatlichen herbeiführt, besteht seine Aufgabe auf dem Gebiet der Kunst darin, die im Außerstaatlichen nicht oder nicht hinreichend verwirklichten Momente in seine Tätigkeit aufzunehmen.

1. Durch finanzielle Förderung

Als eine solche Verwirklichung komplementärer Strukturen ist auch die finanzielle Förderung von Künstlern und künstlerischen Veranstaltungen anzusehen, für die private Geldgeber nicht oder nicht in ausreichender Zahl zur Verfügung stehen[103]. Die Unterstellung auch der Zuwendung staatlicher Mittel unter den Zweck, Freiheit für das Kunstleben schaffen zu helfen, sie von Abhängigkeiten zu befreien,

---

[100] s. u. S. 101 ff.

[101] s. u. S. 116 ff. (121).

[102] Vgl. dazu *Schindler* S. 151 ff.

[103] Richtig daher *Hellmut Becker* S. 26: „Der moderne Staat muß die künstlerische Freiheit finanzieren, nicht eine bestimmte Kunst“; vgl. auch *Ott:* Kunst und Staat S. 167, 170.

macht die Begründung unumschränkter Herrschaftsbefugnisse des Staates über das zu Fördernde damit, daß er ja schließlich das Geld gebe, unmöglich und verdeutlicht den wesentlichen Unterschied zwischen der Mäzenatenrolle Privater einerseits und des demokratischen Staates andererseits. Ihre Grundlage findet die finanzielle Förderung in den Haushaltsplänen[104].

2. Bei kunstpolitischen Entscheidungen

In der Bereitstellung von Mitteln für Kunst in den Haushaltsplänen liegt zunächst einmal die Grundentscheidung, Kunst überhaupt zu fördern. Die weitere Entscheidung über Höhe und Modalitäten der Förderung einzelner Kunstbereiche wird teilweise implizit durch die Bezeichnung der für Oper, Staatstheater, Museen etc. bereitgestellten Mittel in den Haushaltsplänen selbst, teils von der Verwaltung gefällt. Auf derselben Ebene liegen Gesetze oder Erlasse über die Förderung bestimmter Kunstzweige. Solche Entscheidungen, die den Bereich des jeweils zu Fördernden eingrenzen und Schwerpunkte im Verhältnis der einzelnen Kunstzweige zueinander setzen, aber noch kein individualisiertes künstlerisches Werturteil enthalten, sollen im folgenden als kunstpolitische Entscheidungen bezeichnet und der Entscheidung über die Auswahl der einzelnen Künstler und künstlerischen Veranstaltungen gegenübergestellt werden. Zu der ersten Gruppe gehört etwa der prinzipielle Entschluß, in bestimmten künstlerischen Bereichen wie Literatur, bildende Kunst, Musik, Film etc. Preise zu stiften oder Stipendien zu vergeben, zur zweiten die Entscheidung darüber, an welchen Künstler das Stipendium bzw. für welches Werk der Preis vergeben wird; der kunstpolitischen Entscheidung, Festspiele zu veranstalten oder Künstlertourneen zu subventionieren, wäre die Entscheidung gegenüberzustellen, welche künstlerischen Veranstaltungen zu dem Festival zugelassen werden bzw. welchem künstlerischen Unternehmen eine Tournee ermöglicht wird etc. Die ausdrückliche Benennung der staatlichen Theater, Opernhäuser und Orchester in Haushaltsplänen erfordert nur eine geringfügige Verschiebung dieser Unterscheidung: Sie stellt selbst keine Auswahl

---

[104] Vgl. etwa für:

Baden-Württemberg	Einzelplan 04/14
Bayern	Einzelplan 05
Berlin	Einzelplan 08 (früher B 3)
Hessen	Einzelplan 04
Niedersachsen	Einzelplan 07
Nordrhein-Westfalen	Einzelplan 05
Rheinland-Pfalz	Einzelplan 09
Saarland	Einzelplan 31
Schleswig-Holstein	Einzelplan 07

dar, sondern ist Konsequenz der ursprünglichen kunstpolitischen Entscheidung, überhaupt ein staatliches Theater etc. zu errichten; die eigentliche Auswahlentscheidung fällt bei der Aufstellung des Spielplans.

Die Befugnis zu kunstpolitischen Entscheidungen in diesem Sinne muß einem Staat, der durch aktive Förderung seine Verantwortung für die Freiheit der Kunst manifestiert, zustehen. Die Einigkeit, die nach dem Willen der Verfassung darüber bestehen soll, daß die Kunst frei vom Staat und frei von einer einzigen gesellschaftlichen Machtgruppe sein soll, macht eine mit Allgemeinverbindlichkeit ausgestattete Entscheidung darüber, ob die Freiheit eines bestimmten Kunstzweiges im Außerstaatlichen bedroht, staatliches Eingreifen also notwendig ist, und darüber, auf welche Weise er in der konkreten Situation zur Herstellung des erreichbaren Maximums an Freiheit beitragen kann, erforderlich. Damit aber, daß eine solche Entscheidung die Analyse der Ambiance, die Bewertung einer tatsächlichen Situation voraussetzt, über diese Bewertung aber Streit entstehen kann und keine der in diesem Streit vertretenen Meinungen Richtigkeit unter Berufung auf Art. 5 Abs. 3 GG beanspruchen kann, ist die Grenze zwischen möglichen verfassungsrechtlichen Aussagen und kulturpolitischer Wertung bezeichnet[105]. Ebenso unterliegt die in Haushaltsplänen implizit zum Ausdruck kommende Bewertung der Bedeutung einzelner Kunstzweige der Diskussion nicht im juristischen, sondern nur im kunstpolitischen Bereich[106] zumindest so lange, als der Staat nicht einem traditionell geförderten, anerkannten Kunstzweig durch völlige Entziehung der Förderung die Existenzfähigkeit nimmt. Hier eröffnet sich dem Staat in der Tat ein Bereich kulturpolitischer Gestaltungsmacht[107], einer Macht freilich, deren Ausübung nach der objektiven Verfassungsnorm des Art. 5 Abs. 3 GG immer an dem Ziel: Freiheit des Kunstlebens orientiert bleiben muß[108].

Durch die generelle Bezeichnung derjenigen Kunstbereiche wie „Theater", „Film", „Literatur" etc., die gefördert werde sollen, in Gesetzen, Erlassen und Richtlinien legt die Praxis in weiten Bereichen staatlicher Kunstförderung einen technisch-formalen, völlig wertfreien und nur am Phänotyp des Kunstwerks bzw. künstlerischen Schaffens

---

105 Dieser Gesichtspunkt wird bei der kritischen Würdigung des Filmförderungsgesetzes (unten S. 133 ff., 139) zu berücksichtigen sein.

106 Vgl. dazu Marta *Mierendorff*: Ein gewisses Maß an Bohème, in: Die Welt vom 20. Mai 1964 und Wie frei kann die Kunst sein? in: Die Welt vom 29. Dez. 1964.

107 *Huber* S. 12 f.; zur Ermessensfreiheit der Verwaltung auch *Schnerr*: Staatliche Verwaltung im Bereich der Kunst, BayVBl. 1960, 304.

108 Ebenso *Erbel* S. 178 f.; *Schäuble* S. 171 f.

anknüpfenden Kunstbegriff zugrunde, der dem von *Knies*[109] entwickelten, in seiner Anwendung aber ausdrücklich auf den status negativus beschränkten[110] Kunstbegriff entspricht. Der von *Huber*[111], *Ridder*[112] und *Schäuble*[113] betonten Pflicht des Staates zur Unterscheidung zwischen Kunst und „Nichtkunst" dürfte durch eine solche technisch-formale Umschreibung einzelner Kunstbereiche, die zum Gegenstand staatlicher Förderung gemacht werden sollen, Genüge getan werden. Sie ist geeignet, die Gefahr für die Freiheit, die mit einer a-priori-Einschräkung unter Verwendung eines qualitativen Kunstbegriffs immer verbunden ist, auszuschließen, und ist zudem bei Maßnahmen der Kunstpflege unschädlich: Das zentrale Problem der Förderung der Freiheit der Kunst ist nicht die (für die herrschende Lehre bei repressiven Maßnahmen des Staates entscheidende) Frage, ob ein Theaterstück — mag es auch ein Happening sein —, ein Film — mag er auch mit allem, was bisher auf der Leinwand zu sehen war, nur die technische Art seiner Herstellung gemeinsam haben —, oder ein Musikstück — mag es auch nur aus befremdlichen Geräuschen zu bestehen scheinen — nun Kunst im Sinne irgendeines qualitativen Kunstbegriffs ist oder nicht[114] (eine Frage, die bezeichnenderweise auch nie Gegenstand von Prozessen über Kunstförderung geworden ist) — sondern die Auswahl des zu Fördernden. Eine Freiheit der Kunst im politischen Gemeinwesen optimal ermöglichende Gestaltung des Auswahlprozesses bildet das Korrektiv, das es zuläßt, zunächst einen denkbar weiten Kunstbegriff zugrunde zu legen und alle Werke oder Veranstaltungen, die unter die betreffende formale Kategorie fallen, in die Auswahlentscheidung hineinzunehmen.

In den folgenden Erörterungen soll versucht werden, Kriterien dafür zu entwickeln, wie ein solches Verfahren in einem demokratischen Gemeinwesen beschaffen sein muß.

II. Das Problem der Auswahl des zu Fördernden

1. Die Notwendigkeit eines künstlerischen Werturteils

Die potentielle Förderung aller erlaubten Formen der Ausübung individueller Kunstfreiheit und damit die Weite des Bereiches, dem der Staat sich konfrontiert sieht, will er Maßnahmen zur Förderung

---

[109] S. 219 f.

[110] *Ders.* S. 224 ff.

[111] S. 14, zustimmend *Knies* S. 224 f.

[112] S. 23.

[113] S. 11 ff., 62 f.

[114] Eine Betrachtungsweise, durch die das Problem der Förderung der Kunst im demokratischen Staat auf die Scheinfrage „richtiger" oder „falscher" Subsumtion verkürzt würde. Vgl. aber Hess.VGH in FBW-Inf. Nr. 4/1967 S. 18 (Pamir II) und *Heckel* S. 98 Fn. 318.

eines freien Kunstlebens ergreifen, das Verbot, ihn von vornherein unter außerkünstlerischen Gesichtspunkten einzuengen und das gleichzeitige Gebot, ihn weder für politische Zwecke in Dienst zu nehmen noch an den nichtstaatlichen Bereich auszuliefern, bezeichnen mit der Schwierigkeit der —notwendigen[115] — Auswahl, der Aktualisierung dieser Potentialität, die spezifische Antinomie der Förderung der Kunst durch den demokratischen Staat[116], die Förderung ihrer Freiheit sein muß. Damit werden zum einen legitimen Anknüpfungspunkt der Auswahl Kriterien, die im Kunstleben selbst begründet sind. Kunstpolitische Entscheidungen grenzen diesen Bereich bisweilen schon bis zu einer echten Auswahl ein: Gehört zu der Freiheit des Kunstlebens auch die Möglichkeit für möglichst viele Menschen, an künstlerischen Veranstaltungen teilzunehmen, so kann unabhängig von künstlerischer Wertung die Subventionierung des einzigen Theaters in der Provinz ihr dienlicher sein als die des elften oder zwölften in der Großstadt[117]. Dort aber, wo auch nach der Eingrenzung des zu Fördernden durch kunstpolitische Gesichtspunkte die Anzahl der Förderung begehrenden Künstler die zur Verfügung stehenden Mittel übersteigt, also eine weitere Auswahl unumgänglich wird, kann dem Ziel, den verwirrenden und schwer durchschaubaren Prozeß künstlerischer Entwicklung exemplarisch für die Künstler selbst wie für alle am Kunstleben Interessierten auf einem Forum zur Anschauung zu bringen, nur ein Auswahlprozeß gerecht werden, in den die künstlerische Bedeutung des zu Fördernden mit einbezogen wird, der dazu beiträgt, „dem Werdenden erst zum Sein (zu) verhelfen“[118], indem er die Chance für künstlerische Qualität so weit wie möglich offenhält und nicht von vornherein verstellt. Der Staat kann deshalb auf die Einbeziehung künstlerischer Wertgesichtspunkte bei seiner Auswahlentscheidung über das zu Fördernde nicht verzichten[119].

Der aus dieser fast allgemein anerkannten These gezogene Schluß: also werde der Staat in ein Kunstrichteramt gedrängt, ein künstlerisches Werturteil von Individuen werde dadurch, daß der Staat es in seine Entscheidung über die Vergabe seiner Mittel einbezieht, seinem Inhalt nach mit allgemeiner Verbindlichkeit ausgestattet und somit zu einem staatlichen Werturteil[120], erscheint jedoch einer genaueren Prüfung bedürftig.

---

115 Statt aller: *Schäuble* S. 172, 202 f.; *Knies* S. 224.

116 Dazu *Arndt:* Staat und Kunst, bes. S. 321 f.; *Schäuble* S. 5 ff., 200 ff.

117 So richtig *Schäuble* S. 234 f.

118 *Hensel* a.a.O. (Fn. 79).

119 *Erbel* S. 177; *Knies* S. 224 ff.; *Schnerr* a.a.O. (Fn. 107) S. 304; a. A. *Schäuble* S. 63, 234 f., vgl. aber demgegenüber S. 217 f.

120 *Heckel* S. 83 Fn. 272, S. 98 Fn. 321; *Erbel* S. 177 f.; *Huber* S. 14 ff.; *Knies* S. 224 f., vgl. auch *ders.:* Freiheit der Kunst Sp. 1200.

2. Die Subjektivität des künstlerischen Werturteils

Ein erster, freilich noch vordergründiger Zweifel an der Zulässigkeit allgemeinverbindlichen Urteilens über den Wert von Kunstwerken beruht auf der Eigenart der Kunst, die über ihre Funktion als innergesellschaftliches Kommunikations- und Integrationsmittel hinausgeht und bisher bewußt ausgespart wurde: Kunst ist gleichzeitig „Zeugnis der Transzendenz", „Objektivation, die eine hinsichtlich der Vorausschaubarkeit und der Gestaltbarkeit ihrer Entwicklung nicht ganz und starr zu determinierende Zukunft in sich trägt"[121]. Für das hier Gemeinte mag stellvertretend auf die Reflexion dreier Künstler über das Wesen der Kunst hingewiesen werden: „Pour finir, peut-être touchons-nous ici la grandeur de l'art, dans cette perpétuelle tension entre la beauté et la douleur, l'amour des hommes et la folie de la création, la solitude insupportable et la foule harassante, le refus et le consentement. Il chemine entre deux abîmes, qui sont la frivolité et la propagande. Sur cette ligne de crête où avance le grand artiste, chaque pas est une aventure, un risque extrême. Dans ce risque pourtant, et dans lui seul, se trouve la liberté de l'art[122]."

Und: „Das Künstlerische ist grenzenlos wie die Metamorphosen in der Natur. Es setzt sich beständig über das Durchschnittliche im Empfinden, Denken und über die vom Menschen gemachten Gesellschaftsgesetze hinweg, weil es vom Urleben ausgeht. Kunst ist keine Erfahrung und ist keine Ableitung, sie setzt sich mit dem Unbekannten in Beziehung[123]."

Und: „Sie (sc. die Kunst) ist frei, sie ordnet Material und sie ist ein drittes: untröstlich ... trostlos ist sie nie, aber immer untröstlich — das ist nur eins der unzähligen Synonyme für Poesie: frei, geordnet, untröstlich, eine geheimnisvolle Trinität, die nicht aufgebrochen werden kann ... das Fürchterlichste: in der Untröstlichkeit der Poesie verbirgt sich ein gewisser Trost. Immer wieder und immer vergebens greift sie mit diesem Dreizack in den unendlichen Ozean der Vergänglichkeit, ihm einen Fetzen zu entreißen, der dauern könnte ... nicht, daß sie Dauer habe, ist für den, der sie macht, wichtig — wichtig, daß etwas, irgend etwas dauern könnte auf dieser Erde, denn sie ist ganz und gar von dieser Erde; ob die Liebe, ja die Liebe, Schmerz, Dunkelheit, Licht dauern könnte ...[124]."

---

[121] *Ridder:* Freiheit der Kunst S. 24, vgl. auch S. 19; dazu auch *Heckel* S. 78; *Jaeger* S. 212.

[122] *Camus:* Discours de Suède S. 1092 f.

[123] *Baumeister* S. 35.

[124] *Böll:* Die Kunst muß zu weit gehen, in: Die Zeit vom 30. Sept. 1966; vgl. auch das *Lukács*-Zitat bei *Arndt* (Staat und Kunst S. 319): ... das Bildermachen entspringt aus dem tiefen Bedürfnis nach der Dauer des Wesentlichen, und es wendet sich an den Menschen ganz.

Dieses Verständnis des Wesens der Kunst deutet bereits hin auf einen Sachverhalt, der von der empirischen Wissenschaft bestätigt wird: Es ist ein Anzeichen für die Eigengesetzlichkeit der Kunst, daß sie nicht wie eine Sache betrachtet werden kann, sondern als Ereignis angesehen werden muß[125]. In ihr wird nicht gedeutet, sondern Bedeutung ereignet sich unmittelbar[126]. Als Ereignis ist das Kunstwerk gar nicht darauf angelegt, „objektive", von der Individualität des Betrachters losgelöste Urteile oder Erkenntnisse, sondern vielmehr „Regungen und Erregungen im Betrachter hervorzurufen: es ruft ihn auf, durch Anpassung oder Widerstand oder Zustimmung zu antworten"[127]. „Ort der Kunst ist demnach nicht das Kunstwerk, sondern der Beziehungsraum zwischen Mensch und Natur und Mensch und Gesellschaft[128]." In dem oben[129] bereits angesprochenen Kommunikationsvorgang trifft das Kunstwerk als Kunstreiz im Betrachter auf eine Projektionsfläche, die aus einem bewußten Teil, dem Gedankensystem, und einem unbewußten Teil, dem im psychophysischen Bereich Vorhandenen, besteht. Jedoch ist diese Projektionsfläche — und das erscheint für die Frage nach der Objektivität des Kunsturteils wesentlich — niemals leer mit dem Ausdruckswert Null. Der Betrachter geht an das Kunstwerk vielmehr mit einer Erwartungshaltung heran, die *Mierendorff-Trost* als „Kunsterlebnis" bezeichnen: „Die Identifizierung des geistigen Ortes der Einzelperson mit einem objektiv anerkannten Ort im Rangsystem der gesellschaftlichen Werte geht im Kunsterlebnis anschaulich vor sich. Nach dem Grad des Verantwortungsanspruchs kommen dabei mehr oder weniger bewußte und bekannte Kräfte in Ansatz ... Der in jedem Erleben stattfindende Vergleich zwischen subjektiv aufgebauten Lebenswerten und dem objektiv allgemein gültigen Beitrag zur Gestaltung des Seins ist der Sinn des Kunsterlebens und zugleich der Grund für den unaufhörlichen Streit in der Kunst[130]." Mit seiner Formulierung, das wertende Messen künstlerischer Leistungen werde „aufgrund der Erfahrung, durch

---

[125] Dazu *Mierendorff-Trost* S. 33, 49 f.; *Linfert* S. 22; *Roh* S. 359 ff.

[126] *Arndt:* Staat und Kunst S. 322, vgl. auch *ders.:* Die Kunst im Recht, NJW 1966, 27; vgl. auch August *Schmidt:* Über die Freiheit der Kunst, GA 1966, 97 ff. (99).

[127] *Arndt:* Staat und Kunst S. 318 f.; *Cohn* S. 62 ff. spricht von einer Dialektik zwischen dem In-Sich-Ruhen des Kunstwerks und seiner Wirkung auf die Seele eines bestimmten Betrachters, die diese verändere. Aber auch das fertige Bild „verändert sich immer weiter, entsprechend der jeweiligen Gemütsverfassung desjenigen, der es gerade betrachtet ... das ist ganz natürlich, da das Bild nur Leben hat durch den Menschen, der es betrachtet" (*Picasso;* s. *Schramm* S. 184).

[128] *Mierendorff-Trost* S. 33.

[129] S. 57; zum folgenden *Mierendorff-Trost* S. 33 ff., 48 ff.

[130] *Dies.* S. 48.

Vergleich und Orientierung an einem vorgestellten Idealbild ausgeübt", kommt das Verwaltungsgericht Wiesbaden[131] dieser Auffassung sehr nahe. Ebenso findet die Feststellung des Hessischen VGH[132], Entscheidungen über den Wert von Kunstwerken beruhten auf nicht völlig diskursiven Gründen, bei ihnen verbleibe ein Restraum subjektiver Wertung, und über den Wert „genuiner Kunstwerke" könne allgemeinverbindlich überhaupt nicht entschieden werden, hier ihre Bestätigung.

Bestätigungen dieses Sachverhalts finden sich auch in der wissenschaftlichen Kunstkritik: „Dichtung ist nicht erklärbar, sie ist nur erfahrbar"[133] — „Wir müssen uns darüber klar sein, daß auch Wertung im letzten kein wissenschaftlicher Akt ist. Nur im persönlichen Engagement, im Funkensprühen des Zusammenpralls von Kunstwerk und Beurteiler leuchtet die Wahrheit auf[134]." „Er (sc. der Kritiker) reagiert als einzelne Person. Subjektiv bleibt sein Verdikt immer. Er selbst weiß das am besten. Und subjektiv muß es bleiben, soll es lebendig sein[135]." „Planck meinte, daß die physikalischen Formeln einen sinnbildlichen Wert hätten: wieviel mehr die Zeichen der Künstler. Aber die Sinnbildlichkeit ist autark geworden und durch Vergleich und geschichtliche Analyse nicht zu deuten, nur von uns selbst her, von den vergessenen Schichten unseres existentiellen Seins[136]." Hier mag der Grund dafür liegen, daß auch die wissenschaftliche Ästhetik verbindliche, objektive Maßstäbe für die Bewertung von Kunstwerken nicht zu liefern vermag[137].

Das Bemühen freilich, aus der — wohl kaum bestreitbaren — Subjektivität künstlerischer Werturteile oder dem angeblich mangelnden Sachverstand der Verwaltung ein Gebot staatlicher Nicht-Identifikation mit solchen Urteilen herleiten zu wollen, stellt einen der Auffassung der früheren Staatslehre verwandten Versuch dar, aus dem „Wesen" irgendwelcher Lebensgebiete Grenzen staatlicher Kompetenzen zu deduzieren[138], und begegnet denselben methodischen Bedenken

131 s. o. S. 37.

132 In FBW-Inf. Nr. 4/1967 S. 19 und 22 (Pamir II).

133 *Blöcker* in *Blöcker-Luft-Grohmann-Stuckenschmidt* S. 15.

134 *Ders.* S. 23.

135 *Luft* a.a.O. S. 42; ebenso *Stuckenschmidt* a.a.O. S. 52; vgl. auch *Schnerr* a.a.O. (Fn. 107) S. 304 f.; Georg *Schmidt* S. 286 f., 290.

136 *Stuckenschmidt* a.a.O. (Fn. 133) S. 76.

137 *Mierendorff-Trost* S. 40; ausführlich dazu *Knies* S. 142 ff. zur Abgrenzung der Kunst von der „Nichtkunst", die sich allerdings von (inner-)künstlerischen Werturteilen nicht prinzipiell unterscheidet (vgl. die Gleichsetzung bei *Knies* selbst S. 68 Fn. 568 hinsichtlich der Werturteile der FBW).

138 Nicht überzeugend daher die Begründung staatlicher Nicht-Identifikation bei *Schäuble* S. 214 ff. unter Berufung auf *Adorno:* Kultur und Verwaltung, in: Merkur 1960 S. 119 f.

wie diese[139]. Sie verkennt zudem, daß der Staat sich in anderen Bereichen höchst subjektive Urteile und Entscheidungen zueignet, wenn die Erfüllung seiner Aufgaben es erfordert. Diese wird damit zum methodisch richtigen Ansatzpunkt für die Beantwortung der Frage nach dem Umfang der jeweils zulässigen staatlichen Identifikation: Die Frage lautet, ob die Erfüllung der in Art. 5 Abs. 3 GG normierten Aufgabe des Staates ein allgemeinverbindliches Urteil über den Wert von Kunstwerken, das nur ein Machtwort sein könnte, bedingt.

3. Die Unabstimmbarkeit des künstlerischen Werturteils

Nach allem bisher Gesagten ist sie zu verneinen. So, wie der Staat im Bereich objektiv verbürgter Freiheit die Suche nach Heil in religiöser Hinsicht ermöglichen, aber nicht eine Religion als heilbringend propagieren, die Bildung einer Auffassung auf dem „Marktplatz" der öffentlichen Meinung ermöglichen, sich aber nicht mit einer der dort vertretenen Meinungen identifizieren, die Bildung wissenschaftlicher Überzeugung ermöglichen, aber nicht eine der vertretenen Theorien für richtig erklären soll, soll er auch nicht Kunstwerke autoritativ bewerten, sondern den Bürgern die Begegnung mit Kunst und die persönliche Werterfahrung und -entscheidung möglich machen. So wie seine Förderung — die Förderung der Freiheit eines Lebensbereichs ist — eine mit staatlichem Geltungsanspruch versehene Anerkennung derjenigen Religion, Meinung oder wissenschaftlichen Überzeugung, die von der Freiheitsförderung im Ergebnis profitiert, als wahr, richtig oder „wertvoll" weder bedingt noch zur Folge hat, setzt auch die Förderung eines Kunstwerks (einer künstlerischen Veranstaltung) seine „mit Verbindlichkeit im Bereich des Staates" vorgenommene Wertung als „anerkanntes Bildungsgut"[140] weder voraus, noch erlangt es diese Qualität nur deshalb, weil es an der staatlichen Förderung partizipiert. Nicht weil es „wertvoll" oder „Bildungsgut" ist, wird ihm die Förderung zuteil, sondern als Folge einer Tätigkeit des Staates, die einen Beitrag zu einem freien Kunstleben bilden soll.

Besteht aber die allseitige Offenheit des von der Verfassung intendierten freien Kunstlebens nicht nur darin, daß tendenziell jeder Künstler sein Werk zur Diskussion stellen, sondern ebenso und gleichwertig darin, daß jeder Bürger an dem zu bewirkenden Kommunikationsprozeß teilhaben, sich sein persönliches Urteil bilden und künstle-

[139] s. o. S. 15 f.; kritisch zu *Ropertz'* ähnlicher Argumentation aus den „sachlogischen Strukturen" (S. 69 ff.) auch *Erbel* S. 34 f.

[140] So *Huber* S. 14; zu der prinzipiellen Ablehnung der Unterstellung der Kunstpflege unter Gesichtspunkte der Bildungs- und Erziehungspolitik s. o. S. 59 ff.

rischen Wert erleben können soll, so läuft die Ausstattung desjenigen Werturteils, unter dessen Zuhilfenahme staatliche Instanzen das zu Fördernde auswählen, mit der Autorität des Staates — der nach der Aufgabe eines eigenen Kunstideals sowie der Unterstellung der Kunstförderung unter Erziehungsgesichtspunkte über keinerlei eigenen Bewertungsmaßstab mehr verfügt — der verfassungsrechtlichen Intention der Förderung der Freiheit der Kunst zuwider. Die richtige Feststellung des Hessischen VGH[141], ein solches, mit dem Anspruch auf Allgemeinverbindlichkeit auftretendes und Anerkennung heischendes Werturteil könne zur „propagierten Orientierungshilfe" werden, erscheint nicht (nur) wettbewerbsrechtlich, sondern vor allem im Hinblick auf die Kunstfreiheitsgarantie relevant: Dem Staat, dessen Kunstförderung unter dem Verfassungsgebot steht, die Freiheit des Lebensbereiches Kunst, und nur diese, zu fördern, sind solche Orientierungshilfen versagt. „Nicht nur ist in der Demokratie niemand da, der bestimmen kann, was Kunst ist, sondern von ihrem eigenen Wesen her darf keiner da sein, der sich dessen von Staats wegen mit Geltung für alle unterfangen dürfte[142]."

Damit verweist die Zielvorstellung der Verfassung das Urteil über künstlerischen Wert in den Bereich des Unabstimmbaren. Kunstförderung in der Demokratie intendiert keine autoritative Entscheidung des Streites der Meinungen über Kunst, keine Befriedigung der „Sehnsucht nach Synthese"[143], nach „objektiver" Wahrheit, durch ein staatliches Güteplakat, sondern Institutionalisierung des Konflikts durch Ermöglichung öffentlicher Konkurrenz von Kunstwerken und Kunstanschauungen, die allein Freiheit verbürgt: „Was der Betrachter vor diesem Bilde fühlt, denkt, glaubt, ist ganz seinem eigensten, innersten, selbstverantwortlichen Entscheide anheimgestellt! Das ist Freiheit! Freiheit ist die Vielfalt der möglichen Antworten. Freiheit heißt das Wissen, daß keine menschliche Antwort endgültig ist; daß jede Antwort neue Fragen gebiert" — „Uneinigkeit ist das Stigma und das Privileg alles Lebendigen[144]." In dieser Sphäre des Lebendigen und Kontroversen, des Nicht-Endgültigen und Nicht-Allgemeinverbindlichen, sondern Unvertretbaren und Höchstpersönlichen kann der Staat, der die *Freiheit* der Kunst zu fördern gehalten ist, auch das Werturteil derjenigen belassen, deren Mitsprache er sich bei der Entscheidung über die Vergabe seiner Mittel bedient, ohne damit etwas von seinem „Wesen" aufzugeben[145].

---

[141] FBW-Inf. Nr. 4/1967 S. 16 (Pamir II), dazu oben S. 41 ff.

[142] *Arndt:* Demokratie als Bauherr S. 230.

[143] Dazu *Dahrendorf* S. 161 ff.; vgl. auch *Schütz* S. 14 f.

[144] *Georg Schmidt* S. 298 und 275.

[145] Im Ergebnis ebenso: *Arndt* a.a.O. S. 230 und *ders.:* Staat und Kunst

4. Die Angewiesenheit des Staates auf das Außerstaatliche bei der Auswahl

Damit ist der Staat bei der Auswahl des zu Fördernden auch organisatorisch angewiesen auf die Mitsprache des nichtstaatlichen Teils des politischen Gemeinwesens, der Gesellschaft. Es ist dasselbe Volk, das „sich sowohl in der Rechtsform seiner mit begrenzten Vollmachten zum Handeln im Abstimmbaren ausgestalteten Staatsorgane repräsentativ organisiert und zugleich in einem politische Gesellschaft bleibt, deren unabstimmbare Freiheitlichkeit ihre staatliche Organisierbarkeit ausschließt[146]. Das Politische der Verantwortung des staatlichen Repräsentanten dokumentiert sich „gerade in der Erkenntnis der Grenzen seiner geistigen Kompetenz und ihrer Ergänzungsbedürftigkeit“[147]. Staatliche Hilfe für ein freies, weder dem Staat noch einer gesellschaftlichen Gruppe unterworfenes Kunstleben bedeutet negativ das Verbot, das freiheitssichernde Spannungsverhältnis zwischen Staat und Außerstaatlichem in den einpoligen Machtmonopolismus der einen oder anderen Seite zu überführen[148], positiv aber die Aufgabe komplementären Sich-Ergänzens, des Zusammenwirkens des staatlich Organisierten und durch Abstimmung Legitimierten mit Mitgliedern des politischen Gemeinwesens, die im eigenen Namen als freie Bürger einer freien Gesellschaft ihr Urteil abgeben. Weder kann die politische Verantwortung des Staatsorgans, das über die Vergabe öffentlicher Mittel entscheidet, die künstlerische Verantwortung, „die der Ratgeber vor sich selbst, der Öffentlichkeit und der Geschichte trägt“, ersetzen, noch umgekehrt[149]. Wesentlich gehört daher zu einem solchen Verfahren die Vermeidung von Anonymität, die persönliche und namentliche Verantwortung für das künstlerische Werturteil[150]. Das Prinzip der Nicht-Identifikation, das es dem Staat verbietet, auch nur den Anschein von Identifikation hervorzurufen[151], gebietet es, keinen Zweifel daran zu lassen, daß auch das Urteil, unter dessen Zuhilfenahme er seine Auswahlentscheidung fällt, letztlich höchstpersönlich und subjektiv ist, Geltung nur im Bereich der Gesellschaft beanspruchen kann und selbst ein der Diskussion unterliegender Teil eines freien Kunstlebens ist.

S. 313 ff.; Thomas *Mann:* Betrachtungen eines Unpolitischen S. 239; *Ott:* Kunst und Staat S. 167 und *ders.:* Kunstfreiheit und Filmbewertung — BVerwG 23, 194, JuS 1968, 459 ff. (464 f.); *Peters* S. 162; *Schäuble* S. 214 ff.; nicht eindeutig *Oppermann* S. 126.

146 *Arndt:* Demokratie als Bauherr S. 231.

147 *Ders.* a.a.O. S. 231 f., auch zum folgenden.

148 *Ridder:* Freiheit der Kunst S. 22, 24.

149 *Arndt* a.a.O. S. 232.

150 *Ders.* a.a.O. S. 232 sowie in Staat und Kunst S. 315.

151 *Krüger* S. 231.

Aber: „Wenn die Wahrheit nicht erkennbar ist, wir also zumindest nicht wissen können, ob unsere Erkenntnis wahr ist, dann müssen wir Wege finden, um die Dogmatisierung des Irrtums zu vermeiden[152]." Nicht darin, daß auch Werken, die nach einer oder mehreren Generationen als künstlerische „Eintagsfliegen" angesehen werden mögen, die Chance der Durchsetzung gewährt worden ist, liegt der Irrtum, dessen Dogmatisierung es zu vermeiden gilt, sondern ausschließlich darin, daß das wirklich Bedeutende verkannt und ihm diese Chance versagt wird[153]. Seine Eignung zur Vermeidung der Dogmatisierung des Irrtums ist das Kriterium, an dem das Verfahren zu messen ist, in dem der Staat, der Wahrheit über den Wert von Kunst nicht autoritativ feststellen darf, sich zur Erfüllung seiner Aufgabe „durch Berufung ergänzender Organe aus den Kräften der freien Gesellschaft"[154] vervollständigt. Unter diesem Gesichtspunkt sollen in der Praxis bestehende Modelle eines solchen Zusammenwirkens untersucht werden.

E. Die Aufgabe komplementären Sich-Ergänzens des Staates und des außerstaatlichen Teils des politischen Gemeinwesens: Modelle des Zusammenwirkens

I. Erstes Modell: Eigenverantwortliche Auswahl durch eine staatlich unterstützte Künstlervereinigung

Von Interesse sind hier vor allem zwei Modelle solchen Zusammenwirkens zwischen Staat und gesellschaftlichen Kräften: Die ständige staatliche Unterstützung einer Korporation von Künstlern, damit diese ihrerseits Kunstwerke und künstlerische Veranstaltungen der Öffentlichkeit zugänglich macht, und die Förderung auf der Grundlage des Werturteils eines Gremiums von Bürgern des politischen Gemeinwesens.

1. Beispiel: Die Akademie der Künste in Berlin

Als Beispiel für das erste Modell möge die staatliche Unterstützung der Akademie der Künste in Berlin dienen[155]. Die Akademie der

---

[152] *Dahrendorf* S. 186, vgl. auch S. 174 und 190.

[153] Dazu eindringlich *Loos* S. 353.

[154] *Arndt:* Demokratie als Bauherr S. 232.

[155] Zu der Rolle der Akademien der Künste im Absolutismus s. o. S. 21; zu ihrer Entwicklung generell: *Carriere* S. 165 ff.; *Grimm:* Akademie und *ders.* in Preußische Jahrbücher, Bd. 29 S. 747 ff.; speziell zur Bayerischen Akademie der Schönen Künste, die ebenfalls Körperschaft des öffentlichen Rechts ist und ähnliche Aufgaben wahrnimmt wie die Akademie der Künste in Berlin, *Schnerr* a.a.O. (Fn. 107) S. 308.

Künste ist eine Körperschaft des öffentlichen Rechts[156], der Künstler und solche Personen angehören, die sich um die Kunst oder die Akademie der Künste verdient gemacht haben[157]. Sie verwaltet sich selbst[158]. Ihre Aufgabe ist es, die Kunst zu fördern und das Land Berlin in allen Angelegenheiten der Kunst zu beraten und zu unterstützen. Sie spricht aus selbständiger Verantwortung[159].

Selbstverständnis und Aufgabe der Akademie werden noch einmal in der Präambel der Satzung, die sie sich gegeben hat, präzisiert: „Die Akademie der Künste ist eine Gemeinschaft von Künstlern und durch Gesetz bestimmt, die Tradition der Preußischen Akademie der Künste fortzusetzen und den Staat in künstlerischen Fragen zu beraten. Die Akademie sieht ihre Aufgabe darin, Freiheit und Anspruch der Kunst gegenüber Staat und Gesellschaft zu vertreten und die Öffentlichkeit mit den künstlerischen Bewegungen der Zeit bekannt zu machen.“ Im Rahmen dieser Aufgabe veranstaltet die Akademie Ausstellungen bildender Kunst, Konzerte, Dichterlesungen und Vorträge. Sie fällt somit Entscheidungen darüber, welcher Künstler oder welches künstlerische Werk mithilfe der ihr gewährten staatlichen Mittel der Öffentlichkeit zugänglich gemacht werden soll. Deutlich spricht aus der Präambel das Bewußtsein der möglichen Gefährdung der Freiheit der Kunst nicht nur durch den Staat, sondern auch durch die Gesellschaft.

2. Die Nicht-Identifikation des Staates mit ihren Entscheidungen

Aus der Präambel wie auch aus § 2 Abs. 1 des Gesetzes über die Akademie der Künste geht hervor, daß ihre künstlerischen Entscheidungen nicht dem Staat, sondern allein der Akademie selbst zuzurechnen sind. Der Staat unterstützt diese Künstlergemeinschaft — nicht (nur), um ihre Existenz zu ermöglichen, sondern primär, damit sie das zur Diskussion zu Stellende eigenverantwortlich nach künstlerischen Gesichtspunkten auswählt, um also durch sie hindurch zur Förderung eines freien Kunstlebens beizutragen. Diese Beschränkung seiner Wirksamkeit erscheint als Modell staatlicher „Förderung schlechthin“[160] ohne irgendwelche inhaltlichen Bestimmungsrechte — also einer völligen Nicht-Identifikation des Staates mit den künstlerischen Wert-

---

156 § 1 Abs. 1 des Gesetzes über die Akademie der Künste i. d. F. vom 23. Mai 1967 (GVBl. S. 784).

157 § 2 Abs. 2 des Gesetzes.

158 § 1 des Gesetzes.

159 § 2 Abs. 1 des Gesetzes.

160 Wie sie *Krüger* S. 808 fordert; ähnlich Thomas *Mann:* Betrachtungen eines Unpolitischen S. 239.

urteilen der Akademie[161] — vor allem dem Argument gegenüber bedeutsam, ohne eigene staatliche Bewertung des zu Fördernden sei staatliche Kunstförderung unmöglich oder sinnlos. Eine staatstheoretische Auseinandersetzung mit diesem Modell müßte die Vertreter jener Auffassung entweder zu einer einschränkenden Differenzierung ihrer These oder aber zu der Konsequenz führen, der (Kultur-)Staat gebe durch eine solche Praxis etwas von seinem Wesen auf.

3. Die Entstaatlichung der Berliner Festspiele

Aufmerksamkeit verdient in diesem Zusammenhang auch die Gründung der „Berliner Festspiele G.m.b.H." durch Verwaltungsabkommen zwischen der Bundesrepublik Deutschland und dem Land Berlin vom 7. März 1967, der die bis dahin dem Senator für Wissenschaft und Kunst unterstehende Veranstaltung internationaler Festspiele im kulturellen Bereich (Berliner Theatertreffen, Internationale Filmfestspiele, Internationaler Fernsehwettbewerb, Berliner Festwochen, Berliner Jazztage) übertragen wurde. Wenn dabei auch ursprünglich die Absicht mitbestimmend gewesen sein mag, ein Hindernis für die Teilnahme von Künstlern aus osteuropäischen Staaten an den Veranstaltungen zu beseitigen[162], hat diese Gründung als Ausdruck der generell „erklärten Absicht des Senats des Landes Berlin, künstlerische Veranstaltungen soweit wie möglich zu entstaatlichen"[163] (also nicht nur die verwaltungstechnischen Mittel zu wechseln), doch zugleich kunstpolitische Bedeutung als ein weiterer Schritt des Staates in Richtung auf eine Nicht-Identifikation.

Dem entspricht es, daß die Auswahl der Inszenierungen für das Berliner Theatertreffen von einer Jury von zehn Kritikern, die vom Senator für Wissenschaft und Kunst berufen wird[164], und die Auswahl der Filme für die Internationalen Filmfestspiele, für die „insbesondere der künstlerische Wert maßgebend" ist[165], von einem Auswahlkomi-

---

[161] Zur Nicht-Identifikation des Staates mit der Tätigkeit von öffentlich-rechtlichen Körperschaften dieses Typs vgl. auch *Forsthoff:* Verwaltungsrecht S. 452.

[162] Dazu: Osteuropäische Teilnahme erleichtert, in: Die Welt vom 15. Febr. 1965; *F. R.:* Thema: Festwochen, in: Der Tagesspiegel vom 17. Mai 1967; Marta *Mierendorff:* Kulturelle Filzokratie, in: civis 6/1967.

[163] Informationsmappe des Senators für Wissenschaft und Kunst, 2. Aufl. 1968, Informationsunterlage IV 0.

[164] Informationsunterlage IV 1 (Fn. 163); das Theatertreffen wird bewußt als Informations- und Diskussionsforum verstanden; früher wurden die „besten", 1967 die „interessantesten" (deutschsprachigen) Aufführungen eingeladen, Kriterium für die Auswahl war 1968 die „Wichtigkeit"; vgl. dazu Hellmuth *Karasek:* Das Theater der Regisseure. Berlin zeigte die wichtigsten Aufführungen des Jahres, in: Die Zeit vom 7. Juni 1968.

[165] Nr. 7 der Richtlinien für die Internationalen Filmfestspiele Berlin 1967.

tee von zehn Personen, dem fünf Filmkritiker angehören[166], getroffen wird. Über die Verleihung der Preise bei den Internationalen Filmfestspielen und dem Fernsehwettbewerb entscheiden internationale Juries[167]. Diejenige für die Filmfestspiele, der neun Mitglieder angehören, wird vom Kuratorium der Berliner Festspiele G.m.b.H. berufen[168], das seinerseits aus acht Mitgliedern besteht, von denen die Bundesrepublik Deutschland und das Land Berlin je vier bestellen[169]. Bemerkenswert erscheint die Verpflichtung der Jury, ihre Entscheidung öffentlich zu begründen[170]. Die Leitung der Berliner Festwochen und der Berliner Jazztage schließlich wurde Persönlichkeiten des künstlerischen Lebens übertragen[171].

II. Zweites Modell: Das künstlerische Werturteil einer Jury, das der Staat in seine Entscheidung über die Vergabe seiner Mittel einbezieht

Die spezifische Schwierigkeit der staatlichen Sorge für die Freiheit der Kunst — im Unterschied zu der Förderung der Freiheit anderer Lebensbereiche — besteht jedoch darin, daß das Modell völliger Entstaatlichung nicht geeignet ist, sämtliche mit ihr verbundenen Probleme zu lösen. Anders etwa als im Bereich der Religion bildet hier das Bestehen traditioneller Strukturen im Außerstaatlichen, an die der Staat seine Privilegierung oder Förderung unter Verzicht auf Wertentscheidungen und unter Zugrundelegung ausschließlich formaler Kriterien knüpfen kann, die Ausnahme. Die Abwicklung der gesamten Kunstförderung etwa eines Bundeslandes über eine Akademie der Künste ist schon aus dem praktischen Grund unmöglich, weil derartige Akademien dort, wo sie nicht bestehen und auch keine Tradition haben, kaum neu gegründet werden können. Sie verbietet sich vor allem aber auch deshalb, weil sie zu viel Macht bei einer solchen Künstlervereinigung konzentrieren würde und die Gefahr entstünde, daß eine möglicherweise in der Akademie gerade herrschende Kunst-

---

166 Informationsunterlage IV 2 (Fn. 163).

167 Vgl. für die Filmfestspiele Informationsunterlage IV 2, für den Fernsehwettbewerb Informationsunterlage IV 3 (Fn. 163).

168 Nr. 12 der Richtlinien (Fn. 165).

169 § 7 Abs. 1 der Satzung der Berliner Festspiele G.m.b.H.

170 Nr. 13 der Richtlinien (Fn. 165).

171 Leiter der Berliner Festspielwochen waren von 1951 bis 1962 der Komponist und Musikschriftsteller *Dr. Gerhart von Westerman*, von 1964 bis 1967 *Nicolas Nabokov*, 1968 *Dr. Peter Löffler* (Informationsunterlage IV 4, Fn. 163) und 1969 der Fernsehjournalist *Walther Schmieding;* Leiter der Berliner Jazztage ist *Joachim Ernst Berendt* (Informationsunterlage IV 5, Fn. 163).

auffassung die Auswahl einseitig beeinflußt. Dies würde im Ergebnis aber wieder der staatlichen Identifikation mit einer einzigen Kunstrichtung, nämlich der der Akademie, gleichkommen. Auch mag durch anderweitige künstlerische Aktivitäten von Akademiemitgliedern eine „kulturelle Filzokratie“[172] nicht immer auszuschließen sein.

Mit der Einrichtung der Auswahlkomitees und Juries im Rahmen der Berliner Festspiele G.m.b.H. ist vielmehr schon die Überleitung zu dem zweiten Modell gegeben, dessen sich der Staat im Zusammenwirken mit dem Außerstaatlichen bei der Erfüllung seiner Aufgabe, für die Freiheit der Kunst zu sorgen, bedienen kann. Es besteht darin, daß der Staat ein Gremium von unabhängigen Bürgern beauftragt, ein Werturteil über Kunstwerke zu fällen, und auf der Grundlage dieses Urteils über die Vergabe seiner Förderungsmittel befindet. Praktisch wird eine solche Entscheidung vor allem in zwei Formen getroffen: Entweder es muß hinsichtlich eines jeden einzelnen einer unbestimmten Anzahl von Werken geprüft werden, ob sie unter bestimmte Voraussetzungen, wie sie etwa durch den Begriff „wertvoll“ umschrieben werden, fallen. Oder einer oder mehrere Künstler (bzw. Kunstwerke) werden unter einer größeren Zahl als beste ausgewählt, wobei die Gewinnerzahl von vornherein begrenzt ist. Die erste Variante spielt dort eine Rolle, wo der Staat seine Förderung für eine unbestimmte Zukunft an die Erfüllung des bezeichneten Merkmals bindet. Die zweite kommt dort in Betracht, wo unter einer bestimmten Anzahl von Bewerbern, die an einem Wettbewerb oder einer Ausschreibung teilnehmen, eine Auswahl getroffen werden muß.

1. Die Staatsaufgabe der Auswahl der Juroren — Ziel und Methode

Im Gegensatz zu dem ersten Modell erwächst dem Staat hier grundsätzlich die Aufgabe, die Juroren auszuwählen. Freilich lassen sich aus der Verfassung keine detaillierten Gebote für diese Staatstätigkeit herleiten. Aber auch sie steht unter dem leitenden Gesichtspunkt der Förderung der Freiheit und der eigengesetzlichen Entwicklungsmöglichkeit der Kunst. Das sich daraus ergebende Gebot, diejenigen Elemente, die Unfreiheit der Kunst im Außerstaatlichen bewirken, nicht zu verstärken, sondern zugunsten größerer Freiheit der Kunst ihr Komplementär im staatlichen Bereich wirksam werden zu lassen, vermag daher einen Maßstab zumindest zur negativen Ausgrenzung solcher Praxis zu bilden, die die Freiheit der Kunst nicht zu fördern geeignet ist.

---

[172] So der Titel des in Fn. 162 zitierten Aufsatzes von Marta *Mierendorff*.

a) Schutz gegen die Bedrohung der Freiheit der Kunst durch das „Publikum en large“ und durch pluralistische Kompromisse

Unfreiheit droht der Kunst nicht nur durch ihr Ausgeliefertsein an den Staat und einzelne soziale Mächte, sondern auch an das „Publikum en large“[173]. Der Grund dafür ist das der Kunstgeschichte bekannte und vielfältig belegte Phönomen des Zurückbleibens des Kunstverständnisses einer jeden Epoche hinter der Entwicklung der Kunst — fast jede grundlegend neue künstlerische Richtung stieß zunächst auf die Ablehnung ihrer Zeitgenossen[174]. Eine theoretische Erklärung für diese Erscheinung könnte, wie *Mierendorff-Trost* meinen[175], darin liegen, daß die schöpferische, erfinderische Kunst — im Gegensatz zum bloßen Epigonentum — die einzige Erscheinung ist, die niemals dem „cultural lag“, dem Auseinanderfallen von Zivilisation und Kultur, von technischer und geistiger Entwicklung, verfallen kann, sich ihm vielmehr entzieht und die Macht hat, ihn zu überwinden. Diese gewinnt sie dadurch, daß sie sich beständig über das Durchschnittliche im Empfinden und Denken, über die gesellschaftlichen Konventionen hinwegsetzt[176]: Sie ist „der perennierende Einspruch des Besonderen gegen die Allgemeinheit, solange diese unversöhnt ist mit dem Besonderen“[177]. Der Künstler steht so in einem zwangsläufigen Spannungsverhältnis zu der ihn umgebenden Gesellschaft. *Albert Camus,* der dieses Spannungsverhältnis in seiner Stockholmer Rede unter dem Gesichtspunkt der Verantwortung des Künstlers analysiert hat, betrachtet die Entwicklung der Kunst, für die er die Literatur als Beispiel anführt, seit der Französischen Revolution als die einer Literatur der Revolte gegen die Gesellschaft ihrer Zeit[178]. Bestand noch in früheren Epochen ein Konsens zwischen Künstlern und Gesellschaft über bestimmte künstlerische Grundprinzipien wie die obligatorische inhaltliche Orientierung an einem vorangestellten außerkünstlerischen Wert, etwa einer religiösen Aussage, oder über die Befolgung von formalen Vorschriften darüber, was als „schön“ galt, so ist der Künstler heute völlig auf sich zurückgeworfen[179], denn wegen Fehlens eines einheitlichen Weltbildes und einheitlicher ästhetischer Kategorien besteht eine derartige Über-

---

[173] *Ridder:* Freiheit der Kunst S. 23 f.; vgl. auch *Oppermann* S. 443.

[174] Dazu ausführlich *Roh:* Der verkannte Künstler.

[175] S. 55.

[176] *Baumeister* S. 35.

[177] *Adorno* a.a.O. (Fn. 138) S. 106 über die Kultur generell.

[178] Discours de Suède S. 1084, vgl. auch *ders.:* L'homme révolté S. 407 ff. (Révolte et art S. 655 ff.).

[179] Dazu ausführlich *Baumeister* S. 99 ff.; vgl. auch *Hauser* I S. 28, 329 ff.; *Schütz* S. 14 ff.

einstimmung nicht mehr. An die Stelle der vorangestellten Idee einerseits, aber auch der Ablehnung jeder gesellschaftlichen Verantwortung des Künstlers unter dem Motto des l'art pour l'art andererseits kann und muß allein die Forderung nach Selbstverantwortung des Künstlers, nach künstlerischer Wahrhaftigkeit treten[180]: „L'art ne vit que des contraintes qu'il s'impose à lui-même: il meurt des autres[181, 182]."

Aufgabe des Staates, der die Mitverantwortung für die Freiheit des Kunstlebens trägt, ist es, das Komplementär auch dieser spezifischen, sich aus der retardieren Wirkung des Durchschnittsgeschmacks ergebenden Unfreiheit in seine Wirksamkeit aufzunehmen: der Kunst „Schutz gegen die Beschränkung ihres Bereiches auf eine Resultante massendemokratischer Übereinkunft zu gewähren"[183] und damit als „Selbstkorrektur der Unzulänglichkeiten der Gesellschaft zu wirken"[184, 185]. Deshalb kann *Ridder* es unter Hinweis auf den Gedanken an programmbestimmende Rundfunkhörer- und Fernseherparlamente „als ein nur scheinbares Paradoxon" bezeichnen, wenn „Herrschaftssysteme, die die freiheitssichernden Spannungsverhältnisse in den ein-

---

[180] *Baumeister* S. 106 f.; *Camus* a.a.O. S. 1089 ff.; August *Schmidt:* Über die Freiheit der Kunst, GA 1966, 97 ff. (100).

[181] *Camus* a.a.O. S. 1092.

[182] Zu den Gefahren dieser Entwicklung *Gehlen:* In die Freiheit verstrickt. Zur Situation der modernen Kunst, in: Merkur 1960 S. 301 ff.

[183] *Ridder:* Freiheit der Kunst S. 24.

[184] *Krüger* S. 231.

[185] Dieser Gesichtspunkt mag auch dafür maßgebend gewesen sein, daß die Rspr. sich von dem „Durchschnittsmenschen", dem „vielbespöttelten homunculus normalis" (*Kitzinger* S. 288) als Maßstab zur Unterscheidung zwischen Kunst und „Nichtkunst" bei repressiven Eingriffen des Staates zugunsten des „künstlerisch aufgeschlossenen oder zumindest um Verständnis bemühten Menschen" getrennt hat: erstmalig BGH in GA 1961, 240 (Missa profana), heute st. Rspr., vgl. etwa LG Hamburg in NJW 1963, 675 (Genet, Notre Dame des Fleurs); BVerwGE 23, 104 (Cain, Die Rechnung ohne den Wirt); BVerwGE 25, 318 (Schamoni, Dein Sohn läßt grüßen); zustimmend *Buchholz* S. 13 ff. Ob damit nur eine Unbekannte durch eine andere ersetzt worden ist, braucht hier, da es nicht um das Anlegen eines abstrakten Maßstabes, sondern um die Auswahl konkreter Personen geht, nicht entschieden zu werden. Vgl. auch die parallele Entwicklung im Recht der Verunstaltung: OVG Münster, DVBl. 1958, 84 („Durchschnittsmensch"); BVerwG in BB 1961, 1144; BVerwGE 2, 172; BVerwG in VerwRspr. 12 Nr. 79; BVerwGE 17, 322 („gebildeter Durchschnittsmensch") und § 14 Abs. 7 der Bauordnung für Berlin vom 29. 7. 1966 (GVBl. S. 1175), nach dem die Gestaltung nach dem „Empfinden des auf diesem Gebiet sachkundigen und erfahrenen Betrachters" zu beurteilen ist — sowie hinsichtlich der angewandten Kunst im Urheberrecht: RGZ 139, 214 (Gropius-Türklinke) verweist auf „den Maßstab, der von gebildeten, mit Kunstanschauungen einigermaßen vertrauten und für künstlerische Dinge empfänglichen Volkskreisen zu erwarten ist", ihm folgend BGH in NJW 1957, 220 (Gebrauchsgrafik) sowie BGHZ 29, 62 (Rosenthal-Vase); zum Problem *Gerstenberg:* Industrielle Form und Urheberrecht, BB 1964, 439 ff., der unter Hinweis auf frühere Beispiele Entscheidung durch Sachverständige fordert.

poligen Machtmonopolismus überführen, zugleich im Zeichen totalitärer Demokratie die Gefangenen ihrer eigenen Kunstpolitik werden"[186]. Dasselbe muß aber für Kunstentscheidungen von Gremien beliebiger Bürger als Anknüpfungspunkt staatlicher Förderung ebenso gelten wie von der vermeintlich demokratischen pluralistischen Lösung: den aus Mitgliedern aller großen Verbandsmächte zusammengewürfelten Gremien. *Schütz* bezeichnet die proportionale Denkungsart in der Kunstpolitik mit der für sie typischen Gefahr „der Bequemlichkeit einer Politik des geringsten Widerstandes" als eine Einstellung, „die in der vermeintlich demokratischen, tatsächlich ganz und gar undemokratischen Bemühung wurzelt, sich delegierter Verantwortung mit dem unreinen Zugriff der Objektivität nach unten hin zu entschlagen"[187]. Der für die Freiheit der Kunst verantwortliche Staat soll dagegen der Kunst Schutz nicht nur gegen massendemokratische Übereinkunft, sondern auch gegen pluralistische Kompromisse gewähren[188].

Diese Auffassung sieht sich freilich einem Einwand ausgesetzt, der die Forderung nach „Volksverbundenheit" der Kunst auf Kosten ihrer Freiheit erhebt[189] und in der Forderung gipfelt, das Volk könne als Resultat der Kunstförderung des Staates, der seinen Auftrag schließlich von ihm empfinge, für seine Steuern Kunstwerke verlangen, die ihm „etwas gäben". Zutreffend hat *Adorno*[190] diese Argumentation, von der die Kunstpolitik rechter wie linker Diktaturen explizit[191] — mit den bekannten Auswirkungen auf das Kunstleben — beherrscht wird, charakterisiert: „Manches davon mag man konzedieren, wird freilich dem Allerweltsargument mißtrauen, Kulturelles habe den Menschen schlechterdings etwas zu geben: der Bewußtseinszustand, nach dem man dieser Argumentation zufolge sich richten muß, ist in Wahrheit eben derjenige, den eine Kultur, die ihrem eigenen Begriff genügt, zu durchbrechen hätte ... Diese Argumentation ist scheindemokratisch, Ableger jener totalitären Technik, welche unter Ausnutzung plesbiszitärer Formen der Demokratie ans Leben will; was solche Sprecher der Volksseele hassen, ist freien Geistes; sie sympathisieren mit muffiger Reaktion". Dies müsse vor allem in einer Gesellschaft gelten, die trotz formaler Gleichheit der Rechte die Möglichkeit differenzierter und fortgeschrittener geistiger Erfahrung nur wenigen gewähre.

---

[186] Freiheit der Kunst S. 24.

[187] S. 16.

[188] *Ridder* a.a.O. S. 24.

[189] Besonders kraß *Frankenberger*, vgl. etwa S. 123 ff., dazu treffend *Erbel* S. 30; *Knies* S. 1 f. Fn. 3; *Düwel* in Ule-FS S. 45 f.

[190] a.a.O. (Fn. 138) S. 119.

[191] Anschaulich die bei *Buchholz* S. 47 bis 56 und bei *Erbel* S. 69 ff. wiedergegebenen Zitate.

b) Gremien von Künstlern und Kunstsachverständigen und die Vermeidung der Dogmatisierung des Irrtums

Die komplementäre Struktur der Ursachen der Unfreiheit im außerstaatlichen Bereich — die sowohl in der Abhängigkeit vom retardierenden Kunstverständnis des „Durchschnittsmenschen" als auch in der von Proporz-Kommissionen besteht — verwirklichen, muß heißen, die Auswahl der zur Entscheidung Berufenen orientieren an ihrer Aufgeschlossenheit, Kenntnis der künstlerischen Entwicklung und Vertrautheit mit den Schwierigkeiten des künstlerischen Schaffensprozesses, die ein Maximum an Verständnis und Offenheit der Kunst gegenüber verbürgen; die Entscheidung solchen Bürgern anvertrauen, die „ernsthaft, objektiv und fortgeschritten" etwas von Kunst verstehen[192]. Nur so kann das Spannungsverhältnis, in dem die Kunst zu Gesellschaft wie Staat steht und immer stehen wird, unter größtmöglicher Wahrung ihrer Freiheit gelöst werden. Der demokratische Staat als Mäzen bedarf der eigenverantwortlichen Mitsprache der Kunst[193].

Diese These bedarf freilich noch der Verteidigung nach zwei Richtungen: Es ist unbestreitbar, daß gerade auch Künstler und Kunstkenner keineswegs von dem Risiko des Fehlurteils befreit sind. *Knies*[194] weist zu Recht darauf hin, daß die Geschichte künstlerischer Fehlurteile vor allem eine Geschichte der Fehlurteile von Sachverständigen, aber auch von ausübenden Künstlern gewesen ist. Noch einmal muß aber betont werden, daß die Sorge für ein freies Kunstleben nicht die Herstellung eines Idealzustandes bedeutet, nicht den — immer utopisch bleibenden — Versuch der absolut „richtigen" Lösung, sondern den der relativ größtmöglichen Verminderung des Risikos des Fehlurteils. Nicht um eine „ständisch inspirierte Selbstverwaltung der Kunst"[195] und auch nicht um den Schutz oder die Privilegierung einer Minderheit[196] geht es, die Kunst und Künstler in ein Minoritäten-Getto

---

[192] *Adorno* a.a.O. S. 119.

[193] Im Ergebnis ebenso: *Adorno* a.a.O. S. 119 f.; *Arndt:* Staat und Kunst S. 312 ff. und *ders.:* Demokratie als Bauherr S. 230 ff.; Hellmuth *Becker* S. 26 ff.; Marta *Mierendorff* in den in Fn. 106 zitierten Aufsätzen; *Ridder:* Freiheit der Kunst S. 23; *Schäuble* S. 215 ff.; dieses Ergebnis entspricht der Bernkasteler Entschließung der Ständigen Kultusministerkonferenz vom 18./19. Oktober 1949: nach dieser „sollen die staatlichen Organe und behördlichen Einrichtungen den kulturpolitischen Zielsetzungen in *gemeinsamer Verantwortung* mit den freischaffenden Kulturkräften und Gemeinschaften dienen" (zitiert nach *Mierendorff:* Die staatliche und private Organisation des Kunstlebens in der Bundesrepublik, Kulturarbeit 1958 S. 227; Hervorhebung von Verf. dieser Arbeit).

[194] S. 166.

[195] So ablehnend *Schäuble* S. 217 f.

[196] So aber *Ridder:* Freiheit der Kunst S. 23.

verweisen würde[197], sondern um die Schaffung eines Auswahlverfahrens, das — wenn schon ausgewählt werden muß — der Eigengesetzlichkeit der Kunst, die der Staat zu respektieren gehalten ist, so adäquat ist wie möglich. Immer in Kauf genommen werden muß dabei das „Wagnis, daß die zeitgebundene Meinung einem Fälscher verfallen kann, ein Risiko, das infolge des Wettbewerbs nicht größer, sondern kleiner ist als die Irrtumsmöglichkeiten der Herrscher, unter denen die Versager unendlich zahlreicher waren und sind als die Großen, deren Gedächtnis bewahrt bleibt"[198] — kleiner aber auch, so wäre zu ergänzen, als die Irrtumsmöglichkeit des Publikumsgeschmacks und der Proporzkommissionen.

Der zweite Einwand geht dahin, daß der Staat durch die Auswahl derjenigen, die er für sachverständig und unabhängig hält, ihre Entscheidung ohnehin präjudiziere[199]. Unzweifelhaft ist der Einfluß des Staates hier stärker als bei der Kunstförderung mithilfe eines Künstlergremiums, auf dessen Zusammensetzung er keinerlei Einfluß hat. Die Konsequenz aus dem Verbot der Identifikation des Staates mit einer einzigen künstlerischen Stilrichtung ist aber auch für die kunstpolitische Entscheidung der Auswahl der Juroren zu ziehen: Nicht aus Art. 3 GG, sondern unmittelbar aus Art. 5 Abs. 3 GG folgt, daß der Staat sich auch nicht mittelbar durch einseitige Auswahl derer, denen er die künstlerische Wertentscheidung überläßt, mit einer der konkurrierenden Kunstauffassungen identifizieren darf. Das Gebot der Nicht-Identifikation, das auf der Ebene des grundsätzlichen Verhältnisses des Staates zu dem von ihm geförderten Kunstleben die Offenhaltung der Chance für eine Pluralität künstlerischer Stile gewährleisten sollte[200], gewinnt im Hinblick auf das Urteil über künstlerischen Wert eine weitere Bedeutung: Da es keine Stilrichtung gibt, die ein Monopol auf Hervorbringung künstlerisch wertvoller Leistungen oder Werke beanspruchen kann, aber auch keine, der diese Möglichkeit von vornherein abgesprochen werden kann[201], wird die grundsätzliche Offenhaltung der Pluralität der Standpunkte auch in den Juries zur einzigen Garantie dafür, daß die Chance der Auswahl des für die Entwicklung der Kunst Wichtigen nicht von vornherein verstellt wird. Generell von einer Präjudizierung sprechen heißt dann aber, hinsichtlich der Haltung eines ganzen, in sich heterogenen Gremiums von

---

197 Dazu *Heckel* S. 77 Fn. 261 a.

198 *Arndt:* Demokratie als Bauherr S. 231 zur Aufgabe des Bauens in der Demokratie.

199 So nachdrücklich *Huber* S. 15.

200 s. o. S. 61.

201 Ebenso OVG Münster, DÖV 1963, 764 (Armstrong-Urteil); *Schnerr* a.a.O. (Fn. 107) S. 305 1. Sp.

Künstler- und Kritikerpersönlichkeiten gegenüber zukünftig zu beurteilenden Kunstwerken eine zu deterministische Auffassung zugrunde zu legen. Umgekehrt zeigt die Erkenntnis, daß auch die entgegengesetzte Lösung, die Selbstergänzung der Gremien ohne Mitsprache des Staates, spezifische Gefahren für die Freiheit der Kunst in sich birgt, daß in dem verbleibenden Rest staatlichen Einflusses nicht nur eine Gefahr, sondern auch eine Chance liegt. Der Dogmatisierung des Irrtums wäre dadurch vorzubeugen, daß der Staat das eine Risiko der Gruppenbildung in sich selbst ergänzenden Gremien mit der möglichen Folge der Unterdrückung solcher künstlerischen Richtungen, zu denen die Juroren in Opposition stehen, und das andere der Präjudizierung der Entscheidung durch staatliche Auswahl der Juroren gegeneinander ausbalanciert: Unter diesem Gesichtspunkt erscheinen die verschiedenen Systeme der Rekrutierung der Sachverständigen sinnvoll: einerseits Ergänzung der Jury durch den jeweils letzten Preisträger[202], auf Vorschlag der alten Mitglieder[203] oder auf Vorschlag[204] oder durch Entsendung[205] seitens nichtstaatlicher künstlerischer Organisationen, bei der das erste Risiko zur Vermeidung des zweiten bewußt in Kauf genommen wird — andererseits, mit der umgekehrten Risikoverteilung, Berufung der Juroren durch den Staat[206], die unter dem Gebot der Nicht-Identifikation mit einer künstlerischen Richtung steht.

Als Gegengewicht gegen Proporzdenken und Einigung auf den kleinsten gemeinsamen Nenner, die auch und gerade in Gremien von profilierten Künstlern und Kunstsachverständigen drohen[207], kann selbst die vermeintlich undemokratische Lösung gerechtfertigt sein, einem einzelnen weitgehende Entscheidungsgewalt — etwa die Organisation von Festspielen für einen bestimmten künstlerischen Bereich[208] — zu

---

[202] Sei es, daß er selbst Mitglied der neuen Jury wird (so beim Literaturpreis der Freien Hansestadt Bremen, *Schäuble* S. 223, und beim Baden-Württembergischen Schiller-Gedächtnispreis, *Schäuble* S. 221), sei es, daß er die nächsten Juroren (mit-)beruft (so beim Baden-Württembergischen „Deutschen Kunstpreis der Jugend", *Schäuble* S. 221).

[203] So bei der Jury zur Auswahl von Inszenierungen für das Theatertreffen der Berliner Festwochen (Punkt 3 der Verfahrensordnung).

[204] So beim Berliner Kunstpreis und beim Preis der jungen Generation (Nr. 7 der Richtlinien, ABl. 1964 S. 805, dazu *Schäuble* S. 220).

[205] Dies gilt für einen Teil der Juroren beim Baden-Württembergischen Schiller-Gedächtnispreis (*Schäuble* S. 221) und bei den regionalen Hamburger Kunstpreisen (*Schäuble* S. 224).

[206] So beim Bundesfilmpreis (*Schäuble* S. 220); bei den überregionalen Hamburger Kunstpreisen (*Schäuble* S. 224); bei den niedersächsischen Kunstpreisen (*Schäuble* S. 225); beim Großen Kunstpreis des Landes Nordrhein-Westfalen (*Schäuble* S. 226) und dem Kunstpreis des Landes Rheinland-Pfalz (*Schäuble* S. 226).

[207] Worauf *Knies:* Freiheit der Kunst Sp. 1200 hinweist.

[208] Zu den Berliner Festwochen und den Berliner Jazztagen s. o. S. 77.

überlassen. Dies darf freilich nur für begrenzte Zeit geschehen, und die Nicht-Identifikation des Staates mit seinen Entscheidungen muß um so klarer herausgestellt werden. Ebenso wie die Pendants: staatliche Präjudizierung einerseits und Richtungsmonopol eines Gremiums andererseits — könnten auch die beiden anderen: Abstimmung mit der möglichen Folge der Profillosigkeit und profiliertes Urteil mit dem Risiko der Einseitigkeit — gegeneinander ausbalanciert werden.

2. Die Nicht-Identifikation des Staates mit den Entscheidungen solcher Gremien und ihre positive Auswirkung auf ein freies Kunstleben

Liegt der eigentliche Grund der Einbeziehung des künstlerischen Werturteils eines Gremiums von Künstlern und Kunstsachverständigen in die Auswahlentscheidung nicht in dem mangelnden Sachverstand staatlicher Funktionäre — der durch Verwendung sachverständiger Beamter in den entsprechenden Positionen zu beheben wäre — sondern in der Begrenztheit der Aufgabe des Staates und seinem Bestreben, sich durch Organe der freien Gesellschaft zu vervollständigen, so entfällt auch die Begründung einer Identifikation des Staates mit deren Werturteil nur damit, daß er die Juroren — und auch dies, wie sich gezeigt hat, nur teilweise[209] — auswählt und sich ihr Urteil durch die Anknüpfung seiner Förderung zu eigen mache[210]. *Knies'* Auffassung, die verfassungsrechtliche Problematik staatlichen Kunstrichtertums werde durch ein solches Vorgehen nicht aufgelöst, sondern nur verlagert[211], ist kaum bestreitbar. „Auflösbar" dürfte das Spannungsverhältnis zwischen Staat und Kunst, in dem die Fragwürdigkeit staatlichen Kunstrichtertums wurzelt, überhaupt nicht sein: Der Anschein einer Versöhnung zwischen beiden ist ein sicheres Anzeichen für die Pervertierung entweder des Staates oder der Kunst[212]. Die überhaupt erreichbare Freiheit für diesen eigengesetzlichen Lebensbereich kann nur durch den Versuch einer Ausbalancierung seiner Abhängigkeit vom Staat wie vom Außerstaatlichen realisiert werden; sie ist nichts Gegebenes, sondern eine ständig —im ganzen politischen Gemeinwesen — erneut zu bewältigende Aufgabe. Von dieser Auffassung[213] her wird die „Verlagerung" staatlichen Kunstrichtertums im Sinne

---

[209] s. o. S. 74 ff., 84.

[210] So *Huber* S. 14 f.; *Knies* S. 225; *Hörstel*, S. 19, schneidet das Problem zwar an, rekurriert dann aber auf verwaltungsrechtliche Erwägungen, die eine Identifikation des Staates voraussetzen, nicht aber zu begründen geeignet sind; vgl. dagegen zur Auswahl bei der Documenta *Arndt:* Staat und Kunst S. 313 ff., bes. S. 315.

[211] Freiheit der Kunst Sp. 1200.

[212] Ebenso *Düwel* in Ule-FS S. 58.

[213] s. o. S. 51 f.

eines Auseinandertretens von Kunst und staatlicher, ebenso aber auch gesellschaftlicher Macht[214], einer Mediatisierung staatlicher Gewalt[215], nicht zur idealen, wohl aber zur optimalen Lösung des Problems.

Die klare Unterscheidung zwischen dem Werturteil der Jury, das per se noch keine Wirkung im Staatlichen hervorruft, von dem Sollens-Urteil („Vergabe des Auftrags", „Verleihung des Preises"), das eine staatliche Instanz mit allgemeinverbindlicher Wirkung unter Einbeziehung dieses Werturteils fällt, erscheint auch geeignet, zu einer Versachlichung der öffentlichen Diskussion beizutragen: Würde darauf verzichtet, den Eindruck hervorzurufen, über den künstlerischen Wert eines Werkes sei bereits allgemeinverbindlich und autoritativ entschieden worden, so hätte auch die Kritik zu unterscheiden, ob sie ein Werk — wie es teilweise in der Diskussion um die Filme „Das Schweigen"[216] und „Afrika addio"[217] der Fall war, ebenso aber bei Ausstellungen bildender Kunst und anderen künstlerischen Veranstaltungen immer wieder akut wird — als jenseits der Grenzen des noch Erträglichen liegend ansieht (was nach der hier vertretenen Auffassung nur: verfassungswidrig bedeuten kann[218]), so daß ihre Ablehnung sich bereits gegen die Ermöglichung oder Erleichterung seiner Darbietung durch Vergabe öffentlicher Mittel richtet, oder ob sie — wie in den meisten anderen Fällen — gegen seine vom Staat unterstützte öffentliche Vorführung nichts einzuwenden hat, das Werturteil der Jury dagegen nicht zu teilen vermag. Gerade der erbitterte Streit über den künstlerischen Wert kann ein Indiz für die Berechtigung sein, ein Kunstwerk zur öffentlichen Diskussion und damit zur Beurteilung durch die einzelnen Bürger zu stellen. Durch die Klarstellung, daß das Werturteil von Bürgern des politischen Gemeinwesens in eigener, unvertretbarer Verantwortung gefällt worden ist und keinerlei Anspruch auf allgemeine Gültigkeit erhebt, im Gegenteil sich selbst in einem freien Kunstleben der freien Diskussion stellt, könnte in dem zweiten, häufigeren Fall die sachlich-künstlerische Auseinandersetzung mit der Auffassung der Juroren an die Stelle bisweilen affektiver Ablehnung des als staatlich-autoritative Fehlentscheidung empfundenen künstlerischen Werturteils treten.

---

[214] Wie sie *Ridder:* Freiheit der Kunst S. 22 fordert.

[215] Auf die *Schäuble* S. 218 entscheidend abstellt.

[216] Dazu *Dünnwald:* Kunst und Unzüchtigkeit. Zum Film „Das Schweigen", JR 1965, 46 mit Literaturnachweisen.

[217] Dazu Hans-Georg *Soldat:* Der gewöhnliche Rassismus, in: Der Tagesspiegel vom 31. Juli 1966; vgl. auch die AP-Meldung in: Die Welt vom 6. März 1966: Afrikanischer Protest gegen Africa addio.

[218] s. o. S. 54 ff.

3. Die staatliche Nachprüfbarkeit der Entscheidungen solcher Juries

a) Die Kontrollfunktion des Staatsorgans das unter Einbeziehung des nichtstaatlichen Werturteils ein allgemeinverbindliches Sollens-Urteil fällt

Welche Folgerungen ergeben sich nun aus der Nichtstaatlichkeit der Entscheidung der Jury für ihre Nachprüfbarkeit durch staatliche Organe? Noch bevor diese Frage die Gerichte beschäftigt, stellt sie sich für dasjenige Staatsorgan, das unter Einbeziehung des nichtstaatlichen, höchstpersönlichen Werturteils der Juroren ein staatlich-allgemeinverbindliches Sollens-Urteil wie „Verleihung des Preises", „Vergabe des Auftrags" fällt. Daß das Werturteil allein keine Wirkung im Bereich des Staates zeitigt, ergibt sich schon daraus, daß von der staatlichen Förderungsmaßnahme — etwa wegen plötzlichen Geldmangels — immer noch abgesehen werden kann, ohne daß der Künstler einen Anspruch auf die Förderung hätte[219]. Für dieses Staatsorgan entsteht die Frage nach seiner Bindung an die Wertentscheidung der Jury bzw. seinem Recht, von ihr abzuweichen.

Aus allem Vorangegangenen folgt, daß es nicht Aufgabe der staatlichen Behörde sein kann, das vom Staat im Nichtstaatlichen, „Gesellschaftlichen", belassene und deshalb auch organisatorisch aus dem Staatlichen hinausverlagerte künstlerische Werturteil nachzuprüfen, das heißt, durch sein eigenes zu ersetzen. Hinsichtlich des künstlerischen Aspekts muß die Behörde an die Entscheidung des Gremiums vielmehr strikt gebunden sein[220]. Dafür, sie insoweit noch an Art. 3 GG zu messen, ist kein Raum[221]: Die künstlerischen Gründe für die Entscheidung der Jury haben als sachgemäß zu gelten[222], soll die Überlassung des Werturteils an diese nicht jeden Sinn verlieren. Ihr Urteil ist aber dennoch nicht privat und unabhängig von jeglichen Regeln. Während es — im Bereich des status negativus — jedem Bürger freisteht, über Kunst unter so falschen Voraussetzungen, so unsachlich oder so willkürlich zu urteilen wie er will, nehmen die Juroren eine öffentliche — nicht staatliche — Funktion wahr: Ihr Werturteil soll

---

[219] Dies wird bisweilen ausdrücklich geregelt, vgl. Punkt XI Ziffer 1 des Erlasses über die Förderung des deutschen Films vom 1. Sept. 1967 (GMBl. S. 434), wonach ein Anspruch auf die Prämie erst mit der Bekanntgabe durch den Bundesinnenminister begründet wird; zur Versagung des Rechtswegs in Richtlinien, die bei der Annahme eines staatlichen Charakters der Jury-Entscheidungen wegen Art. 19 Abs. 4 GG fragwürdig wäre, vgl. *Schäuble* S. 229.

[220] Ebenso *Schäuble* S. 219 für die Kunstpreise.

[221] Vgl. dazu die oben S. 62 zitierte Stelle bei *Ridder:* Freiheit der Kunst S. 11; unrichtig deshalb *Hörstel* S. 28 ff.

[222] Ähnlich *Schäuble* S. 63.

ein Beitrag sein zu der Aufgabe, innerhalb des politischen Gemeinwesens ein Stück Freiheit der Kunst zu verwirklichen. Das bedeutet, daß auch ihre Kompetenz, wie die des Staates, begrenzt ist. Dort, wo der Staat Bestimmungen über den Entscheidungsmodus in Verfahrensordnungen, Richtlinien etc. trifft, ist ihre Entscheidung auf die Einhaltung dieser Bestimmungen (soweit diese selbst nicht gegen Art. 5 Abs. 3 GG oder andere Normen verstoßen) nachprüfbar. Andernfalls ergibt sich unmittelbar aus der Aufgabe, an der sie mitwirken sollen, daß sie eine rein künstlerische Entscheidung fällen sollen und die Berücksichtigung von Gesichtspunkten, die in keinem Zusammenhang mit der Freiheit des Kunstlebens stehen, als eine Überschreitung ihrer Mitwirkungsbefugnis den ihnen komplementär zugeordneten Partner, die Verwaltungsbehörde, von der Bindung an ihre Entscheidung befreit. Dasselbe muß bei Tatsachenirrtümern gelten. Die Behörde ist nicht nur berechtigt, sondern verpflichtet, die angekündigte Rechtsfolge dann nicht an das Werturteil des Gremiums zu knüpfen, etwa die Verleihung eines Preises oder die Vergabe eines Auftrags zu verweigern, wenn ihr Verfahrensfehler, Tatsachenirrtümer oder sachfremde Erwägungen bei seiner Entscheidung bekannt werden. Hier dokumentiert sich nicht nur ein weiteres Stück staatlicher Verantwortung für die Freiheit des Kunstlebens, das er nicht auf die Jury abwälzen darf, sondern auch die Tatsache, daß der staatlichen Behörde noch eine echte Entscheidung verbleibt. Eine entsprechende Regelung findet sich bereits in Punkt 8 der Richtlinien für die Berliner Kunstpreise[223]: „Ein Preis wird nicht verliehen, wenn nach der Feststellung des Senators für Wissenschaft und Kunst die Entscheidung auf einem Verstoß des Preisgerichts gegen diese Richtlinien beruht. Diese Entscheidung kann jedoch nur auf andere als künstlerische Gründe gestützt werden.“

Der Umfang der staatlichen Kontrolle unterscheidet sich damit im Ergebnis nicht wesentlich von der richterlichen Nachprüfbarkeit eines höchstpersönlichen Fachurteils, bei dem einem staatlichen Organwalter ein Beurteilungsspielraum eingeräumt wird, innerhalb dessen er eigenverantwortlich zu entscheiden hat, die so gefundene Entscheidung aber dem Staat zugerechnet wird. Es sind dies gerade die Grenzen, die Literatur und Rechtsprechung für die Nachprüfbarkeit von Ermessensentscheidungen herausgearbeitet haben[224], weshalb auch die Recht-

---

[223] ABl. 1963 S. 266, 1964 S. 805; *Ott:* Kunst und Staat S. 169 bezeichnet diese Regelung zu Recht als vorbildlich.

[224] *Eyermann-Fröhler*, Rdnr. 9 zu § 114 VwGO; zu diesen selbst *Wolff* I S. 169 ff. Der Streit, ob mit dem unbestimmten Gesetzesbegriff ein Beurteilungsspielraum begrifflich vereinbar ist oder es sich in diesen Fällen gerade um Ermessensausübung handelt (vgl. dazu die bei *Eyermann-Fröhler*, a.a.O., angegebene Literatur) braucht hier nicht entschieden zu werden.

sprechung des Verwaltungsgerichts Wiesbaden von der des Hessischen VGH im Umfang ihrer Nachprüfung der Entscheidungen der FBW kaum unterschieden hat.

b) Die gerichtliche Nachprüfbarkeit der Entscheidung des Staatsorgans

Damit zeichnen sich zwei Fälle der Anfechtbarkeit der Entscheidung der Verwaltungsbehörde ab: die Vergabe der Förderung trotz Fehlerhaftigkeit der ihr zugrunde liegenden Sachverständigenentscheidung — und ihre Verweigerung aufgrund eines Fehlers der Behörde selbst. Denn Verfahrensfehler, Tatsachenirrtümer, besonders aber die Berücksichtigung sachfremder Gesichtspunkte sind nicht nur auf der Ebene des Werturteils der Jury, sondern auch auf derjenigen des Sollens-Urteils des entsprechenden Staatsorgans möglich. Der erste Fall wäre etwa gegeben, wenn die Jury sich zwischen den Künstlern A und B zu entscheiden hätte und, obwohl sie A's Werk für künstlerisch gelungener hält, aus sachfremden Motiven B den ersten Platz zuspricht, worauf die zuständige Behörde B den Preis, Auftrag etc. verleiht. Der zweite Fall läge vor, wenn das entsprechende Staatsorgan die Vergabe der Förderung an den von der Jury ausgewählten A willkürlich ablehnte oder deren Entscheidung rechtsirrig als fehlerhaft zustande gekommen ansähe und stattdessen B auszeichnete. A hätte in beiden Fällen keinen Anspruch auf Förderung erlangt, da dieser erst aufgrund der staatlichen Entscheidung entsteht[225]. Aus seinem Recht auf eine der Eigengesetzlichkeit der Kunst adäquate, ordnungsgemäße, irrtums- und willkürfreie Entscheidung[226] kann er aber in beiden Fällen klagen: Bei der Prüfung seiner Anfechtungs- und Verpflichtungsklage im ersten Fall hätte das Gericht die Entscheidung der Jury in demselben Umfang nachzuprüfen wie vor ihm die Behörde; im zweiten hätten Prüfungsgegenstand des Gerichts die Modalitäten der Entscheidung der Behörde, die Beachtung ihrer Bindung an das künstlerische Urteil der Jury und die Richtigkeit ihrer Überprüfung etwaiger außerkünstlerischer Fehlerquellen des Juryurteils zu sein.

Immer unterliegt der gerichtlichen Beurteilung die vorhergehende kunstpolitische Ermessensentscheidung des Staatsorgans, gerade diese Jury an der Lösung der Aufgabe der Auswahl des zu Fördernden zu beteiligen. Diese Kontrolle ist auf die Feststellung begrenzt, ob die Auswahl der Juroren sich an das Prinzip der Nicht-Identifikation

---

[225] s. o. S. 87.

[226] Zu der objektivrechtlichen Seite siehe *Ridder:* Freiheit der Kunst S. 11; dazu, daß sich aus objektivrechtlichen Verbürgungen der Verfassung neue Ansprüche ergeben können, vgl. *Bachof:* VVDStRL 22 S. 192.

des Staates mit einzelnen Kunstrichtungen hält[227] und ob die Rechtsstaatlichkeit des Bewertungsverfahrens, etwa durch Verfahrensrichtlinien, sichergestellt ist[228]. An diese werden um so höhere Anforderungen zu stellen sein, je langfristiger und exklusiver die Jury in einem bestimmten Bereich zu entscheiden hat[229]. Unter diesem Aspekt der Kunstfreiheitsgarantie, die ein der Eigengesetzlichkeit der Kunst adäquates Auswahlverfahren gebietet, und nicht unter dem Aspekt des als Auswahlmaßstab untauglichen Art. 3 GG[230] gewinnen die Ausführungen des VGH Baden-Württemberg und des Bundesverwaltungsgerichts[231] zu dem Verfahren Bedeutung, in dem die zuständigen Behörden unter maßgeblicher Einschaltung des Theaterausschusses des Kulturpolitischen Ausschusses des Landtags über die Förderung des Marionettentheaterspielers befunden haben. Das Werturteil selbst ist, wie auch die Gerichte im Ergebnis richtig feststellen, inhaltlich nicht nachprüfbar.

c) Die gerichtliche Nachprüfbarkeit der Entscheidungen der FBW

Unbeantwortet ist aber noch die Frage, ob die hier entwickelten Kriterien auf die FBW anwendbar sind, die ihrer Organisation nach eine Zwitterstellung zwischen Staat und „Gesellschaft" einnimmt, und wie die in § 6 Ziffer 3 GO-FBW a. F. (§ 6 Abs. 3 GO-FBW n. F.) normierte verwaltungsgerichtliche Nachprüfbarkeit ihrer Entscheidungen mit dem bisher Gesagten vereinbar ist.

Die FBW gehört einerseits zum Geschäftsbereich des Hessischen Ministers für Erziehung und Volksbildung und untersteht seiner Dienstaufsicht, sie ist eine Behörde[232]. Andererseits sind die Gutachter bei der Bewertung der Filme unabhängig, keinen Weisungen unterworfen[233] und ehrenamtlich tätig[234]; zum überwiegenden Teil sind sie nichtbeamtete Filmsachverständige, Journalisten, Pädagogen etc.[235]. Ihre Entscheidungen lauten nicht unmittelbar auf Gewährung oder Versagung der Vergnügungssteuerermäßigung, sondern auf die Ertei-

[227] Dazu oben S. 61 f., 83.

[228] Dazu oben S. 88.

[229] Vgl. die zutreffende Lösung eines solchen Problems durch das VG Schleswig-Holstein, dazu unten S. 118 ff.

[230] Dazu *Ridder:* Freiheit der Kunst S. 11.

[231] In ESVGH Bd. 17 S. 54 ff., dazu oben S. 44.

[232] Art. 1 VV-FBW a. F. und n. F.

[233] Art. 7 VV-FBW a. F., Art. 9 VV-FBW n. F.

[234] Art. 8 VV-FBW a. F., § 2 VA-FBW a. F., Art. 10 VV-FBW n. F.

[235] Vgl. die Aufstellungen in FBW-Inf. Nr. 3/1964 und Nr. 3/1966.

lung eines Prädikats (Wertwoll, Besonders wertvoll) bzw. seine Ablehnung[236]. Sie dienen letztlich der Schaffung einheitlicher Unterlagen für die steuerliche Behandlung von Filmen[237]. Der Zweck der organisatorischen Zuordnung der Ausschüsse zum Staat — die per se noch nichts über die staatliche Identifikation mit ihren Werturteilen besagt[238] — ist in der Kontinuität, der Zusammenfassung für das ganze Bundesgebiet und in der Gewährleistung eines rechtsstaatlichen Entscheidungsmodus zu sehen. Die Art ihrer Zusammensetzung und die Weisungsfreiheit der Gutachter deuten auf die Zugrundelegung von Überlegungen hin, die den hier angestellten[239] nicht unähnlich sind: auf die Ergänzungsbedürftigkeit des Staates durch das Außerstaatliche dort, wo eine notwendige Auswahl nur unter Zuhilfenahme einer Entscheidung im Unabstimmbaren getroffen werden kann.

Unterscheidet man nun unter Zugrundelegung dieser Überlegungen mit dem Hessischen VGH[240] scharf zwischen der Rechtsfolge der Steuerermäßigung, die der Staat mit allgemeinverbindlicher Wirkung an das Werturteil der Ausschüsse der FBW knüpft, und diesem Urteil selbst — das zwar „mehr (ist) als nur ein impressionistischer Report des Gesehenen, und etwas anderes als die subjektive Interpretation eines Kritikers, der das Dargebotene ins Wort hebt und danach sucht, eine unmittelbare geistige, seelische und künstlerische Übereinstimmung mit seinen künstlerischen und geistigen Maßstäben zu finden"[241], das aber höchstpersönliches Urteil mit einem Restraum subjektiver Wertung[242] bleibt und über den „inneren Kunstwert" Allgemeinverbindliches überhaupt nicht[243], d. h. ebenso wenig aussagen kann wie die Beurteilung jedes anderen Kritikers auch — so gestattet es der in verfassungsrechtlicher Hinsicht nicht eindeutige Wortlaut der Verwaltungsvereinbarung, der Geschäftsordnung und der Verfahrensordnung der FBW, einen Schritt weiterzugehen als der Hessische VGH und die Entscheidung der im Bewertungs- bzw. Hauptausschuß zusammengefaßten Gutachter als nicht nur höchstpersönliches, dem Staat zurechenbares Fachurteil, sondern als ein künstlerisches Werturteil von sachverständigen Bürgern aufzufassen, das der Staat, ohne es

[236] § 12 VA-FBW a. F., § 7 Abs. 1 VA-FBW n. F.

[237] Präambel der VV-FBW a. F., ähnlich Art. 1 VV-FBW n. F.

[238] *Jellinek:* Allgemeine Staatslehre S. 260 f. Fn. 1; ebenso *Huber* S. 15; *Knies* S. 225; diesen Gesichtspunkt läßt *Ott:* Kunst und Staat S. 172 f. sowie Kunstfreiheit und Filmbewertung — BVerwG 23, 194 — JuS 1968, 459 ff. (464 f.) außer acht.

[239] oben S. 71 f., 73 f.

[240] In FBW-Inf. Nr. 4/1967 (Pamir II) S. 16, 18, 24.

[241] a.a.O. S. 22.

[242] a.a.O. S. 19.

[243] a.a.O. S. 22.

seinem Inhalt nach mit dem Anspruch auf allgemeine Gültigkeit auszustatten, als „Unterlage“, als Anknüpfungspunkt in seine steuerrechtlichen Maßnahmen zur Förderung eines freien Kunstbereichs Film einbezieht[244].

Die hier angestellten Überlegungen führen auch zu einer Erklärung der Regelung des § 6 Ziffer 3 GO-FBW a. F. (§ 6 Abs. 3 GO-FBW n. F.), der die Entscheidungen des Hauptausschusses der Kontrolle durch die Verwaltungsgerichte unterwirft, ohne über deren Umfang etwas auszusagen. Während in aller Regel die Kooperation des Staates mit dem Außerstaatlichen in der Weise erfolgt, daß ein Staatsorgan die Wahrung der formellen Voraussetzungen für die Einbeziehung der einzelnen Kunstwerke in den Bewertungsvorgang (Fristwahrung, Wohnsitz des Künstlers u. ä.) feststellt, die Jury zusammentritt und ihr Werturteil fällt und schließlich eine staatliche Instanz unter Einbeziehung dieses Werturteils ein staatliches Sollens-Urteil fällt, das eine Kontrolle des Verfahrens der Jury ermöglicht und allein Gegenstand einer Anfechtungsklage des Künstlers sein kann, wird hier zum Zweck der Vereinheitlichung und Kontinuität zeitlich vorhergehend, nämlich in den Vergnügungssteuergesetzen der Länder[245], ein staat-

---

[244] Ebenso *Schäuble* S. 242 ff. und *ders.*: Filmprädikate und Kunstfreiheit, FuR 1966, 261 ff. (267); *Dörffeldt*: Filmbewertung im Rechtsstaat, in: FBW-Inf. Nr. 3/1966 S. 8 und deutlicher *ders.*: Die Rechtsprechung der Verwaltungsgerichte zur FBW, in: FBW-Inf. Nr. 3/1967 S. 11 f.; vgl. auch *Krings*: Für die Unabhängigkeit der Filmbewertung, Kulturarbeit 1956 S. 222 f., der im Bewertungsvorgang weniger eine Verwaltungstätigkeit als ein „juryähnliches Bewertungsverfahren“ (S. 223) sieht; letztlich kann auch der Hess.VGH die kommerzielle Ausnutzung der Werbewirkung der FBW-Prädikte durch ihre Herausstellung „als staatlich verliehenes, öffentliche Anerkennung verbürgendes Etikett“, als „Anerkennung heischende Wertmarken“ (S. 16) nur deshalb als eine möglicherweise wettbewerbsverzerrende, „sachlich nicht notwendige Förderungsauswirkung“ (S. 24) kritisieren, weil er mit staatlicher Allgemeinverbindlichkeit ausgestatteten Aussagen über den Wert von „genuinen Kunstwerken“ (S. 22) skeptisch gegenübersteht. Der hier vertretenen Auffassung entspricht im übrigen das Selbstverständnis der FBW: Vgl. die Vorworte in „Besonders Wertvoll“, 7. Folge 1964 und 10. Folge 1966, wo für das Werturteil der Ausschüsse keine Allgemeinverbindlichkeit reklamiert, sondern im Gegenteil wiederholt betont wird, Sinn der Bewertung sei es, Interesse anzuregen, auf Diskussionswürdiges hinzuweisen, das letzte Wort habe dagegen der Kinobesucher; a. A. insoweit *Ott* (Fn. 238), der die Filmbewertung durch die FBW konsequent für verfassungswidrig erklärt.

[245] *Bayern:* VergnStG i. d. F. v. 22. 4. 1965 (GVBl. S. 72), § 10 Abs. 2; *Baden-Württemberg:* VergnStG i. d. F. v. 1. 8. 1961 (GVBl. S. 299) mit änd. Gesetz v. 12. 2. 1964 (GVBl. S. 58), § 10 Abs. 2; *Berlin:* VergnStG i. d. F. v. 10. 5. 1962 (GVBl. S. 465), § 8 Abs. 1; *Bremen:* VergnStG v. 22. 4. 1958 (GVBl. S. 39) mit änd. Gesetz v. 18. 1. 1962 (GVBl. S. 7) und v. 12. 5. 1964 (GVBl. S. 49), § 9 Abs. 2; *Hamburg:* VergnStG v. 13. 4. 1962 (GVBl. S. 97) mit änd. Gesetz v. 10. 12. 1963 (GVBl. S. 228), § 9 Abs. 2; *Hessen:* VergnStG i. d. F. v. 31. 3. 1964 (GVBl. S. 53) mit änd. Gesetz v. 4. 7. 1966 (GVBl. S. 145), § 10 Abs. 3; *Niedersachsen:* VergnStG i. d. F. v. 30. 9. 1957 (GVBl. S. 111), § 10 Abs. 3; *Nordrhein-Westfalen:* VergnStG v. 14. 12. 1965 (GVBl. S. 361), § 3 Abs. 1 Ziff. 2; *Rhein-*

liches Sollens-Urteil („Vergnügungssteuerermäßigung"), bedingt durch das positive Urteil eines nicht ad hoc zusammengerufenen, sondern ständig an einem Ort tagenden Sachverständigengremiums („einer von der Landesregierung bestimmten Stelle") ausgesprochen. Das hat zur Folge, daß zwischen der Sachverständigenentscheidung und dem staatlichen Sollens-Urteil keine Kontrollinstanz mehr liegt. Daraus ergibt sich die Notwendigkeit, die Jury organisatorisch in eine Verwaltungsbehörde einzugliedern, die mit staatlicher Geltung über das Vorliegen der formellen Voraussetzungen der Bewertung entscheidet[246], weiterhin den Bewertungsvorgang selbst durch Normierung seiner Modalitäten stärker zu verrechtlichen[247, 248], und schließlich die Kontrolle der Einhaltung dieser Modalitäten bei *einem* Gericht dadurch zu konzentrieren, daß die künstlerische Wertentscheidung *formal* — ohne daß sie *inhaltlich* zu einem staatlichen Urteil über den künstlerischen Wert eines Filmes wird — durch ihre Bekanntmachung durch die Verwaltung der FBW in einen Verwaltungsakt transformiert wird[248a]. Dies bedeutet — in Übereinstimmung mit dem Ergebnis, nicht aber der Begründung des Hessischen VGH —, daß die Entscheidungen des Hauptausschusses der FBW in demselben Umfang gerichtlicher Überprüfung zugänglich sind wie implicite auch die künstlerischen Werturteile anderer Sachverständigengremien. Es bedeutet weiter, daß unmittelbares staatliches Kunstrichtertum im einen wie im anderen Falle ausgeschlossen ist.

Mit dem Hessischen VGH, der freilich von einer wettbewerbsrechtlichen Begründung ausgeht, wäre die Klärung dieser Differenzierung in der Öffentlichkeit zu fordern: die Vergabe eines werbeneutralen

---

land-Pfalz: VergnStG v. 29. 11. 1965 (GVBl. S. 251), § 11 Abs. 2 Ziff. 1; *Saarland:* VO über die Erhebung der Vergnügungssteuer i. d. F. v. 10. 9. 1959 (ABl. S. 1291), § 3 Abs. 1 Ziff. 1 u. 2; *Schleswig-Holstein:* VergnStG i. d. F. v. 16. 12. 1966 (GVBl. S. 257), § 10 Abs. 2.

[246] Vgl. dazu die Regelung der Aufgaben der *Verwaltung der FBW* in der GO-FBW a. F. und n. F., insbesondere § 3 GO-FBW n. F.

[247] Etwa durch die Schaffung einer „Berufungsinstanz", § 13 VA-FBW a. F., § 12 VA-FBW n. F.; siehe jetzt auch § 6 Abs. 4 VA-FBW n. F.: „Eine Bewertung von Filmen nach nationalen, regionalen, politischen, weltanschaulichen oder sonstigen nicht künstlerischen Gesichtspunkten ist unzulässig."

[248] Vgl. die ganz ähnliche Forderung des VG Schleswig-Holstein nach rechtsstaatlicher Absicherung des (unstreitig nichtstaatlichen) Werturteils einer Künstlerjury in dem unten S. 118 ff. analysierten Urteil zur „Kunst am Bau".

[248a] So auch *Dörffeldt:* Die neuen Rechtsgrundlagen der Filmbewertung, FuR 1969, 165 ff. (169): „Die Ausschüsse der FBW sind somit unabhängigen Juries vergleichbar; dies tangiert aber weder den Behördencharakter der Instanz noch die Qualifikation ihrer Bescheide als Verwaltungsakte. Nach der Rechtskonstruktion der FBW ist diese vielmehr gehalten, die Entscheidungen der Ausschüsse in Verwaltungsakte zu transformieren; dem Antragsteller tritt, formalrechtlich betrachtet, nicht der Ausschuß, sondern die Verwaltung der FBW gegenüber (vgl. § 5 Abs. 1 GO-FBW)."

staatlichen Anerkennungsbescheides für die Inanspruchnahme vergnügungssteuerrechtlicher Vergünstigungen[249] einerseits und die Herausstellung des höchstpersönlichen, nicht vertretbaren Urteils der Mitglieder des FBW-Ausschusses über den betreffenden Film als Grundlage dieser staatlichen Förderung andererseits. Als ein solches, im „Gesellschaftlichen" liegendes Urteil hätte es sich der öffentlichen Diskussion zu stellen. Ihrer Ermöglichung und der Transparenz staatlicher Machtausübung, die auch mit der Auswahl der Entscheidenden verbunden ist, wäre die Veröffentlichung der Begründung der positiven Beurteilung der FBW zusammen mit dem Prädikat selbst, also unmittelbar vor den Kinos, einschließlich einer „dissenting opinion" der etwa Überstimmten, sowie der Namen derjenigen, die das Urteil in eigener Verantwortung und in ihrem eigenen Namen als Bürger des Gemeinwesens gefällt haben[250, 251], dienlich. Daß diese Bürger in keinem Fall mehr Angehörige staatlicher Kultusministerien sein sollten, folgt aus der hier vertretenen Auffassung von selbst[252].

d) Insbesondere: sachfremde Motive

Den theoretisch interessantesten Fall möglicher Anfechtbarkeit bildet die Berücksichtigung sachfremder Gesichtspunkte.

---

[249] a.a.O. (Fn. 240) S. 22.

[250] Vgl. dagegen die Anonymitätsklausel des § 3 Art. 2 VA-FBW a. F., durch die „die Unabhängigkeit der Entscheidung besonders gewährleistet sein" sollte (so *Keim:* Kommentar zur Verfahrens- und Geschäftsordnung der FBW, in: FBW-Inf. Nr. 2/1964 S. 5), diese Kausel ist jetzt in § 3 Abs. 2 VA-FBW n. F. insoweit gelockert, als die *Zusammensetzung des Ausschusses nach* Schluß der Sitzung keiner Schweigepflicht mehr unterliegt; eine dissenting opinion ist freilich auch jetzt nicht vorgesehen, das *Votum der einzelnen Mitglieder* vielmehr geheimzuhalten (§ 3 Abs. 2 VA-FBW n. F.); die Veröffentlichung der Gutachten der Ausschüsse ist nur zulässig, wenn entweder der Antragsteller ausdrücklich zustimmt oder Auszüge aus dem Gutachten ohne Mitwirkung der FBW veröffentlicht worden sind und der 1. Vorsitzende des Bewertungsausschusses daraufhin das gesamte Gutachten zur Veröffentlichung freigibt (§ 3 Abs. 3 VA-FBW n. F.).

[251] Die namentliche Verantwortung für alle im Rahmen der Filmförderung getroffenen Entscheidungen könnte auch Aufschluß geben über die Stichhaltigkeit der kritischen Bemerkung (Bundesfilmpreise 1967, in: Die Zeit vom 30. Juni 1967), viele Leute säßen in zu vielen mit Film befaßten Gremien gleichzeitig mit der Folge der Vermeidung gegenseitiger Brüskierung durch abweichende Entscheidungen (also gerade des Gegenteils jenes freien und öffentlichen Konkurrierens eigenverantwortlicher Meinungen und Bewertungen, das hier als Voraussetzung für die Freiheit des staatlich geförderten Kunstlebens herausgearbeitet wurde); nach der Aufstellung in FBW-Inf. Nr. 3/1964 S. 6 waren 19 % der Gutachter zugleich ständige Mitglieder anderer Filmjuries und 7 % zugleich Prüfer bei der FSK; der ganze Komplex bedürfte einmal einer gesonderten Untersuchung. Vgl. auch *Lehner:* Über die ideologischen Vorurteile der Filmbewertungsstelle, in: Vorgänge 1968, 4. S. 155 ff.

[252] Ebenso *Schäuble* S. 242 f.

Bei der Prüfung der Frage, welche Gesichtspunkte zulässigerweise berücksichtigt werden dürfen, ist zunächst auf etwaige Gesetze, Erlasse oder Richtlinien abzustellen. Die nähere Zweckbestimmung der Förderung und die etwaige Eingrenzung des für sie in Frage kommenden Personenkreises haben hier die Funktion, den Bereich der Faktoren, die in die Auswahlentscheidung einbezogen und von der die Förderung vergebenden Behörde berücksichtigt werden dürfen, um solche zu erweitern, deren Beachtung sonst — gemessen an dem Ziel der Förderung eines freien Kunstlebens und (für außerkünstlerische Gesichtspunkte) speziell an Art. 3 GG — unzulässig wäre. So kann etwa die deutsche Staatsangehörigkeit des zu fördernden Künstlers oder seine Verbundenheit mit einer bestimmten Stadt oder Gemeinde zum zulässigen Auswahlkriterium gemacht werden. Solche Regelungen, die vor allem bei der „Kunst am Bau" eine Rolle spielen, sind rechtlich zulässig, kunstpolitisch dagegen umstritten[253].

In der Praxis hat die Frage Bedeutung erlangt, ob die Straffälligkeit eines Künstlers zu einer Revision der Auswahlentscheidung berechtigt. Hat, um bei dem gegebenen Beispiel zu bleiben, A auch dann einen Anspruch auf Neubescheidung und damit u. U. auf Förderung, wenn die entsprechende Behörde ihm mit der einzigen — zutreffenden — Begründung, er sei vorbestraft, die Förderung verweigert, obwohl eine unabhängige Sachverständigenjury ihm den ersten Platz zugesprochen hat? Handelt sie willkürlich, wenn sie die Förderung ablehnt, weil seine Vorstrafe oder Straffälligkeit erst in der Zwischenzeit bekannt geworden ist, und wäre die Förderung auch später noch rücknehmbar? Zur Klärung dieser Frage dürfte eine Differenzierung sowohl nach der Art der Förderung[254] als auch nach der Schwere des konkreten Delikts[255] geboten sein. Handelt es sich überwiegend um eine personelle Förderung des Künstlers, so ist die Berücksichtigung seiner Straffälligkeit nicht sachfremd, da mit Maßnahmen wie der Vergabe eines Preises, Gewährung eines Stipendiums etc. — dienen sie auch primär der Förderung der Freiheit des Kunstlebens — sekundär, vor allem durch die Form ihrer Verleihung, auch eine Ehrung des Künstlers durch den Staat verbunden ist. Wird durch die Förderung jedoch primär das Werk der Öffentlichkeit zugänglich gemacht und ist die größere Popularität des Künstlers selbst nur ihre Nebenfolge, so sollte eine Straffälligkeit des Künstlers keine Rolle spielen dürfen: Einer Gesellschaft, die nichts dagegen einzuwenden hat, Genets Werke in staatlichen Theatern gespielt zu sehen, sollte die staatlich subventionierte Aufführung eines Musikstückes oder eines Films oder

---

253 Dazu unten S. 116 f.

254 Zu undifferenziert hier m. E. *Schäuble* S. 205.

255 Ebenso *Schäuble* S. 205.

auch der Anblick einer vom Staat angekauften Plastik oder eines Werkes der „Kunst am Bau“ — wenn eine Jury von Künstlern und Kunstsachverständigen diese für künstlerisch wertvoll befunden hat — auch dann zumutbar sein, wenn sein Schöpfer mit den Gesetzen in Konflikt geraten ist. Hinsichtlich der Schwere des begangenen Delikts wären Regelungen in Richtlinien, wenn solche schon bestehen, wünschenswert: Das naheliegende Abstellen auf Gemeingefährlichkeit[256] oder Ehrenrührigkeit vermag (man denke an Verkehrsdelikte!) nicht zu Vorausschaubarkeit für den Förderung begehrenden Künstler und damit zu jener Rechtssicherheit zu führen, die angesichts des Umfanges staatlicher Förderungsmaßnahmen unerläßlich erscheint.

Die Berücksichtigung politischer Gesichtspunkte — die bezeichnenderweise nirgends explizit erlaubt wird — ist dagegen immer ungeeignet, dem Ziel der Freiheit des Kunstlebens näherzukommen. Für sie kann daher im Rahmen der Kunstpflege kein Raum sein. Die — auch persönliche — Förderung eines Künstlers darf weder abhängig gemacht werden von politischem „Wohlverhalten“, noch verpflichtet sie ihn dazu[257]: Freiheit der Kunst bedeutet, daß im politischen Gemeinwesen mit dem ganzen Spektrum verfassungsrechtlich zulässiger politischer Auffassungen ihr künstlerischer Ausdruck, vom Staat als Repräsentanten der Allgemeinheit nicht nur geduldet, sondern unterstützt, korrelieren darf[258]. Die dazu erforderliche Selbstverleugnung der Herrschenden vermag nur der sich nicht identifizierende Staat hervorzubringen — die Beschränkung staatlicher Förderung auf Kunst als Akklamationsmaschinerie für die Regierung oder die herrschende Partei[259] widerspricht dem Willen der Verfassung. Vollends verfassungswidrig wird die Berücksichtigung der politischen Haltung eines Künstlers schließlich, wenn sie in seinem Werk nicht einmal zum Ausdruck kommt. In die Unzulässigkeit des Abstellens auf den politischen Gehalt eines Kunstwerks liegt gerade der wesentliche Unterschied zwischen der staatlichen Sorge für die Freiheit der Kunst einerseits und Maßnahmen der Staatspflege mit Mitteln der Kunst andererseits, deren Untersuchung den Gegenstand des fünften Teils dieser Arbeit bildet.

F. Kunstpflege in staatlichen Institutionen

Die bisher dargestellten Modelle eines Zusammenwirkens staatlicher Organe mit außerstaatlichen Kräften sind freilich in solchen Bereichen

---

[256] So *Schäuble* S. 205.
[257] So zu Recht *Schäuble* a.a.O.
[258] Dazu grundsätzlich oben S. 54 ff.
[259] Die in der Konsequenz nach der Auffassung *Erbels* (S. 177 f.) möglich wäre.

staatlicher Kunstförderung nicht realisierbar, die charakterisiert sind durch ein höheres Maß an institutioneller Verfestigung und durch das Erfordernis kontinuierlicher Verwaltung und Entscheidung[260], also vor allem im Bereich staatlicher Theater (Opernhäuser, Orchester)[261], Museen und Kunsthochschulen[262]. Aber auch die Errichtung und Unterhaltung solcher Institutionen steht unter dem an den Staat gerichteten Verfassungsgebot, die Freiheit der Kunst innerhalb der Ordnung des Rechts durch eine freiheitsrespektierende Normierung und Organisation seiner Kunstförderungsmaßnahmen zu gewährleisten[263]. Die Norm, an der die innere Struktur solcher Institutionen zu messen ist, ist damit ebenso wie bei anderen der Freiheit der Kunst dienenden Maßnahmen des Staates die objektive Bedeutungskomponente des Art. 5 Abs. 3 GG. Die zur Präzisierung ihres Inhalts herausgearbeiteten Kriterien sind daher auch auf diesen Bereich anwendbar, mit der Modifikation, daß die gesamte Förderungstätigkeit einschließlich des Auswahlverfahrens hier um ein Grad weiter in den Bereich des Staatlichen hineinverlagert ist als bei den oben beschriebenen Modellen.

Dies bedeutet zunächst, daß der Staat die Entscheidungspositionen auch in den von ihm getragenen Institutionen jenen anvertraut, die beim Modell der Kooperation den staatliche Maßnahmen komplementär ergänzenden Beitrag des Außerstaatlichen geleistet haben: Künstlern und Kunstsachverständigen. Abhängig von der Aufgabe des Staates, die Freiheit der Kunst in solchen staatlichen Institutionen selbst zur Geltung kommen zu lassen, geht seine Identifikation mit den Entscheidungen der mit ihnen Betrauten hier einen Schritt weiter: Hat sich der Staat bei den Modellen der Kooperation mit dem Außerstaatlichen mit der Wertentscheidung der Jury nicht identifiziert, sie vielmehr im Bereich des Gesellschaftlichen belassen, indem er sie bei dem ersten Modell gewissermaßen unbesehen von vornherein akzeptiert, bei dem zweiten Modell für den Fall, daß sie fehlerfrei zustandegekommen ist, zum Anknüpfungspunkt seiner Förderung macht, so wird die Auswahl, die der Künstler oder Kunstsachverständige in seiner Funktion als Glied einer staatlichen Institution trifft, die durch ihre künstlerischen Veranstaltungen unmittelbar der Freiheit des Kunstlebens dient, zu einer staatlichen Entscheidung.

Eine Grenze dieser Identifikation wird in einer Bemerkung von *Knies* angedeutet: „Selbstverständlich macht sich der Staat mit der Bestellung eines Künstlers zum Theaterleiter dessen individuelle

---

260 Worauf *Erbel* S. 178 nachdrücklich hinweist.

261 Dazu *Dünnwald* S. 49 ff.; *Erbel* S. 187 ff.; *Knies* S. 202 ff.; *Oppermann* S. 121 ff., 447 ff.; *Ridder:* Freiheit der Kunst S. 21; *Ropertz* S. 86 ff.; *Schäuble* S. 229 ff.

262 Zu deren spezieller Problematik *Mallmann* in Jahrreiss-FS S. 247 ff.

263 Dazu ausführlich *Heckel* S. 83 Fn. 272, S. 89, 92 ff.

künstlerische Potenzen zunutze; daher ist es ganz natürlich, wenn auch der Spielplan von der künstlerischen Eigenart seines Gestalters geprägt ist. Damit wird aber der Rechtscharakter eines institutsleitenden Akts wie der Spielplangestaltung nicht zur privaten künstlerischen Betätigung alterniert[264]." Hier liegt der wesentliche Unterschied zu der Position des Direktors der Akademie der Künste im absolutistischen Frankreich[265]: Der demokratische Staat darf sich zwar die künstlerischen Potenzen eines Individuums bis zu dem Grade zunutze machen, daß auch dessen Auswahlentscheidung im Rahmen einer staatlichen Kunstpflegeinstitution als „institutsleitender Akt" dem Staat zurechenbar wird, er identifiziert sich dagegen nicht mit der auch dieser Auswahlentscheidung (neben anderen Faktoren) zugrunde liegenden Kunstauffassung dieses Individuums, seiner künstlerischen Eigenart, in der Weise, daß sie zur staatlich approbierten, allein richtigen Manier wird oder umgekehrt die Anpassung an eine solche Auffassung, die es in der Demokratie nicht gibt und nicht geben darf[266], zur Voraussetzung der Berufung in Entscheidungspositionen gemacht wird. Freiheit der Kunst bedeutet auch hier das Auseinandertreten von Kunst und Macht[267], das Verständnis des Spannungsverhältnisses zwischen der schöpferischen Individualität des Entscheidenden, die er nicht privat verwirklicht, sondern in seine Aufgabe einbringt und die der Staat sich dennoch nicht zurechnen darf, und der diesem zurechenbaren institutsleitenden, Wirkungen im Organisatorischen hervorrufenden Akte, als eines freiheitssichernden Moments, das in den einpoligen Machtmonopolismus absoluter Willkür des Entscheidenden oder aber völliger Ausschaltung dieser Individualität durch die Verwaltung zu überführen die Freiheit der Kunst beseitigen hieße. Vorkehrungen zur Vermeidung der Dogmatisierung des Irrtums, die auch hier notwendig sind, dürfen nicht in detallierten künstlerischen Anweisungen der Verwaltung bestehen, sondern in einer scharfen, freilich immer mit dem Risiko des Irrtums behafteten und deshalb revisibel zu gestaltenden Auswahl des Entscheidenden und anschließender Einräumung eines größtmöglichen Freiheitsspielraums[268].

Die Verpflichtung der staatlichen Verwaltung, diesen zu respektieren, bedeutet Gewährleistung künstlerischer Entfaltungsmöglichkeit eines

---

[264] S. 202 f. Fn. 115; dazu auch *Dünnwald* S. 52.

[265] Dazu oben S. 21.

[266] Dazu oben S. 61.

[267] Dazu *Ridder:* Freiheit der Kunst S. 22, 24.

[268] Ähnlich *Beer:* Von der Freiheit der kommunalen Kultureinrichtungen, Der Städtetag 1958 S. 54 ff.; *Benecke:* Möglichkeiten und Grenzen städtischer Kulturpflege, Der Städtetag 1952 S. 67 ff.; *Knies:* Freiheit der Kunst Sp. 1200; *Schäuble* S. 233.

einzelnen Funktionsträgers im Bereich des Staatlichen selbst und folgt aus der objektiv verbürgten Freiheit der Kunst, nicht dagegen aus dem Anspruch eines Individuums auf Nichteingreifen in seine private künstlerische Betätigungsfreiheit: Nicht in einem negativen Ausgrenzungsrecht und der Drittwirkung der Grundrechte oder ihrer Einschränkbarkeit im besonderen Gewaltverhältnis, sondern in einer die Freiheit der Kunst zur Entfaltung bringenden Verteilung der Kompetenzen im Staatlichen selbst liegt das Problem[269]. Nur so erklärt sich auch der unterschiedliche Umfang des Freiheitsspielraums des staatlichen Funktionsträgers einerseits und des privaten Mäzens andererseits, zu dem auch *Dünnwald*[270], *Erbel* und *Schäuble*[271] im Ergebnis gelangen, obwohl er nach ihrem individualrechtlichen Ansatz nicht zu rechtfertigen wäre. Während der Private in seinen Entscheidungen nur durch die Schranken des subjektiven Freiheitsrechts eingeschränkt wird, ergeben sich für die Befugnisse des staatlichen Funktionsträgers zusätzliche[272] Begrenzungen aus der zu erfüllenden Aufgabe[273].

Diese Begrenzungen reichen ihrerseits verschieden weit, abhängig von der Struktur und dem konkreten Zweck der betreffenden staatlichen Kunstpflegeinstitution. *Heckel*[274] weist zu Recht darauf hin, daß Art und Ausmaß der Schutz- und Gewährleistungsgebote auch innerhalb des Art. 5 Abs. 3 GG selbst differieren hinsichtlich der geschaffenen Kunst und der schaffenden, die „einer schützenden Institutionalisierung um ihrer schöpferischen Spontaneität willen nur zum geringen Teil zugänglich ist". Daraus folgt umgekehrt ein unterschiedlicher Umfang des zu gewährenden Freiheitsspielraums in den staatlichen Kunstpflegeinstitutionen selbst nach ihrer jeweiligen Eigenart: In der Denkmalspflege ist die Freiheit der Kunst verbürgende Neutralität des Staates nicht durch „marktwirtschaftliche Behandlung", gegenseitige Kompensierung und Balancierung verschiedener Kunstauffassungen, sondern nur durch unparteiliche, „objektive", selbstlos dem Werk verpflichtete Pflege und Bewahrung zu verwirklichen[275]. Eine Übertragung dieses Gedankens — der seine Begründung wesentlich

---

269 Überzeugend *Ridder*: Freiheit der Kunst S. 20; *Ropertz* S. 89; *Knies* S. 202 ff. und *Heckel* S. 96 f. Fn. 316 und 317, vgl. auch S. 98 f. Fn. 323, gegen *Dünnwald* S. 53 ff.; *Erbel* S. 188 f. und *Schäuble* S. 231 ff., die subjektive und objektive Bedeutungskomponente des Art. 5 Abs. 3 GG für diese Frage nicht scharf genug trennen.

270 S. 58.

271 a.a.O. (Fn. 269).

272 Daß er an die Verfassung gebunden ist, folgt schon aus Art. 1 Abs. 3 GG und bedarf keiner Begründung aus der gesteigerten Treuepflicht des Beamten (so aber *Dünnwald* S. 55 ff. und *Erbel* S. 188 f.).

273 So richtig *Schäuble* S. 233.

274 S. 96 Fn. 316.

275 Dazu *Heckel* S. 99 f.

darin findet, daß die Freiheit der Kunst sich hier auf das Werk bezieht und die Freiheit des Interpreten nur auf seine Kosten gehen würde — auf den Gesamtbereich der staatlichen Kunstförderung wäre dagegen verfehlt. Schon hinsichtlich solcher geschaffenen Kunst, deren Werke reproduzierbar und somit dem staatlichen Funktionsträger nicht ausgeliefert sind[276], und vollends hinsichtlich der modernen Kunst ermöglicht allein das Modell des Wettbewerbs den intendierten freien Kommunikationsprozeß: die Konkurrenz einer Vielfalt eigenverantwortlich gestalteter Spielpläne, in Freiheit zusammengestellter Ensembles und schöpferisch-individueller Interpretationen, die von Einheitskultur ebenso weit entfernt ist wie von steriler Neutralisierung. Eine Begrenzung der künstlerischen Entscheidungsfreiheit des Auswählenden darf sich lediglich aus dem Charakter der Kunstpflegeinstitution, ihrer u. U. speziellen Förderungsaufgabe, und — in ihrem Rahmen — aus dem Gebot der Nichtidentifikation mit einer bestimmten Kunstrichtung[277] ergeben, wobei das Erfordernis der Pluralität in dem Maß an Gewicht gewinnt, in dem die betreffende Institution eine Monopolstellung einnimmt.

Weiter noch muß der Freiheitsspielraum der in einer staatlichen Institution beschäftigten interpretierenden Künstler, also etwa Regisseure oder Dirigenten, sein. Wenn *v. Mangoldt-Klein* bemerken: „Einem Dirigenten (Generalmusikdirektor eines städtischen Orchesters) wird der Gewaltinhaber — allein schon mangels Sachkenntnis — nicht vorschreiben können, wie er beispielsweise Beethoven interpretieren soll, während u. U. dem Intendanten einer städtischen Bühne vorgeschrieben werden kann, ein Schauspiel nicht in einem bestimmten Stil zu inszenieren[278]", so liegt darin einmal mehr der methodisch unhaltbare Schluß von dem selbst fragwürdigen Nicht-Können auf das Nicht-Dürfen[279]. Aus der Aufgabe des Staates, Freiheit der Kunst auch in seinen kunstpflegenden Institutionen zu verwirklichen, folgt dagegen, daß er allen interpretierenden, nachschöpferisch tätig werdenden Künstlern auch in diesem Raum objektiv verbürgter Freiheit der Kunst genau denselben Freiheitsspielraum gewährleisten muß, den die Verfassung der individuellen, privaten künstlerischen Betätigung zur Disposition stellt.

---

[276] Insoweit differenzierend auch *Heckel* S. 79.

[277] Dazu *Knies* S. 203.

[278] Anm. X 6 e zu Art. 5 GG, S. 260.

[279] Dazu oben S. 15 f.; Kritik an dieser Auffassung deuten auch *Knies* S. 203 Fn. 117 und *Ropertz* S. 87 an.

G. Die „künstlerisch hochstehende" Veranstaltung im Sinne der Vergnügungssteuergesetze

Von der Kunstpflege in staatlichen Institutionen grundsätzlich zu unterscheiden sind die explizit künstlerischen Werturteile („künstlerisch hochstehend"), die staatliche Verwaltungen wie im Armstrong-Fall[280] zum Zweck der Befreiung von Theater- und Musikaufführungen von der Vergnügungssteuer fällen[281]. Diese Maßnahme liegt auf der Grenze zwischen *Privilegierung* der Kunst von allgemeinen repressiven Maßnahmen des Staates (die, wie etwa § 33 a GewO oder § 1 Abs. 2 Nr. 2 GjS, auf ihre Vereinbarkeit mit der *subjektiven* Bedeutungskomponente des Art. 5 Abs. 3 GG zu prüfen ist[282]) und indirekter Kunst*förderung* (die an der *objektiven* Bedeutungskomponente des Art. 5 Abs. 3 zu messen ist). Die Vermutung, daß es sich hier um eine Privilegierung, d. h. um einen speziellen Schutz für die Kunst handelt, wird durch die aus dem Aspekt der *Vergnügungs*steuer erklärliche pauschale Ausnahme typischerweise „ernster" künstlerischer Veranstaltungen (Opern, Sinfoniekonzerte, Kammermusik, Kirchenmusik[283]) nahegelegt. Außerdem sehen einige Gesetze aber noch Steuerbefreiung für zwar „vergnügliche", aber „künstlerisch hochstehende" Aufführungen (Operetten, Singspiele) vor[284]. Aus der Anerkennung der vergleichbaren Vergnügungssteuerermäßigung für Filme als Mittel der Kunstpolitik[285], also der positiven Kunstförderung, und der Überlegung, daß eine Befreiung von einer allgemein in einem bestimmten Lebensbereich erhobenen Steuer im Ergebnis genauso wirkt wie direkte staatliche Zuwendungen, ergibt sich jedoch, daß die Vergnügungs-

---

280 Dazu oben S. 35 f.

281 Vgl. die Vergnügungssteuergesetze der Länder (Fn. 245):

Baden-Württemberg	§ 3 Abs. 1 Ziff. 2
Berlin	§ 2 Abs. 2
Hamburg	§ 2 Abs. 1 Ziff. 2a) und 2b)
Hessen	§ 3 Abs. 1 Ziff. 2
Rheinland-Pfalz	§ 3 Abs. 2
Schleswig-Holstein	§ 3 Abs. 1 Ziff. 2

282 Zu § 33 a GewO vgl. *Erbel* S. 172 f. und *Knies* S. 274 f.; zu § 1 Abs. 2 Nr. 2 GjS *Erbel* S. 161 ff. und *Knies* S. 275 f., 280 ff., der diese Vorschrift als verfassungswidrig ansieht.

283

Baden-Württemberg	§ 3 Abs. 1 Ziff. 1
Berlin	§ 2 Abs. 1
Hamburg	§ 2 Abs. 1 Ziff. 1c) und 1d)
Hessen	§ 3 Abs. 1 Ziff. 1
Niedersachsen	§ 3 Ziff. 1
Rheinland-Pfalz	§ 3 Abs. 1 Ziff. 1
Schleswig-Holstein	§ 3 Abs. 1 Ziff. 1

284 Siehe die Zitate in Fn. 281.

285 So Hess.VHG in FBW-Inf. Nr. 4/1967 S. 17 und passim; BVerwGE 23, 199 f. (Pamir-Urteile).

steuerbefreiung für künstlerische Veranstaltungen zu den Maßnahmen staatlicher Kunstförderung zu rechnen ist.

Unter dem Aspekt der *objektiven* Bedeutungskomponente des Art. 5 Abs. 3 GG sind diejenigen Gesetze verfassungsrechtlich bedenklich, die eine Bevorzugung bzw. Benachteiligung nicht nur — was wegen der kulturpolitischen Freiheit des Gesetzgebers zulässig ist[286] — verschiedener Kunst*arten*[287], sondern, hinsichtlich musikalischer Aufführungen, verschiedener Kunst*richtungen* enthalten. Denn diese ist dem die Kunst fördernden Staat untersagt[288]. So wird innerhalb des Kunstbereichs Musik unterschieden zwischen Opern einerseits, Singspielen[289] und Operetten[290] andererseits, Sinfoniekonzerten einerseits und Solistenkonzerten (wo liegt die Grenze?) andererseits[291], „ernster“ Chormusik einerseits und „anderer“ Chormusik andererseits[292]. Während die einen ohne Rücksicht auf ihre künstlerische Qualität und die ihrer Aufführung durch Befreiung von der Steuer gefördert werden, wird den anderen diese Förderung nur zuteil, wenn sie „als künstlerisch hochstehend anerkannt sind“[293]. Unter dem vom Aspekt der *Vergnügungs*steuer her zwar konsequenten, der in Art. 5 Abs. 3 GG als frei verbürgten Eigengesetzlichkeit der Kunst dagegen völlig heteronomen Gesichtspunkt der „Ernsthaftigkeit“ werden hier also verschiedene Richtungen innerhalb eines Kunstbereiches pauschal bewertet; die zweite Gruppe wird gegenüber der ersten dadurch benach-

---

[286] Dazu oben S. 65.

[287] Vgl. etwa die verschiedene Einstufung von Theateraufführungen im Verhältnis zu musikalischen Veranstaltungen in:

Hamburg	§ 2 Abs. 1 Ziff. 1a)
Berlin	§ 2 Abs. 1 einerseits und
Baden-Württemberg	§ 3 Abs. 1 Ziff. 2
Hessen	§ 3 Abs. 1 Ziff. 2
Niedersachsen	§ 3 Ziff. 2 andererseits.

[288] Oben S. 61 ff. mit Nachweisen.

[289]	*Hessen*	§ 3 Abs. 1 Ziff. 1 und 2
[290]	*Hessen*	§ 3 Abs. 1 Ziff. 1 und 2
	Rheinland-Pfalz	§ 3 Abs. 1 Ziff. 1 und 2
[291]	*Baden-Württemberg*	§ 3 Abs. 1 Ziff. 1 und 2
	Hessen	§ 3 Abs. 1 Ziff. 1 und 2
	Niedersachsen	§ 3 Ziff. 1 und 2
	Rheinland-Pfalz	§ 3 Abs. 1 Ziff. 1 und 2
[292]	*Baden-Württemberg*	§ 3 Abs. 1 Ziff. 1 und 2
	Berlin	§ 2 Abs. 1 und 2
	Niedersachsen	§ 3 Ziff. 1 und 2
	Schleswig-Holstein	§ 3 Abs. 1 Ziff. 1 und 2

[293] Vgl. die in Fn. 289 bis 292 zitierten Vorschriften mit Ausnahme von *Niedersachsen;* dort erlangen sie Befreiung nur, wenn es sich um Aufführungen entweder in *staatlichen* Theatern etc. oder durch Laiengruppen handelt.

teiligt, daß ihr von vornherein eine geringere Chance auf Förderung eingeräumt wird[294].

Die zutreffende Feststellung des OVG Münster, die Diskriminierung einer bestimmten Kunstrichtung verstoße gegen Art. 5 Abs. 3 GG, es sei nicht Sache der Steuer*politik* und der Steuer*gesetzgebung*, über Kunst zu richten[295], gewinnt Bedeutung nicht erst für den Bescheid des nordrhein-westfälischen Kultusministers im Armstrong-Fall, der nur eine zusätzliche Diskriminierung einer ohnehin schon bei der Förderung benachteiligten Kunstform, des Jazz[296], darstellte, sondern bereits eine Stufe vorher für die entsprechenden Ländergesetze selbst[297]: Hinter der Akribie, mit der die Gesetzgeber hier die verschiedenen musikalischen Formen aufzählen und der einen oder anderen Gruppe unterstellen[298], verbirgt sich nichts anderes als ihre Identifikation mit einem bestimmten Kunstideal, die dem demokratischen Staat durch die Verfassung verboten ist. Die Regelung einer kunstfördernden Maßnahme gerade in den Vergnügungssteuergesetzen und damit in der atypischen Form eines repressiven Eingriffs mit Ausnahmetatbestand, die hier nicht — wie im Bereich des Films — durch ein legitimes kunstpolitisches Ziel erforderlich gemacht wird[299], dient dazu,

[294] Hierin liegt auch der wesentliche Unterschied in der Kategorisierung der Filme durch die FBW, die wegen ihres numerus clausus (andere als Lehr-, Dokumentar-, Kultur-, Jugend-, Märchen- und Spielfilme konnten nicht bewertet werden, Art. 2 VV-FBW a. F.) zwar verfassungsrechtlich nicht unproblematisch war, bei der aber wenigstens alle Filme, die einer dieser Kategorien unterfielen, die gleiche *Chance* auf ein Prädikat hatten: die FBW hatte den Anspruch zu berücksichtigen, den der Film selbst nach Stoff *und Gattung* stellt (§ 8 Abs. 2 VA-FBW a. F.); zu der theoretischen Abschaffung der Kategorien in der VV-FBW n. F. *Dörffeldt:* Die neuen Rechtsgrundlagen der Filmbewertung, FuR 1969, 165 (168).

[295] DÖV 1963, 765 (r. Sp.) (Armstrong-Urteil).

[296] Das Gericht verwendet (a.a.O. S. 765, l. Sp.) einige Mühe darauf, Jazzkonzerten (die bezeichnenderweise in keinem Vergnügungssteuergesetz zu der bevorzugten Gruppe gehören) durch Subsumption unter den Begriff „Solistenkonzerte" wenigstens die Chance auf Förderung als „künstlerisch hochstehend" offenzuhalten.

[297] Nach dem neuen, ein halbes Jahr nach dem Armstrong-Urteil des BVerwGs erlassenen VergnStG von *Nordrhein-Westfalen* sind dagegen musikalische und Theateraufführungen von vornherein nicht steuerpflichtig; verfassungskonform auch das VergnStG von *Bayern*, das solche Veranstaltungen zunächst für steuerpflichtig erklärt (§ 2 Abs. 2), dann aber pauschal von der Steuerpflicht ausnimmt (§ 3 Abs. 1 Ziff. 1a)) sowie das VergnStG von *Bremen*, das alle Veranstaltungen, „die kunstpflegerischen Zwecken dienen", steuerfrei läßt (§ 1 Abs. 3 Ziff. 1).

[298] Besonders kraß § 2 Abs. 1 Ziff. 1 VergnStG *Hamburg*.

[299] Nämlich die Erhaltung der Existenz des Kurzfilms, der als eigenständige Gattung und Experimentierfeld kunstpolitische Bedeutung hat. Dazu detailliert *Keim:* Filmbewertungsstelle und Bundesverwaltungsgericht, in: FBW-Inf. Nr. 3/1966 S. 17 ff. (21 ff.); Karl *Korn:* Die neue, die juristische Filmwelle, in: FAZ vom 16. Juni 1966.

dem Gesetzgeber eine Scheinrechtfertigung für die Umgehung des verfassungsrechtlichen Verbots der Identifikation mit bestimmten Richtungen innerhalb eines Kunstbereiches zu liefern.

Das Werturteil selbst, von dem die Förderung der benachteiligten musikalischen Stilrichtungen abhängt, wird schließlich in einem Verfahren gefällt, das allen hier aus der Kunstfreiheitsgarantie entwickelten Kriterien[300] widerspricht: anonym, ohne öffentliche Begründung oder eigenverantwortliche Mitsprache der Kunst[301] von einem staatlichen Gemeindebeamten, der in den wenigsten Fällen Musikkenner, geschweige denn sachverständig sein dürfte.

Die zwischen verschiedenen musikalischen Richtungen qualitativ differenzierenden Bestimmungen in den Vergnügungssteuergesetzen von *Baden-Württemberg, Berlin, Hamburg, Hessen, Niedersachsen, Rheinland-Pfalz* und *Schleswig-Holstein* müssen daher als verfassungswidrig angesehen werden.

---

[300] s. o. S. 73 f., 82 ff., 85 ff.

[301] Einige Gesetze (so *Berlin*) sehen immerhin eine Zusammenarbeit der Finanzbehörde mit der Kultusbehörde vor.

Fünfter Teil

Selbstdarstellung des Staates und Kunst

A. Beziehungen des Staates zur Kunst außerhalb des Rahmens der Förderung ihrer Freiheit

Mit einer Theorie staatlicher Kunstförderung als Förderung der Freiheit der Kunst ist freilich das Verhältnis des Staates des Grundgesetzes zur Kunst auch dort, wo er sich Kunstwerken positiv zuwendet, indem er sie einem größeren Kreis von Menschen zugänglich macht, noch nicht abschließend gekennzeichnet. Denn offenbar gibt es einen Bereich, in dem der Staat die Kunst „in Dienst nimmt“ und Auswahl unter politischen Gesichtspunkten betreibt, ohne daß dies als verboten angesehen würde und ohne daß diejenigen Autoren, die eine Indienstnahme der Kunst für außerkünstlerische, besonders für politische Zwecke nachdrücklich ablehnen, daran Anstoß genommen hätten. Wenn bei einer staatlichen Veranstaltung die Nationalhymne gesungen wird — die, aus Musik und Dichtung bestehend, auch im Sinne nicht rein formaler Definitionen „Kunst“ ist — wenn die Rede eines Politikers zu einem Nationalfeiertag mit Musik „umrahmt“ wird, wenn der Staat sich von Künstlern entworfener Briefmarken als Postwertzeichen bedient, so tritt der Staat damit in eine Beziehung zur Kunst, die offensichtlich nicht von der Intention der Förderung ihrer Freiheit bestimmt ist.

Fraglich ist, ob eine solche Verwendung von Kunstwerken für staatliche Zwecke im demokratischen Rechtsstaat schlechthin unzulässig ist, oder ob es einen Gesichtspunkt gibt, der sie rechtfertigt. Es müßte dies eine Staatsaufgabe sein, die sich mit derjenigen der Förderung der Freiheit der Kunst überschneiden kann. Zu denken wäre an die bisweilen als „Staatspflege“ bezeichnete Selbstdarstellung des Staates[1], die dazu dienen soll, die Einheit des politischen Gemeinwesens nach innen und außen sichtbar zu machen. Inwieweit eine solche Aufgabe auch für den demokratischen Staat theoretisch begründbar ist, muß vor der weiteren Frage untersucht werden, welche Rolle die Kunst bei der Selbstdarstellung des Staates spielen darf und wie sich Staatspflege mit Mitteln der Kunst zu staatlicher Förderung der Freiheit der Kunst

---

[1] Dazu ausführlich *Krüger* S. 214 ff.; *Oppermann* S. 34, 141 ff., 536 ff.

— die eine Berücksichtigung politischer Gesichtspunkte ausschließt — verhält.

B. Die Zulässigkeit der Selbstdarstellung des Staates und die Notwendigkeit der Verwendung von Hilfswerten

Die neuere Staatslehre, die sich von dem früheren Verständnis des Staates als einer „Substanz", einer „Schicht außerhalb und oberhalb des Miteinanderlebens der Bürger"[2], als eines „realen Wesens"[3], etwa im Sinne eines Organismus, abgewandt hat, es andererseits aber ablehnt, dem Staat jede Wirklichkeit zu bestreiten und ihn zur bloßen Fiktion zu erklären[4], hat sich verstärkt der Erklärung des Werdens des Staates zugewandt: dem Prozeß, in dem die im Staatsgebiet lebenden einzelnen sich zu jener Einheit verbinden, die planmäßig und organisiert Entscheidungen und Wirkungen hervorzubringen vermag — mit den Worten *Hellers,* „wie ... der Staat als vielheitlich bewirkt und doch als einheitlich wirkend zu verstehen ist"[5]. Wenn auch dem auf diese Einheitsbildung, die Integration, gerichteten Willen seiner Bürger als Erklärungsfaktor für das Wesen des Staates unterschiedliches Gewicht beigemessen wird[6], besteht doch Einigkeit darüber, daß „eine wenigstens die Fundamente bejahende Übereinstimmung der in der Industriegesellschaft lebenden, staatlich organisierten Großgruppe", eine „Bejahung der Grundlagen des Zusammenlebens"[7] notwendig ist[8]. Da auf die spontane Hervorbringung dieses Konsenses kein Verlaß ist[9], „dieses Einswerden der Vielheit ... niemals endgültig abgeschlossen (ist), so daß es ohne weiteres als gegeben vorausgesetzt werden könnte, sondern ein ständiger Prozeß und darum stets

---

[2] *Krüger* S. 214.

[3] *Smend:* Verfassung und Verfassungsrecht S. 45 f.

[4] Dazu *Heller* S. 228 ff.; *Smend* a.a.O. S. 12 ff.

[5] *Heller* S. 229. Diese Frage ist der Ansatzpunkt von *Smends* Integrationslehre: siehe Verfassung und Verfassungsrecht S. 18 ff. sowie Integration Sp. 803; dazu auch *Draht* in Leibholz-FS I S. 52 f.

[6] Dazu *Smend:* Verfassung und Verfassungsrecht, S. 8 ff., 18 ff., der den Staat als „realen Willensverband" bezeichnet (S. 8) und überhaupt als nur in den einzelnen staatlichen „Lebensäußerungen, sofern sie Betätigungen eines geistigen Gesamtzusammenhanges sind" ... in dem „Prozeß beständiger Erneuerung, dauernden Neuerlebtwerdens" vorhanden ansieht (S. 18); kritisch dazu *Heller* S. 89, 229 f., 234.

[7] *Draht:* Staat Sp. 2124.

[8] *Heller* S. 234 f., vgl. auch S. 63, 89; dazu *Nawiasky* I S. 116 ff., 141; von einem anderen theoretischen Ansatz ausgehend (a.a.O. S. 1 ff.), betont auch er die Notwendigkeit eines auf die Einheit des Staates gerichteten Bewußtseins, vgl. auch seine Staatsdefinition a.a.O. S. 46, 59.

Ebenso: *Dahrendorf* S. 239 ff.; *Draht* in Leibholz-FS I S. 76 f. sowie Staat Sp. 2124 f.; *Hesse* S. 5; *Krüger* S. 152 ff., 214 ff.

[9] *Krüger* S. 214.

aufgegeben"[10], kann der Staat, wie jede andere Organisation auch, nicht auf ein ständiges Hervorbringen und Motivieren dieses Willens verzichten[11]. Daraus ergibt sich die grundsätzliche Zulässigkeit von Veranstaltungen, die in den Bürgern Gefühle und Gedanken hervorrufen sollen, die sich auf das politische Gemeinwesen als Ganzes richten — von Veranstaltungen zur Staatspflege, durch die der Staat sich selbst permanent hervorbringt[12].

Die Einwirkung auf die Staatlichkeit des Verhaltens der einzelnen, daß Bewußtmachen ihrer Rolle als Staatsbürger, stößt auf Schwierigkeiten, weil die Einheit des Staates zwar theoretisch erklärbar, aber aufgrund der Vielfalt und Verzahnung der sie bewirkenden Faktoren für den einzelnen Bürger nur begrenzt gefühlsmäßig erfahrbar ist. Um erlebbar zu werden, muß diese Einheit „gewissermaßen in ein Moment zusammengedrängt, durch dieses repräsentiert" werden[13], über das bloße Gedacht- und Getanwerden hinaus sichtbar gemacht werden[14]. Diese Vergegenständlichung kann dadurch bewirkt werden, daß sie in das Zeichen eines Wertes gestellt wird, „der durchweg leichter und wirksamer anspricht als der Wert des Einigseins: Indem der Mensch den Hilfswert bejaht, macht er sich bewußt oder unbewußt den Staatswert zu eigen, ja er erschließt sich vielleicht sogar mittels des ersten den Zugang zum zweiten"[15]. „Vermöge dieser Wertfülle oder einzelner Momente daraus als Wesensmomente des Staates selbst erlebt man den Staat, wird man staatlich integriert[16]."

C. Der Grund für die Verwendung gerade der Kunst bei der Selbstdarstellung des Staates

Als ein solcher Hilfswert nun gewinnt der ästhetische Wert der Schönheit Bedeutung. Der Grund für die Inanspruchnahme gerade von ästhetischen Gestaltungen und Kunstwerken als Mittel zur Selbstdarstellung des Staates, deren Bedeutung in der Geschichte *Krüger*[17] ohne den Versuch einer theoretischen Erklärung feststellt, liegt in ihrer bereits beschriebenen[18] Funktion als Kommunikations- und

---

[10] *Hesse* S. 5.

[11] *Heller* S. 234; *Krüger* S. 220; *Draht* in Leibholz-FS I S. 77.

[12] Dazu *Krüger* S. 220.

[13] *Smend* S. 48.

[14] *Krüger* S. 224.

[15] *Ders.* S. 224.

[16] *Smend:* Verfassung und Verfassungsrecht S. 47.

[17] S. 225 f., vgl. aber *Smend* zur „sachlichen Integration" (a.a.O. S. 45 ff.), wo er allerdings im wesentlichen auf politische Symbole, nicht speziell auf ästhetische Hilfswerte eingeht.

[18] Oben S. 57, 69 f.

Integrationsfaktor der Gesellschaft. Wegen der Unmittelbarkeit ihrer Wirkung, ihrer Verständlichkeit auch über die eigene Gruppe hinaus, die ihren Grund in der Eindeutigkeit im sozialen Geschehen hat[19], wegen ihrer teilweisen Unabhängigkeit sogar von der Sprache, ist sie zudem hervorragend geeignet, anderen Völkern ein Bild von der geistigen und kulturellen Entwicklung im eigenen Gemeinwesen zu vermitteln. Die Abstraktion der Kunst des 20. Jahrhunderts vom Gegenstand, die — noch weitergehend — ihre Beschreibbarkeit in bekannten Begriffen und damit die Sprache als Vermittler ausschließt, ihre Loslösung aus ihrer lokalen und regionalen Gebundenheit und Begrenzung[20] macht sie allerdings ungeeignet zur Übermittlung nationaler Eigenart[21]. Dafür vermag sie einen — für die Beziehungen zwischen den Völkern bedeutsameren — Beitrag zur Überwindung regionalen und zur Entwicklung globalen Bewußtseins zu leisten, indem sie „das Bedürfnis nach allumfassender Sprache ... befriedigt“[22].

Sieht man das eigentliche Charakteristikum der Einbeziehung der Kunst in die Staatspflege darin, daß diese ihre Eigenart für politische Zwecke nutzbar gemacht wird, so erweisen sich die absolutistische, teilweise aber auch noch die liberale Auffassung der Kunstpflege[23] als eine Theorie der Kunstförderung als Mittel zu dem eigentlichen Zweck der Selbstdarstellung des Staates.

D. Die Zulässigkeit der Einbeziehung von ästhetischen Werten und von Kunstwerken in die Selbstdarstellung des Staates

Für den Staat des Grundgesetzes dagegen stellt sich die Frage, ob auch unter Wahrung des Grundsatzes der Nicht-Identifikation, die als wesentliches Strukturprinzip der Freiheit erkannt wurde[24], staatliche Selbstdarstellung mit Hilfe von Kunst zulässig ist, konkreter, ob der Staat sich mit irgendeinem — näher zu bestimmenden — Wert solcher Kunstwerke identifiziert und identifizieren darf, die er als Zeichen für die politische Einheit der Aufmerksamkeit der Bürger besonders nahebringt oder als Mittel der Repräsentation nach außen verwendet. Weitergehend als bei der staatlichen Förderung der Freiheit der Kunst ist hier die Möglichkeit nicht auszuschließen, daß ein Kunstwerk als so „staatlich“ empfunden wird, daß sogar seine Schöpfung dem Staat zurechenbar wird.

---

[19] Dazu *Mierendorff-Trost* S. 28 ff.

[20] *Dies.* S. 65 f.

[21] *Dies.* S. 66.

[22] *Dies.* S. 66.

[23] Dazu oben S. 19 f., 21 ff.

[24] Oben S. 17 f.

Während das Prinzip der Nicht-Identifikation des Staates im Bereich der Religion im Lauf der Geschichte eine so starke Ausprägung erfahren hat, daß es dem modernen weltlichen Staat schlechterdings untersagt ist, sich religiöser Veranstaltungen zum Sichtbarmachen seiner Einheit zu bedienen[25], verbietet sich für einen Staat, der sich — wenn auch nicht explizit in seiner Verfassung — als Kulturstaat versteht[26], die Annahme einer ebenso weitgehenden Verpflichtung, auf die Einbeziehung ästhetischer Werte in seine Selbstdarstellung zu verzichten: Dem Kulturstaat ist es nicht verwehrt, bei seinen Manifestationen nach ästhetisch befriedigenden Formen zu streben[27], etwa Behördenhäuser, Briefmarken oder Staatssymbole optisch ansprechend zu gestalten. Damit aber kann der Staat unversehens in eine neue Beziehung zu dem Sachbereich Kunst treten: Im Sinne eines immer stärker formalen, wertdifferenzierungsfreien Kunstbegriffs, der nicht auf den Verwendungszweck eines Gegenstandes (man denke an den weiten Bereich der angewandten Kunst) und nicht auf seine inhaltliche Aussage, sondern allein auf die Art seiner Gestaltung abstellt[28], kann jeder Gegenstand zum Kunstwerk werden: ein Verwaltungsgebäude so gut wie jedes andere Bauwerk auch, seine innere Ausgestaltung etwa durch Wandmalereien ebenso wie eine nach dem Entwurf eines Künstlers hergestellte Briefmarke. Dies gilt ebenso für bei Staatsfeierlichkeiten gespielte Musik und für Staatsdenkmäler, die dem Andenken bedeutender Persönlichkeiten oder historischer Ereignisse gewidmet sind. Auch die mögliche Kunstwerkqualität der zur Staatspflege verwendeten Mittel ändert nichts an der rechtlichen Beurteilung ihrer Finanzierung und Herausstellung durch den Staat. Auch mit der Anerkennung der Eigengesetzlichkeit der Kunst, die ihr Spannungsverhältnis zur staatlichen Macht einschließt, verbietet die Verfassung es dem Kulturstaat nicht, Kunstwerke zum Zwecke seiner Selbstdarstellung zu verwenden und sie selbst in Erfüllung dieser Aufgabe durch seine Organe auszuwählen. Hier zeigt sich, daß sich hinter der einheitlichen Bezeichnung „Nicht-Identifikation“ verschiedene Grade der Begrenzung staatlicher Kompetenzen verbergen, die, abhängig von verschiedenen Staatsaufgaben, für den jeweiligen Lebensbereich verschieden zu bestimmen sind[29].

---

25 *Krüger* S. 224 f.

26 *Huber* S. 3 ff.; *Ridder:* Freiheit der Kunst S. 11.

27 Dazu *Bluntschli* S. 470: „Ihre Werke (sc. der Kunst) sind ... auch für den Staat ... eine herrliche Zierde, Ausdruck und Anregung zugleich. Der Staat selbst soll auch schön sein in seiner organischen Gestalt. Umsomehr bedarf er der Kunst, die sein Dasein verschönert und veredelt.“

28 Vgl. etwa *Erbel* S. 93 ff.; *Knies* S. 217 ff.; *Ropertz* S. 79 ff.; *Schäuble* S. 19, 51 f.

29 Vgl. auch *Heckel* S. 96 Fn. 316.

E. Die Identifikation des Staates mit der politischen Aussage und dem „Propagandawert" u. U. sogar mit der Schöpfung solcher Kunstwerke

Bei einer solchen Verwendung von Kunstwerken und ihrer Auswahl prätendiert der Staat auch regelmäßig nicht, ein künstlerisches Werturteil über sie zu fällen. Er identifiziert sich vielmehr mit zweierlei: einmal mit dem politischen Wert, für den das betreffende Kunstwerk steht, seiner politischen Aussage. Welche Grenzen dem Staat bei dieser Identifikation gesetzt sind, ist ein Problem, das die Freiheit der Kunst nicht berührt. Wollte der Staat etwa ein Denkmal für den antisemitischen Literaturhistoriker *Adolf Bartels* errichten, so wäre dies rechtlich nicht anders zu beurteilen als seine Ehrung durch die Benennung einer Schule oder Straße nach ihm[29a]: Bei einer potentiellen Klage gegen einen solchen Staatsakt würde die Kunstwerkqualität des fraglichen Denkmals keine Rolle spielen. Der Staat könnte sich hier nicht darauf berufen, „nur" Kunstförderung betrieben zu haben. Weiter identifiziert sich der Staat mit der Geeignetheit des Kunstwerks, den politischen Gehalt mit einer gewissen Werbewirkung sichtbar zu machen: seinem Propagandawert. Dieser ist mit dem eigentlichen künstlerischen Wert nicht identisch: Eine Gestaltung kann (die Reklame in der Wirtschaft beweist es) ansprechend und werbewirksam sein, ohne künstlerisch bedeutend zu sein und umgekehrt. Das mögliche Auseinanderfallen von künstlerischem Wert und Propagandawert ist ein weiteres Beispiel dafür, daß über denselben Gegenstand im Rahmen verschiedener Zielvorstellungen, verschiedener „Soll-Urteile", unterschiedliche Werturteile möglich sind[30].

Typisch für die Selbstdarstellung des Staates ist weiterhin, daß die politische Bedeutung ästhetischer Gestaltungen, die in ihrem Rahmen verwendet werden und die Grenze zum Kunstwerk hin überschreiten können, bisweilen so stark in den Vordergrund rückt, daß ihr Schöpfer anonym bleibt und derartige Gestaltungen dem Staat unmittelbar zuzurechnen sind. Hier ist also nicht auszuschließen, daß der Staat, z. B. als Bauherr oder Gestalter von Briefmarken, sogar zum Schöpfer von Kunstwerken wird. Diese im Rahmen staatlicher Kunstpflege als Förderung der Freiheit des nichtstaatlichen Lebensbereichs Kunst undenkbare Erscheinung dürfte hier, im Rahmen echter Staatspflege, in den wenigen Ausnahmefällen, auf die sie zutrifft, auch rechtlich nicht zu beanstanden sein.

29a Wie es vor einigen Jahren in Schleswig-Holstein geschehen ist.

30 *Herrfahrdt:* Normative Kunstwissenschaft S. 5, dazu oben S. 26 f.

F. Selbstdarstellung des Staates und Kunstpflege

1. Versuch einer theoretischen Abgrenzung

Sieht man die Indienstnahme von Kunstwerken für Zwecke der Selbstdarstellung des Staates als zulässig an, so drängt sich die Frage nach ihrer Abgrenzung von der staatlichen Förderung der Freiheit der Kunst um so stärker auf, wenn wie hier[31] die Berücksichtigung politischer Gesichtspunkte im Rahmen der als Freiheitsförderung verstandenen Kunstpflege abgelehnt wird. Praktische Bedeutung hat diese Frage in all jenen Grenzfällen, in denen die Finanzierung eines Kunstwerks oder einer künstlerischen Veranstaltung durch den Staat zugleich die Wirkung seiner Selbstdarstellung hat (dieser Grenzbereich umfaßt u. a. die Verleihung staatlicher Preise, die Förderung von Kunstveranstaltungen im Ausland, die Errichtung von Denkmälern oder öffentlichen Bauten). Denn es ist denkbar, daß die Freiheit der Kunst dadurch schrittweise beseitigt wird, daß Grenzfälle stillschweigend der Staatspflege zugerechnet werden und mit dieser Legitimation eine eventuell erforderlich werdende Auswahl nach politischen Gesichtspunkten getroffen wird. Die naheliegende allgemeine Forderung, daß in der Demokratie die sie mitkonstituierende Förderung der Freiheit der Kunst der Selbstdarstellung des Staates mit Mitteln der Kunst — auch quantitativ — nicht untergeordnet werden dürfe, vermag keine Antwort auf die zentralen Fragen zu liefern, ob der Staat sich im konkreten Fall ein bestimmtes Kunstwerk zurechnen, seinen Schöpfer also in der Anonymität belassen darf und ob die Berücksichtigung politischer Gesichtspunkte bei der Auswahl rechtmäßig oder rechtswidrig ist.

Diese Abgrenzung ist, wie die Beispiele früherer Kunstförderung zeigen, historisch wandelbar. Die wachsende Bedeutung der Kunstpflege als Sorge für die Freiheit der Kunst gegenüber der Verwendung der Kunst zu Zwecken der Selbstdarstellung des Staates steht in engem Zusammenhang mit der stärker individualisierten Rolle des Künstlers in der modernen Gesellschaft und dem Zurückgehen — nicht nur staatlicher — Auftragskunst[32]. Da die Eigenart von Staatshandlungen in diesem Bereich gerade darin besteht, daß sie typischerweise sowohl politischen Gehalt als auch Auswirkungen auf das Kunstleben haben, kann es nicht um die logische Abgrenzung zweier klar unterscheidbarer Bereiche gehen, sondern staatliche Maßnahmen, die eine solche Doppelwirkung haben, können nur nach ihrer überwiegenden, charakteristischen Bedeutung der einen oder anderen Seite zugerechnet werden. Abzustellen ist dabei auf den typischerweise mit einer

---

[31] Oben S. 53 ff., 96 f.

[32] Dazu ausführlich *Baumeister* S. 99 ff.

Staatstätigkeit verfolgten Zweck. Liegt es in dem Wesen der Kunstpflege als Veranschaulichung kultureller Vielfalt, daß sie sich ihrer Intention nach auf Kunst richtet, daß Kunstwerk-Qualität des zu Fördernden also essentiell ist — im Wesen der Staatspflege als Repräsentation politischer Einheit dagegen, daß sie mit Hilfe von Kunst betrieben werden kann, aber nicht muß, die Hinzuziehung von Kunst also akzidentiell, eine zusätzliche Möglichkeit ist, so wird für die Abgrenzung die Frage entscheidend, ob die Erfüllung einer bestimmten Staatsaufgabe, deren Zweck im Einzelfall ermittelt werden muß, denknotwendig nur mit Hilfe von Kunst möglich ist, oder ob dieses Ziel genauso gut ohne jede Zuhilfenahme von Kunst — ja von ästhetischen Werte überhaupt — erreicht werden kann. Denn als bloßer Hilfswert verwendet, ist Kunst durch andere Hilfswerte ersetzbar. Auf den typischen Zweck staatlichen Tätigwerdens kommt es an, weil im Einzelfall, unabhängig von der Zielsetzung, eine künstlerische Gestaltung sich im allgemeinen Bewußtsein verselbständigen und das Übergewicht über den ursprünglich die Hauptsache bildenden politischen, u. U. symbolischen Gehalt gewinnen kann[33], aber auch umgekehrt[34].

2. Anwendung auf einige Grenzgebiete

Typischer Zweck einer Feier zum 17. Juni etwa ist es, des Aufstandes im Jahre 1953 zu gedenken und das Bewußtsein der Gemeinsamkeit aller Deutschen wachzuhalten. Diesem Zweck dienen die auf der Feier gehaltenen Reden. Das Spielen von Musik zu solchen Feiern erhöht ihre Wirkung auf die Teilnehmer, indem es ihnen zusätzlich Kunstgenuß vermittelt, ist aber nicht denknotwendig. Der Zweck würde auch ohne dieses erfüllt. Die Verwendung von Musik bei derartigen Feiern ist also dem Bereich der Selbstdarstellung des Staates zuzurechnen.

Darstellungen, zumal des Staatsoberhauptes, historischer Ereignisse oder deutscher Städte auf Briefmarken sind dazu bestimmt, dem Bewußtmachen der Einheit des politischen Gemeinwesens und seiner Repräsentation nach außen zu dienen. Ihre Wirkung wird dadurch erhöht, daß sie auf der ganzen Welt Sammelobjekte sind. Die Verwendung eigenständiger künstlerischer Gestaltungen zu diesem Zweck ist möglich, aber nicht denknotwendig. Ihren Zweck als Postwertzeichen schließlich würden die Briefmarken auch erfüllen, wenn sie unter

---

[33] Man denke an heute in Museen gezeigte Kronen und Zepter früherer Herrscher.

[34] Im Bewußtsein vieler Menschen mag die Eigenschaft z. B. des Brandenburger Tores oder der Friedenstaube von *Picasso* als Kunstwerk hinter derjenigen als politisches Symbol zurücktreten.

Verzicht auf jede ästhetische Gestaltung hergestellt würden. Die mögliche Beauftragung von Künstlern mit der Gestaltung der Motive für Briefmarken mag wünschenswert sein[35], ist aber akzidentiell und ändert nichts an ihrem Charakter als Mittel zur Selbstdarstellung des Staates.

Die Verleihung eines Kunstpreises bewirkt sowohl größere Popularität des preisgekrönten Künstlers als auch eine Selbstdarstellung des Staates als Kulturstaat. Ohne Orientierung am künstlerischen Wert des Schaffens des betreffenden Künstlers wäre sie sinnlos, dieser ist nicht auswechselbar. Deshalb gehört sie zur Kunstpflege, die Entscheidung über die künstlerische Qualität ist in den meisten Bundesländern zu Recht in die Hände eines unabhängigen Sachkennergremiums gelegt, und politische Erwägungen haben bei ihr auszuscheiden[36]. Orden „für besondere Verdienste um die Bundesrepublik Deutschland“[37] dagegen können, aber brauchen nicht für Verdienste gerade auf dem Gebiet der Kunst verliehen zu werden. Die Verleihung eines Ordens wird deshalb auch dann nicht zur Kunstförderung, wenn die Ehrung im Einzelfall für künstlerische Leistungen vergeben wird[38, 39].

Auswärtige Kulturpflege, wie die Veranstaltung von Dichterlesungen, Ausstellungen etc., dient der kulturellen Repräsentation Deutschlands im Ausland. Gleichzeitig ermöglicht sie — und darin liegt ihre Gemeinsamkeit mit Auslands-Stipendien für deutsche[40] und Deutschland-Stipendien für ausländische Künstler — geistige und künstlerische Kontakte über die Grenzen hinweg. Ihren Zweck vermögen solche staatlichen Förderungsmaßnahmen nur zu erfüllen, wenn ent-

---

35 Zu (fast allen) westdeutschen Briefmarken vgl. die treffende Bemerkung von *Krüger* S. 226 Fn. 18; s. a. den Protest führender deutscher Kunstverbände gegen die Wohlfahrtsmarken der Bundespost, in: Kulturarbeit 1958 S. 222 f., in dem die Einschaltung des seinerzeit von Bundespostminister Balke gegründeten Künstlerischen Beirates gefordert wurde; demgegenüber werden in anderen Ländern namhafte Künstler mit dem Entwurf von Briefmarken betraut, wie eine Ausstellung tschechischer Briefmarken und der dazugehörigen Entwürfe in der Berliner Akademie der Künste im Jahre 1967 gezeigt hat.

36 Ebenso *Schäuble* S. 211 ff. (214).

37 So § 1 Abs. 1 des Gesetzes über Titel, Orden und Ehrenzeichen vom 26. 7. 1957.

38 So wurde etwa Heinz *Rühmann* zu seinem 60. Geburtstag das Bundesverdienstkreuz verliehen (*Bartosch:* Film zwischen Politik und Geschäft, in: Auswärtige Kulturbeziehungen 3 (1966) S. 181).

39 Ähnliches gilt, auf den Bereich der Universität übertragen, für die Verleihung der Honorarprofessur nicht nur für wissenschaftliche, sondern auch für künstlerische Verdienste (vgl. etwa § 29 Hess.HochschulG).

40 Dazu *Henze:* Das Romerlebnis in der modernen Kunst. Die Stipendien für die Deutsche Akademie Villa Massimo in Rom, Kulturarbeit 1962 S. 133 ff., der betont, die Stipendienvergabe werde „von keinem politischen Widersinn gefährdet“.

scheidendes Auswahlkriterium die künstlerische Qualität bzw. Begabung ist. Auch die Notwendigkeit der Berücksichtigung weiterer Gesichtspunkte, wie der Kontinuität der kulturellen Repräsentation und des mutmaßlichen besonderen Interesses im jeweiligen Gastland, hindern nicht das Überwiegen des Aspekts der Kunstpflege über den der Staatspflege. Dementsprechend erfüllt die Kulturabteilung des Auswärtigen Amtes ihre Aufgabe in Zusammenarbeit mit Organisationen wie dem DAAD, dem Goethe-Institut e. V., dem Deutschen Musikrat e. V. und dem Deutschen Kunstrat e. V.[41]. Ordnet man diese Staatstätigkeit der Kunstpflege unter, so dürfen politisches Engagement und Parteizugehörigkeit der so geförderten Künstler bei der Auswahl keine Rolle spielen.

Die Aufgabe öffentlichen Bauens dagegen[42] bildet einen noch im Fluß befindlichen Grenzbereich. Ohne Zweifel gibt es technische Zweckbauten, die ihre Aufgabe auch dann vollkommen erfüllen, wenn sie von der staatlichen Bauverwaltung zweckrational, ohne künstlerische Ambitionen, anonym, ja sogar serienweise erstellt werden. Aber nicht diese sind im vorliegenden Zusammenhang von Interesse, sondern ein „innerer Kernbereich öffentlicher Bauten, in denen das Ganze des Gemeinwesens seinen höchsten und umfassenden Ausdruck findet“[43], der „das Selbstbewußtsein der politischen Gesellschaft Gestalt werden läßt“[44] und zu dem Kulturbauten ebenso wie politische Bauten gehören. Mit dem politischen Wandel seit früheren großen Epochen staatlichen Bauens wachsen die Zweifel daran, ob der eigentliche Sinn solcher Bauten in einem demokratischen Gemeinwesen — seiner Deutung durch *Adolf Arndt* anläßlich der Berliner Bauwochen 1960[45] ist nichts hinzuzufügen — auf jene Weise noch erfüllt werden kann. Das Bewußtsein dafür wächst, daß der Staat zur Erfüllung dieser Aufgabe des schöpferischen Baumeisters bedarf, des Künstlers, der eigenverantwortlich und im eigenen Namen ein Bauwerk schafft, „das in demselben Maße schön wird, wie sich die personale Wirksamkeit eines individuellen Geistes darin bewahrheitet (und das Geheimnis ist, daß dieser individuelle Geist dann in der Regel kollektive Bewußtseinsinhalte ausdrückt) ...“[46]. Aus der Unverzichtbarkeit des Indi-

---

[41] Einzelheiten dazu: *Mierendorff:* Die staatliche und die private Organisation des Kunstlebens in der Bundesrepublik Deutschland, Kulturarbeit 1958 S. 226 ff. (228 f.); Jahrbuch auswärtiger Kulturbeziehungen 1964 S. 15; zu diesen Organisationen selbst: Jahrbuch auswärtiger Kulturbeziehungen 1964 S. 199 ff. und 1965 S. 291 ff.

[42] Zu ihr grundlegend: *Arndt:* Demokratie als Bauherr S. 217 ff.

[43] *Ders.* a.a.O. S. 236.

[44] *Ders.* a.a.O. S. 233.

[45] s. Fn. 42.

[46] *Ders.* a.a.O. S. 235.

viduell-Schöpferischen, des Künstlerischen bei der Erfüllung des eigentlichen mit der Errichtung von Kulturbauten verbundenen Zwecks ergibt sich aber die Notwendigkeit jenes komplementären Zusammenwirkens des Staates mit nichtstaatlichen, im eigenen Namen hervortretenden Gliedern des politischen Gemeinwesens, das als Charakteristikum der staatlichen Förderung der Freiheit der Kunst angesehen wurde[47]. Die Herauslösung öffentlichen repräsentativen Bauens aus der alleinigen Verantwortung staatlicher Ressorts und ihre Unterstellung unter die Gesamtverantwortung staatlicher Organe einerseits und nichtstaatlicher auswählender oder beratender Juries und eigenverantwortlich schaffender Architekten andererseits ist in der Bundesrepublik freilich erst in Ansätzen verwirklicht[48].

---

47 s. o. S. 73 f.

48 Einzelheiten dazu bei *Arndt* a.a.O. S. 233 ff.

Sechster Teil

Folgerungen für einige Spezialbereiche staatlicher Kunstförderung

Aus dem Vorangegangenen sollen nunmehr einige Folgerungen für drei ausgewählte Bereiche staatlicher Kunstförderung gezogen werden, von denen der erste, die „Kunst am Bau“, dadurch gekennzeichnet ist, daß das geringe juristische Interesse an ihm geradezu im umgekehrten Verhältnis zu seiner praktischen Bedeutung steht, und der zweite, die Theaterförderung unter Einschaltung von Theaterbesucher-Organisationen, durch zwei Prozesse in Berlin nicht nur kunstpolitisches, sondern auch verfassungsrechtliches Interesse auf sich lenkt. Der dritte schließlich, die staatliche Förderung speziell des deutschen Films, ist nach der Einstellung der Förderung des Kuratoriums Junger Deutscher Film und dem Erlaß des Filmförderungsgesetzes vom 22. Dezember 1967 verstärkt Gegenstand öffentlicher Diskussion geworden und bedarf besonders dringend einer juristischen Untersuchung unter dem Aspekt der Kunstfreiheitsgarantie.

A. „Kunst am Bau“

Eine Art der Kunstförderung, für die jährlich in der Bundesrepublik erhebliche Summen aufgewandt werden, die wie kaum eine andere die Möglichkeit täglicher Konfrontation der Bürger mit Kunst eröffnet und deren Modalitäten dennoch bisher wenig untersucht worden sind und kaum juristisches Interesse auf sich gelenkt haben[1], ist die „Kunst am Bau“[2]. Darüber, was sich hinter dieser etwas lieblosen Bezeichnung verbirgt, gibt Ziffer 39 der vom Kulturausschuß des Deutschen Städtetages erarbeiteten „Leitsätze zur kommunalen Kulturarbeit“ (Stuttgarter Richtlinien)[3] unter der Überschrift: Bildende Kunst, Museen und Denkmalspflege eine erste Auskunft:

> „Bei den städtischen Bauten ist ein angemessener Hundertsatz der Baukosten für die künstlerische Ausgestaltung zu verwenden.“

---

1 Vgl. etwa *Schäuble* S. 78.

2 Anschauungsmaterial enthält der Bildband von Fritz R. *Barran:* Kunst am Bau — heute. Dazu die Besprechung von *Thiele:* Kulturarbeit 1965 S. 87 f.

3 Abgedruckt in: Der Städtetag 1952 S. 69 ff. (71).

Nach einer Empfehlung der Länderbauminister sollen Länder und Gemeinden, aber auch der Bund, soweit er als Bauherr in Erscheinung tritt, 0,8 bis 2 % der Bausumme für künstlerischen Schmuck verwenden[4].

Dies Art der Kunstförderung wirft eine Reihe kunstpolitischer Probleme auf: Die Frage etwa nach größtmöglicher Integration des Kunstwerks in das Bauwerk und damit nach der Ermöglichung frühzeitiger Zusammenarbeit zwischen Architekt und Künstler, nach dem Sinn der Bevorzugung ortsansässiger Künstler und dem sich aus ihr ergebenden Konflikt zwischen Versorgungsgesichtspunkten und solchen der künstlerischen Qualität, nach dem Risiko der Verzettelung staatlicher Mittel in vielen kleinen Aufträgen, das durch Zusammenfassung und Verwendung für wenige große Aufträge gemindert werden kann, um nur einige zu nennen[5]. Für alle diese Fragen, zu deren Beantwortung bindende Gebote aus der Verfassung ableiten zu wollen die Kunstfreiheitsgarantie überspannen hieße, gibt es keine einheitlichen Regelungen. Dasselbe gilt aber auch für die hier im Vordergrund stehende Frage nach dem Verfahren, in dem die zu beauftragenden Künstler ausgewählt werden. Die Praxis ist nicht nur von Bundesland zu Bundesland, sondern auch von Gemeinde zu Gemeinde verschieden, wobei teils überhaupt keine schriftlichen Regelungen existieren, teils nur sehr pauschal gehaltene Erlasse, Dienstanweisungen und Richtlinien[6], für die keine Veröffentlichungspflicht besteht.

Eine solche Regelung eines ganzen Bereiches staatlicher Kunstförderung unterhalb der Ebene von Gesetzen und Verordnungen hat ohne Zweifel den Vorteil großer Flexibilität, die für die Kunstverwaltung mehr als für jeden anderen Bereich staatlicher Verwaltung lebensnotwendig ist[7]. Sie macht aber auf der anderen Seite das ganze Förderungssystem außerordentlich unübersichtlich und entzieht seine Modalitäten weitgehend der öffentlichen Kontrolle. Gleichzeitig kann der sich um einen Auftrag bemühende Künstler durch die mangelnde Festlegung eines geregelten Verfahrens, die Rechtsunsicherheit schafft, leicht in die unwürdige Rolle des Bittstellers gedrängt werden[8]. Unter

[4] Vgl. dazu Wolfgang *Schön:* Stadtverwaltung als Mäzen, in: Rheinischer Merkur vom 24. Juni 1966.

[5] Vgl. zu diesen Problemen außer dem in Fn. 4 zitierten Artikel auch Gottfried *Sello:* Keine Angst vor Henry Moore, in: Die Zeit vom 29. April 1966.

[6] Vgl. etwa für *Bayern:* MB vom 3. 1. 1950 (StA 1950 Nr. 2); für *Berlin* die Richtlinien für künstlerische Arbeiten an öffentlichen Bauten vom 12. 12. 1961 (Dienstblatt des Senats von Berlin VI/61); für *Schleswig-Holstein* den Ministererlaß in ABl. 1960 S. 331 und ABl. 1962 S. 211.

[7] Nachdrücklich betont dies *Heckel* S. 14 f., vgl. auch S. 90 Fn. 301.

[8] Sehr anschaulich der Erfahrungsbericht von Walter *Kusmann:* Der Künstler als Kaufmann und Hausierer, in: Die Zeit vom 11. Dez. 1964.

dem Aspekt der Kunstfreiheitsgarantie wäre die maßgebliche Beteiligung von Künstlern und Kunstsachverständigen an der Auswahlentscheidung zu fordern[9].

Für alle diejenigen Fälle, in denen das künstlerische Werturteil eines Sachverständigengremiums in die staatliche Auswahlentscheidung einbezogen wird, gewinnt eine Entscheidung des Schleswig-Holsteinischen Verwaltungsgerichts[10] grundsätzliche Bedeutung, in der es über die Klage eines Künstlers gegen seine Nicht-Berücksichtigung im Rahmen der „Kunst am Bau" zu befinden hatte.

Der zugrunde liegende Sachverhalt war, auf die hier wesentlichen Punkte vereinfacht, folgender: Der Kultusminister in Kiel fördert entsprechend der Mäzenatenklausel in Art. 7 Abs. 1 der Schleswig-Holsteinischen Landessatzung („Das Land fördert und schützt Kunst und Wissenschaft, Forschung und Lehre")[11] gemäß einem Ministererlaß vom 23. 6. 1960[12] die Beteiligung von Kunst und Kunsthandwerk bei kommunalen Hochbauvorhaben im Lande Schleswig-Holstein. Den kommunalen Bauträgern wird in dem Erlaß empfohlen, einen bestimmten Prozentsatz der Bausumme für Aufträge an Künstler und Kunsthandwerker vorzusehen und bei Aufträgen von mehr als 10.000 DM einen Wettbewerb mit Entschädigung für die nicht beauftragten Bewerber zu veranstalten. In Ziffer I (5) des Erlasses heißt es:

> „Um die Auswahl der zu beauftragenden Künstler oder Kunsthandwerker zu erleichtern und um zu erreichen, daß die wesentlich mit Landesmitteln errichteten Bauten künstlerisch qualitätsvoll ausgestaltet werden, führt der Kultusminister in Zusammenarbeit mit den zuständigen Berufsverbänden eine Liste über die im Lande tätigen freischaffenden Künstler und Kunsthandwerker. In diese Liste werden solche Künstler aufgenommen, die mit einer ihrer Arbeiten seit 1954 mindestens einmal in der Landesschau bildender Künstler vertreten waren oder deren Arbeiten von der Jury besonders für die Aufnahme in die Liste vorgeschlagen werden."

Die Auswahl der zu beauftragenden Künstler aus dieser Liste ist in der Regel fakultativ, bei Zuschüssen des Landes an die Bauträger von mindestens 30 % der Gesamtbaukosten dagegen obligatorisch (Ziffer

---

[9] Dazu oben S. 73 f., 82 ff.; ebenso *Arndt:* Demokratie als Bauherr S. 232 ff., vgl. seine Schilderung eines abschreckenden Gegenbeispiels auf S. 235; zu der als vorbildlich angesehenen Leverkusener Regelung, wo der Kulturdezernent und der Museumsdirektor maßgeblich am Auswahlverfahren beteiligt sind, vgl. außer *Schön* (Fn. 4) auch *Kreiterling* und *Wedewer:* Kunst am Bau in Leverkusen, Kulturarbeit 1967 S. 10 ff.

[10] Urteil vom 24. März 1965 — 10 A 144/64 — (nicht veröffentlicht).

[11] GVBl. Schleswig-Holstein 1962 S. 123.

[12] s. Fn. 6.

II (7) des Erlasses). Im letzteren Fall ist eine Ausnahme vorgesehen, die der Zustimmung des Kultusministers bedarf. Der Kläger, der nicht auf der Baueignungsliste stand, aber für staatliche, kommunale und kirchliche Bauvorhaben viele Arbeiten ausgeführt hatte, sollte bei dem Bauvorhaben einer Dörfergemeinschaftsschule, an dem das Land mit 50 % beteiligt war, mit der Durchführung künstlerischer Arbeiten beauftragt werden, was aber an seiner Nichtaufnahme in die Liste scheiterte. Er bemühte sich daraufhin um Aufnahme in die Liste, die aber von der Jury ebenso wie seine Aufnahme in die Landesschau 1963 abgelehnt wurde. Diese Jury wird jedes Jahr auf der Jahresversammlung des Landesverbandes Schleswig-Holsteinischer Künstler, dem (1965) etwa 155 der in Schleswig-Holstein wohnenden etwa 228 Künstler angehörten, neu bestimmt. Der Kläger war nicht Mitglied des Verbandes. Unter Hinweis auf das Urteil der Jury lehnte der beklagte Kultusminister auch die Erteilung einer Ausnahmegenehmigung ab. Gegen diese Ablehnung wie gegen seine Nichtaufnahme in die Baueignungsliste wandte sich der Kläger mit seiner Klage.

Das Gericht hat in dem Erlaß die Regelung zweier verschiedener Begünstigungen mit verschiedener Zielrichtung gesehen: Während durch die strikte Bindung der Zuschußgewährung an die Auswahl aus der Liste in Ziffer II (7) des Erlasses der Zweck der Zuschußgewährung im Vordergrund stehe, trete bei der Regelung der Aufnahme von Künstlern in die Liste (Ziffer I (5) des Erlasses) die Erleichterung der Auswahl für die Bauträger hinter dem Hauptzweck der Feststellung der Förderungswürdigkeit zurück. Hier sei der Kläger allein Betroffener aus dem Begünstigungszweck, als Adressat der an ihn gerichteten Ablehnung, die als Verwaltungsakt zu qualifizieren sei, sei er klagebefugt, und sein Rechtsschutzinteresse ergebe sich aus den Folgen der Nichtaufnahme in die Baueignungsliste, insbesondere dem Entgehen der Aufträge bei größeren, an die Liste gebundenen Aufträgen. Bei dem Erlaß handele es sich um eine freie Ermessenregelung des Beklagten für die von ihm verfolgten Begünstigungszwecke. Diese allerdings sei fehlerhaft: „Die Kammer hält im Falle des Klägers seitens des Beklagten eine mangelnde Ausschöpfung des Ermessens (Ermessensunterschreitung) und eine Fehlanwendung des Gleichbehandlungsgrundsatzes (Art. 3 GG) im allerdings nur sehr mittelbaren Hinblick auf Art. 12 Abs. 1 und 5 Abs. 3 GG für gegeben[13].“ Die Verlagerung der Entscheidung über die Förderungswürdigkeit, die das Gericht als Ermessensentscheidung ansieht, auf ein privates Gremium, die Jury der Landesschau, betrachtet es als rechtmäßig, „wenn diese Haltung des Beklagten im Hinblick darauf betrachtet wird, nicht selbst als Mäzen

13 S. 13 des Urteils.

ein künstlerisches Urteil abgeben zu wollen"[14]. Soweit diese Haltung aber eine Distanzierung von einer eigenen Ermessensentscheidung in einem streitigen Einzelfall zum Ausdruck bringe, sei sie im Hinblick auf die mangelnde Justiziabilität des Juryurteils rechtlich fehlerhaft. Die Verfahrensregel der Ziffer I (5) des Erlasses sei unter dem Gesichtspunkt des Art. 20 GG unvollständig und zu eng, da es an jeder eigenen oder dekretierten Verfahrensregel für die Jury fehle und so mangels feststellbarer Tatsachen auch offenbleibe, welche Unterlagen der Jury über die künstlerische Persönlichkeit des Klägers — die letzten Endes die Förderungswürdigkeit des Klägers im Sinne des Begünstigungserlasses trage — vorgelegen hätten: „Hier ist dem Beklagten eine generelle Ermessensunterschreitung unterlaufen, indem er glaubte, von einer solchen Regelung absehen und alles der Jury überlassen zu können[15]." Gleichzeitig berge diese Unterlassung die Gefahr einer Verletzung des Gleichheitssatzes, der Nichtberücksichtigung aus naheliegenden Gründen der Konkurrenz oder der Kunstrichtung, in sich. Der für die Gleichbehandlung verantwortliche öffentliche Ermessens- und Begünstigungsgeber müsse sich nunmehr selbst der Aufgabe der Feststellung des streitigen Eignungsnachweises für den Kläger unterziehen. Wie er sie löse, sei seine Sache. Wenn er die Auswahlentscheidung auch bei dieser Sachlage noch immer nicht selbst fällen wolle, fordere es seine Ermessenspflicht, entweder der Jury für die Entscheidung über die Aufnahme in die Baueignungsliste eine dem Art. 3 GG entsprechende Verfahrensregel zu setzen oder ein unabhängiges Gremium zur Entscheidung über Berufungsfälle zu schaffen. Mit dieser Begründung hat das Gericht den beklagten Kultusminister verpflichtet, sein Ermessen in der vom Gericht vorgezeichneten Weise dem Kläger gegenüber neu zu betätigen und ihn entsprechend zu bescheiden.

Dieses Urteil stimmt mit der hier vertretenen Auffassung darin überein, daß der Staat im Rahmen seiner Förderungstätigkeit künstlerische Werturteile einem nichtstaatlichen Gremium überlassen darf und daß dessen Entscheidungen als nichtstaatliche konsequent nicht anfechtbar sind. Ist das künstlerische Werturteil aber eine nichtstaatliche Entscheidung, durch die unter größtmöglicher Sachlichkeit ein Beitrag des Außerstaatlichen zur Freiheit des Kunstlebens geleistet werden soll, so erscheint ihre Subsumption unter verwaltungsrechtliche Kategorien wie „Ermessensentscheidung", die zur Typisierung staatlichen Handelns entwickelte Zweckbegriffe sind, entbehrlich. Bedeutsam wird dieses verwaltungsgerichtliche Urteil durch seine Beleuchtung des Vorfeldes der eigentlichen künstlerischen Entscheidung, des Verfahrens, das der Staat bereitstellen muß, um eine an der Aufgabe der Förderung der

---

[14] S. 13 des Urteils.

[15] S. 15 des Urteils.

Freiheit des Kunstlebens orientierte Entscheidung über die künstlerische Qualifikation des Bewerbers sicherzustellen. Der „allerdings nur sehr mittelbare“ Zusammenhang mit der Kunstfreiheitsgarantie wäre freilich zu präzisieren: Die konkrete, wenn auch auslegungsbedürftige Verfassungsnorm des Art. 5 Abs. 3 GG selbst bildet die Ermächtigung, deren Zweck die Art und Weise der Ermessensausübung, soll sie rechtmäßig sein, entsprechen muß[16]. Ihre Auslegung würde nach der hier vertretenen Auffassung ein Eingehen auf Art. 3 GG erübrigen, da die indirekte Bevorzugung einer künstlerischen Stilrichtung ebenso wie einer Gruppe im Konkurrenzkampf sich bereits aus dem Prinzip der Nicht-Identifikation, unter dem die staatliche Förderungstätigkeit steht, verbietet[17]. Auch ließ der Entschluß, das Urteil der vom Landesverband der Künstler gewählten Jury zu überlassen, keine sachfremden Erwägungen erkennen. Wesentlich aber ist die Feststellung des Gerichts, daß der Staat bei der Erfüllung der in Art. 5 Abs. 3 GG normierten Aufgabe nicht nur das Falsche, sondern auch zu wenig tun kann. Daraus hat das Gericht eine praktische Konsequenz in Richtung auf die „vom Grundgesetz gebotene Verrechtlichung der Beziehungen“ gezogen, die *Ridder* aus der objektivrechtlichen, „institutionellen“ Auffassung der Kunstfreiheit herleitet[18], eine Verrechtlichung, die freilich begrenzt bleiben muß und nicht zu einer „überwuchernden Institutionalisierung des anvertrauten Sachbereichs“[19] — hier des Auswahlverfahrens — führen darf, wohl aber Vorkehrungen zur Vermeidung der Dogmatisierung gerade jener Irrtümer erfordert, die bei der Konkurrenz zwischen organisierten und nicht organisierten Künstlern besonders naheliegen. Mit der Betonung ihrer Notwendigkeit bringt das Gericht erneut das Angewiesensein der Freiheit der Kunst auf die staatliche Macht und die Unabdingbarkeit der kulturstaatlichen Verantwortung[20] — auch im Zusammenwirken staatlicher Organe mit Kräften der „Gesellschaft“ — zum Bewußtsein.

B. Theaterbesucher-Organisationen

Die vor mehr als 50 Jahren entstandenen Theaterbesucher-Organisationen[21] sind im Zusammenhang mit staatlichen Entscheidungen im

---

16 § 114 VwGO: „... von dem Ermessen in einer dem Zweck der Ermächtigung nicht entsprechenden Weise Gebrauch gemacht ist.“

17 Oben S. 61 ff., 83 f.

18 Freiheit der Kunst S. 19.

19 *Heckel* S. 90 Fn. 301.

20 Dazu *Ridder:* Freiheit der Kunst S. 23.

21 Dazu allgemein: *Nestriepke:* Die wirtschaftliche Bedeutung der Besucherorganisationen für die Theater, Kulturarbeit 1949 S. 51 f.; *Kuhnt:* Besucherorganisation und Theater, Kulturarbeit 1954 S. 148 ff.; *Juschka:* Wesen und Wirken der Theaterbesucher-Organisationen, Kulturarbeit 1956 S. 165 ff.; *Nestriepke:* Zum Thema: Besucherorganisationen, Kulturarbeit 1957 S. 5 ff.

Rahmen der Kunstförderung weniger als unmittelbare Objekte staatlicher Förderung interessant als vielmehr aufgrund des verschachtelten Förderungsmechanismus, der ein Stück Entscheidungsgewalt über die Verteilung staatlicher Gelder in ihre Hände legt.

Als Modell soll hier die Berliner Regelung, die sowohl für den Theatergemeinde-Prozeß als auch für die Klage mehrerer Privattheater gegen die FVB Berlin relevant ist, untersucht werden. Dieses Verfahren, das nirgends schriftlich festgelegt ist, wird im Tatbestand des Theatergemeinde-Urteils des OVG Berlin[22] und in dem des Volksbühnen-Urteils des LG Berlin[23] beschrieben: Die Haushaltspläne weisen unter der Haushaltsstelle B 3000/370 Mittel für die „Unterstützung von Privattheatern" aus. Nach den Erläuterungen (Nr. 46a beim Haushaltsplan 1965, Nr. 49a für 1966) wird diese Unterstützung durch „Platzzuschüsse zugunsten der Mitglieder der Freien Volksbühne e. V." gewährt. Der Senator für Wissenschaft und Kunst, bei dem jährlich eine Besprechung mit der FVB stattfindet, zahlt den Privattheatern für jeden an die FVB abgegebenen Platz[24] einen Zuschuß von 3,70 DM, um den sich der von der FVB an die Theater zu zahlende Preis ermäßigt. Bei den Staatstheatern gelten für die FVB in gleichem Umfang Preisermäßigungen, wofür jene gemäß den Haushaltsstellen 3321/035 (Deutsche Oper Berlin), B 3322/035 (Schiller-Theater) und B 3323/035 (Schloßpark-Theater) in Verbindung mit der Erläuterung Nr. 1 die Mittel erhalten. Hinsichtlich der Privattheater hat der staatliche Zuschuß somit eine doppelte Begünstigungsrichtung[25]: eine Ersparnis auf Seiten der FVB, die ihren Mitgliedern dadurch zugute kommt, daß sie für ihren Beitrag in den regelmäßigen und verbilligten Genuß von Theateraufführungen kommen, und — was für die vorliegende Untersuchung bedeutsamer ist — eine unmittelbare Förderung der Theater selbst durch die regelmäßige und damit Dispositionen ermöglichende Zuwendung bestimmter Summen. Festzuhalten ist, daß der Staat die Zuschußgewährung abhängig macht von der Entscheidung der FVB — eines privatrechtlichen Vereins — einem bestimmten Privattheater überhaupt und in einem bestimmten Umfang Plätze abzunehmen. Beide an diesem Verfahren hier interessierenden Entscheidungen sind Gegen-

---

[22] Vom 8. Juni 1966 — OVG V B 7.66 — S. 2 f.; die Entscheidungsgründe sind abgedruckt in NJW 1966, 2328; DVBl. 1967, 92; DÖV 1966, 717; MDR 1966, 874.

[23] Vom 24. April 1967 — 16.0. 69/65 — S. 1 f. (nicht veröffentlicht); zu dem früheren ähnlichen Verfahren vgl. *Nestriepke* (Fn. 21), Kulturarbeit 1949 S. 52.

[24] Zusätzlich nimmt die FVB den Theatern eine kleine Zahl von Plätzen ab, für die keine Zuschüsse gewährt werden, vgl. das Volksbühnenurteil (Fn. 23) S. 3.

[25] Auf diese doppelte Begünstigungsrichtung weist auch das OVG Berlin in seinem Urteil (Fn. 22) hin; vgl. auch *Nestriepke* (Fn. 21), Kulturarbeit 1949 S. 51.

stand von Rechtsstreiten geworden: die kunstpolitische Entscheidung des Staates, (nur) die FVB in seine Förderungstätigkeit einzuschalten, im Theatergemeindeprozeß, und die Entscheidungen der FVB selbst darüber, welche Theater „beschickt“ werden sollen, in dem Prozeß mehrerer Privattheater gegen die FVB auf Abnahme von Plätzen.

Durch das Theatergemeinde-Urteil wurde die langjährige Monopolstellung der FVB in Berlin beseitigt. Die Theatergemeinde, die in der übrigen Bundesrepublik öffentlich subventioniert wird und in Berlin 1963 (als Nachfolgerin der 1934 zwangsweise aufgelösten Orstgruppe Berlin des Bühnenvolksbundes) neu gegründet wurde, hatte, gestützt auf Art. 3 GG, auf Zuschüsse für den Theaterbesuch entsprechend der Zahl ihrer Mitglieder geklagt. Das Gericht hat der Klage stattgegeben mit im wesentlichen folgender Begründung: Der Gesetzgeber sei nicht nur bei der Bereitstellung der zur Subventionierung erforderlichen Mittel, sondern auch bei der Entscheidung darüber, wie er sie einsetzen und verteilen wolle, weitgehend frei, er sei aber an das Willkürverbot gebunden und dadurch in seiner Ermessensausübung beschränkt; ein wesentlicher Unterschied zwischen beiden Organisationen bestehe nicht aufgrund ihrer Satzung, da beide (jeweils nach § 2) in „allen“ Schichten der Bevölkerung das Verständnis für „alle“ Bereiche des künstlerischen Lebens wecken und fördern wollen und die Theatergemeinde es sich nur „darüber hinaus“ zum Ziel gesetzt hat, zur Förderung christlicher Kultur beizutragen. Er ergebe sich auch nicht aus ihrer unterschiedlichen Mitgliederzahl, die zum Teil gerade auf die Versagung der Subventionen für die Theatergemeinde zurückzuführen sei. Der Subventionszweck werde durch die Berücksichtigung zweier Besucherorganisationen nicht gefährdet und der Verwaltungsaufwand nicht wesentlich erhöht.

Im zweiten Fall klagte die Inhaberin eines Privattheaters[26], dem die FVB wesentlich weniger Plätze abgenommen hatte als anderen Westberliner Privattheatern, auf Abnahme einer bestimmten Anzahl von Plätzen jährlich, hilfsweise auf Gleichstellung mit den anderen Privattheatern. Sie machte geltend, die Beschickung mit Volksbühnenplätzen sei als Voraussetzung der Zuschußgewährung für die Privattheater existenznotwendig; die FVB habe als Nachfragerin nach Theaterplätzen eine marktbeherrschende Stellung i. S. d. § 22 Abs. 1 und Abs. 2 GWB; diese habe sie durch eine sachlich nicht gerechtfertigte Ungleichbehandlung der Klägerin im Verhältnis zu anderen Privattheatern miß-

---

[26] Es handelt sich um das Forum-Theater; gleichzeitig klagten die Schaubühne am Halleschen Ufer, deren Hilfsantrag in demselben Umfang entsprochen wurde wie dem der Klägerin, und das Hansa-Theater, dem die FVB nach dem Urteil (erstmals) 20.000 Plätze jährlich abnehmen mußte (Volksbühne unterlag im Theaterstreit, in: Der Tagesspiegel vom 25. April 1967).

bräuchlich ausgenutzt; insbesondere seien ihre, der Klägerin, Aufführungen nicht von minderer Qualität. Die beklagte FVB zog zunächst die Zulässigkeit des Rechtswegs in Zweifel: Es gehe der Klägerin in Wirklichkeit um die Gewährung von Subventionen für bestimmte Theaterkarten, einen etwaigen Anspruch darauf müsse sie aber im Verwaltungsrechtsweg gegen das Land Berlin geltend machen. Die Tendenz der Klage gehe dahin, die kulturellen Ziele der Beklagten — die Vermittlung von Kunst und das Nahebringen künstlerisch wertvoller Theater- und Opernaufführungen in breiteste Schichten der Bevölkerung — zugunsten kommerzieller und nivellierender Gesichtspunkte zu verdrängen, um privaten Unternehmen eine risikolose Geschäftstätigkeit zu sichern. Sie, die Beklagte, sei kein Unternehmen, sondern letztlich nichts anderes als eine Organisation von „Verbrauchern", jedenfalls sei sie nicht marktbeherrschend. Die angebotene Ware der Klägerin sei nicht die Theaterkarte, sondern die Aufführung, auf deren Qualität und Menge die Beklagte keinen Einfluß habe. Zudem seien die Leistungen der Klägerin künstlerisch so erheblich zu beanstanden, daß jede Gleichartigkeit mit den Aufführungen in anderen Privattheatern zu verneinen sei. Eine Umfrage unter den Mitgliedern der FVB habe deren geringes Interesse an den Aufführungen im Theater der Klägerin gezeigt. Angesichts des Ergebnisses der Umfrage trete das wirtschaftliche Risiko, das der Beklagten aufgebürdet werden solle, klar zutage. Sie müsse auch die Wünsche ihrer Mitglieder in bezug auf die Lage, Größe und Ausstattung des Theaters berücksichtigen: „Auch den Mitgliedern der Beklagten müsse es zugestanden werden, ihren Theaterbesuch nach Gesichtspunkten auszurichten, die dem Kassenpublikum wichtig erschienen[27]."

Das Gericht hat die FVB unter Anwendung der §§ 35 Abs.1, 26 Abs. 2, 22 Abs. 1 GWB dazu verurteilt, die Klägerin nicht schlechter zu stellen als andere vergleichbare Privattheater[28]. Den ordentlichen Rechtsweg sah es als gegeben an, da nicht das mögliche wirtschaftliche Endziel der Klägerin, die Erlangung staatlicher Subventionen, Gegenstand des Rechtsstreits sei, sondern die Klägerin „die tatsächlichen Voraussetzungen für die Gewährung von Senatszuschüssen"[29] schaffen wolle; ihre Klageanspruch stelle sich nach ihrer Klagebegründung als Folge eines Sachverhalts dar, der nach bürgerlichem Recht, nämlich nach dem GWB (vgl. § 87 Abs. 1) zu beurteilen sei. Die Beklagte sei ein marktbeherrschendes Unternehmen[30]. Die von ihr nachgefragten Aufführungen privater Westberliner Theater seien funktional austausch-

[27] S. 16 des Urteils (Fn. 23).
[28] Nämlich das Renaissance-Theater, die Tribüne und das Berliner Theater (Der Tagesspiegel, Fn. 26).
[29] S. 20 des Urteils.
[30] Ausführlich begründet auf S. 22 ff. des Urteils.

bare, gleichartige Leistungen i. S. d. § 26 GWB, da sie der Befriedigung desselben kulturellen Bedürfnisses nach Theaterbesuch dienten. Die Qualität spiele in der Regel für die Frage der Gleichartigkeit der Leistungen keine Rolle, Verschiedenartigkeit sei lediglich bei erheblichen Qualitätsunterschieden anzunehmen. Die Beklagte habe hinsichtlich der Abnahme von Theaterkarten einen Ermessensspielraum, wobei sich der Maßstab dafür, welche Gesichtspunkte sachlich gerechtfertigt seien, aus ihrer Aufgabe und Zielsetzung ergebe. Eine etwaige Abneigung der Mitglieder der Beklagten gegen das — avantgardistische — Theater der Klägerin könne „eine ungleiche Behandlung der Klägerin nur dann sachlich rechtfertigen, wenn sie auf Umstände gegründet wäre, die den Aufgaben der Beklagten zuwiderlaufen. So bei geringem Niveau oder einer bestimmten Art von Stücken“[31]. Lage, Größe, Ausstattung des Theaters seien dagegen keine sachlichen, aus der Aufgabenstellung der Beklagten herzuleitenden Gründe; sie müßten außer Betracht bleiben; die Beklagte habe nach eigenem Vorbringen auch erzieherische, geschmacks- und urteilsbildende Aufgaben. Dabei sei die Qualität der Aufführungen eines Theaters objektiv zu bemessen — das Gericht schließt sich hinsichtlich der Aufführungen im Theater der Klägerin dem künstlerisch positiven Gutachten eines Sachverständigen an, das es als „objektive Wertung der Leistungen der Klägerin“ ansieht[32] —, das Ermessen hinsichtlich der Frage, welche Art von Stücken die Mitglieder der FVB besuchen sollen, sei von den hierfür berufenen Organen der FVB selbst auszuüben.

Auffallend ist zunächst, daß beide Gerichte die Kunstfreiheitsgarantie des Art. 5 Abs. 3 GG mit keinem Wort erwähnen und so *Ridders* Bemerkung über die „weiße(n) Flecke(n), von denen man sich zurückschrecken läßt, als wenn die alten Geographen ihr ‚Hic sunt leones‘ darangeschrieben hätten“[33], einmal mehr bestätigen. Beide Gerichte sehen auch die Auswahlentscheidung der FVB, an die der Staat seine Förderung der Privattheater unmittelbar knüpft, als nichtstaatliche Entscheidungen an, was zumindest nach der von *Huber*[34] und *Knies*[35] vertretenen These, auch die einer nichtstaatlichen Instanz überlassene Auswahlentscheidung, die der Staat zur Voraussetzung seiner Förderung macht, sei dem Staat zuzurechnen, zweifelhaft ist.

Dennoch läßt sich diese Förderungsmodalität nicht ohne weiteres in das oben beschriebene zweite Modell[36] einordnen. Theaterbesucher-

[31] S. 32 des Urteils.
[32] S. 31 des Urteils.
[33] Freiheit der Kunst S. 10.
[34] S. 14 f.
[35] S. 225.
[36] Oben S. 77 ff.

Organisationen sind keine Sachverständigengremien, ihre Entscheidung ist — und das hat der zweite Prozeß besonders deutlich gemacht — nicht nur an Gesichtspunkten der künstlerischen Qualität orientiert[37]. Die Theaterförderung des Staates unter Einschaltung der Besucherorganisationen ist keine gezielte Qualitätsförderung, zu deren Verwirklichung der Staat das künstlerische Werturteil einer außerstaatlichen Instanz in seine Auswahlentscheidung einbezieht, sondern eine breit gestreute, von Versorgungsgesichtspunkten nicht freie Förderungstätigkeit, die trotz einiger Bedenken unter dem Gesichtspunkt der Chancengewährung und der Vielfalt künstlerischen Lebens als legitimer Beitrag zu einem freien Kunstleben angesehen werden kann. Unter diesem Aspekt verdient die Bemerkung des OVG Berlin Beachtung, die Subventionierung einer zweiten Besucherorganisation könne weitere Kreise dem kulturellen Leben zuführen[38]. Hier zeichnet sich auf anderer Ebene das oben[39] zugunsten der Freiheit der Kunst geforderte Wettbewerbsmodell ab. Nach seiner vollen Verwirklichung (etwa durch ein Anwachsen der Theatergemeinde oder nach Gründung neuer, ebenfalls zu fördernder[40] Besucherorganisationen[41]), d. h. nach dem Abbau der marktbeherrschenden Stellung einer einzigen Besucherorganisation, die sie letztlich nur ihrer staatlichen Subventionierung verdankt, entfiele auch die Notwendigkeit für die Gerichte, das der Auswahlentscheidung der Besucherorganisationen zugrunde liegende künstlerische Werturteil auf dem Umwege über wirtschaftliche Vorschriften durch ihr eigenes zu ersetzen — ein Urteil, an dessen Zulässigkeit und „Objektivität" Zweifel bestehen[42], die auch der Hinweis des Landgerichts Berlin auf die Erfahrung und Sachkunde des zugezogenen Sachverständigen nicht zu beheben vermag. Nicht zu übersehen ist freilich, daß der einmal gefaßte kunstpolitische Entschluß des Staates, seine Förderung von der Auswahlentscheidung der Theaterbesucher-Organisationen abhängig zu machen, dann leicht zu einer Auslieferung des Theaters an das (in Berlin überalterte) Publikum führen kann, die eine Kompensation im Bereich des Staatlichen durch zusätzliche — von der Förderung mithilfe von Besucherorganisationen

---

37 Bemerkenswert erscheint die Unbekümmertheit, mit der die FVB hier die Bestrebungen der Klägerin als „kommerziell" und „nivellierend" abqualifiziert, um anschließend ihre eigenen ebenso kommerziellen Interessen ins Spiel zu bringen.

38 Theatergemeinde-Urteil (Fn. 22), NJW 1966, 2329 r. Sp.).

39 S. 92 f.

40 An ihre Bewährung sind nach dem Theatergemeinde-Urteil des OVG Berlin (NJW 1966, 2329 l. Sp.) "keine zu hohen Anforderungen zu stellen".

41 Das Theatergemeinde-Urteil hat bereits zur Gründung einer neuen Besucher-Organisation geführt, vgl. die Meldung in: Der Tagesspiegel vom 10. Dez. 1967.

42 s. o. S. 68 ff., 71 f.

unabhängige — Unterstützung unter dem Gesichtspunkt der künstlerischen Bedeutung erforderlich machen würde.

C. Förderung des deutschen Films

Im Gegensatz zu der an die Prädikatsverleihung der FBW geknüpften Vergnügungssteuerermäßigung, die deutschen wie ausländischen Filmen zugute kommt, dienen die Erlasse des Bundesinnenministers über die Vergabe des Deutschen Filmpreises sowie von Spielfilm- und Kulturfilmprämien[43] und das Filmförderungsgesetz[44] speziell der wirtschaftlichen wie künstlerischen Förderung des deutschen Films[45].

I. Die Erlasse des Bundesinnenministers über Filmpreise, Spielfilm- und Kulturfilmprämien

Vor einer Stellungnahme zu dem neuen, äußerst umstrittenen Filmförderungsgesetz, das nach mehreren vergeblichen Anläufen, die bis in das Jahr 1962 zurückreichen, am 22. Dezember 1967 verabschiedet wurde und am 1. Januar 1968 in Kraft getreten ist, soll kurz auf die Vergabe von Filmpreisen und -prämien eingegangen werden, die, im Jahre 1951 einsetzend, neben dem Filmförderungsgesetz ihre Bedeutung behält und in diesem (§ 2 Abs. 1 Ziff. 1) ausdrücklich als eine Ergänzung seiner eigenen Bestrebungen bezeichnet wird. Erst vor dem Hintergrund der sie regelnden Erlasse wird die Eigenart des Filmförderungsgesetzes sowohl in seiner Anknüpfung an dort vorformulierte Gedanken als auch in seiner veränderten Zielsetzung deutlich.

---

[43] Seit 1951 sind eine Reihe von Erlassen „über die Auszeichnung bester Jahresleistungen im deutschen Filmschaffen", später „über den Deutschen Filmpreis" ergangen; der letzte datiert vom 30. Nov. 1964 (GMBl. 1965 S. 28). Seit 1957 ergingen zusätzlich Erlasse „über die Vergabe von Kulturfilmprämien" (der letzte am 12. Aug. 1965, GMBl. 1965 S. 264) und seit 1961 "über die Vergabe von Spielfilmprämien" (der letzte am 30. Nov. 1964, GMBl. 1964 S. 622). Die drei zitierten Erlasse wurden aufgehoben durch den „Erlaß über die Förderung des deutschen Films" vom 1. Sept. 1967 (GMBl. 1967 S. 434) mit abänderndem Erlaß vom 2. April 1968 (GMBl. 1968 S. 134) und Ausführungserlassen vom 19. Juli 1968 (GMBl. 1968 S. 284) und vom 19. August 1968 (GMBl. 1968 S. 302). Derzeit gilt der „Erlaß über die Förderung des deutschen Films" vom 13. Juni 1969 (GMBl. 1969 S. 282), im folgenden: Filmförderungserlaß; Einzelheiten zu den früheren Erlassen bei *Schäuble* S. 74 ff.; zu diesen Filmförderungsmaßnahmen auch *Wohland* S. 236 ff.

[44] BGBl. 1967 Teil I Bd. 2 S. 1352.

[45] Zu den früheren Filmbürgschaften vgl. den *Bericht der Bundesregierung* über die Situation der Filmwirtschaft vom 25. April 1962 (BT-Drucks. IV/366 = UFITA Bd. 40 S. 76 ff., 80); den *Berliner Senatsbericht* über die Lage der Filmwirtschaft vom 3. Sept. 1965 in UFITA Bd. 48 S. 191 ff. (194 ff.); *Schäuble* S. 238; *Wohland* S. 236 f. sowie Hildegard *Tornau:* Die falsche Gleichung. Zur Situation der deutschen Filmbürgschaft, Kulturarbeit 1954 S. 224 ff.

Zwei Gesichtspunkte sind es, unter denen diese Erlasse im Rahmen der vorliegenden Untersuchung interessieren: das Ziel der Förderung, wie es in den jeweiligen Präambeln und in der Bezeichnung dessen, was gefördert werden soll, zum Ausdruck kommt, und die Modalitäten der Auswahl. Besondere Beachtung verdient wegen seines Zusammenhanges mit der gleichzeitigen Gründung des vom Bund geförderten „Kuratoriums Junger Deutscher Film" der Erlaß über die Vergabe von Spielfilmprämien vom 30. November 1964 und der ihn aufhebende Erlaß vom 1. September 1967, an den sich der derzeit geltende Filmförderungserlaß vom 13. Juni 1969 eng anlehnt.

1. Die Zielsetzung der Förderung

Die Zielvorstellung, unter der die Vergabe von Preisen und Prämien steht, wurde zunächst mit „Förderung des deutschen Filmschaffens", seit 1961 in den Prämienerlassen — schon resignierter — damit umschrieben, daß „durch die Auszeichnung guter Leistungen zu einer allgemeinen Verbesserung des deutschen Spielfilms" beigetragen werden sollte. Aus allen Erlassen geht eindeutig hervor, daß Kriterium der Auswahl — sowohl beim Filmpreis als auch bei den Prämien — die künstlerische Qualität des Films sein soll: Der Preis ist zu vergeben für den „besten" Film, eine „wertvolle", „hervorragende" Leistung; eine Grenze nach unten wird gezogen durch den Zusatz, Preise könnten nur vergeben werden, wenn „besonders gute Leistungen" vorlägen: Der Einäugige, der unter den Blinden König ist, soll von der Förderung nicht profitieren. Bei der Verleihung der Bundesfilmpreise im Jahre 1961 wurde kein Spielfilm ausgezeichnet[46]. Die Anforderungen an Filme, die eine Prämie erhalten sollten, sind geringer, aber auch mit eindeutig wertenden Begriffen wie „wertvoll", „bemerkenswert", „gut" umschrieben. *Schäubles* Auffassung, daß hinsichtlich der Prämien im Gegensatz zu den Preisen nur überhaupt „Kunst" (in seinem Sinne: ein echtes künstlerisches Bemühen) vorliegen müsse, die Erlasse insoweit also zwischen Kunst und Nichtkunst differenzierten, aber kein künstlerisches Werturteil erforderten[47], kann deshalb nicht zugestimmt werden. Seine Auslegung erscheint als an dem gewünschten Ergebnis — der Staat dürfe seiner Förderung kein künstlerisches Werturteil zugrunde legen[48] — orientiert. Sie versagt schließlich bei den im Spielfilmerlaß von 1964 vorgesehenen Drehbuchprämien, die für „besonders hervorragende" Drehbücher verliehen wurden — einer Regelung, die *Schäuble* unter Verzicht auf eine Auslegung dieses Begriffes be-

---

[46] Ach, der Papili, in: Der Spiegel Nr. 53/1967 S. 86 ff. (89).

[47] S. 236 ff.

[48] S. 63, 235.

grüßt[49]. Die hier vertretene Auffassung wird durch die Zusammenfassung der Vergabe von Preisen und Prämien im Filmförderungserlaß und die ausdrückliche Normierung eines Urteils über die „künstlerische Qualität" als Voraussetzung der Förderung[50] bestätigt.

Ungerechtfertigt erscheint dagegen *Knies'* Kritik[51] an *Schäubles* Auffassung, der Staat dürfe Kriterien verwenden, die auf keinem künstlerischen Werturteil beruhen, wie etwa dasjenige, ob eine öffentlich bedeutsame Frage behandelt wurde[52]. *Schäuble* schlägt dies nicht als Auswahlkriterium für die Kunstförderung generell vor[53], sondern bezieht sich für den Spezialbereich Film auf frühere Erlasse über die Auszeichnung bester Jahresleistungen im deutschen Filmschaffen[54], nach denen zusätzlich zu der Förderung des „besten Spielfilms" und des „wertvollsten Kulturfilms" Preise vergeben werden sollten „für den Film, der — ohne tendenziös zu wirken — besonders nachhaltig zur Weckung des staatsbürgerlichen Bewußtseins und zur Förderung des demokratischen Gedankens beiträgt", „für einen Film, der besonders überzeugend für den europäischen Gedanken wirbt" und (1951) „für den Film, der das soziale Problem besonders eindrucksvoll behandelt". Als Spezialförderung ist solche Förderung zulässig[55]. Sie bleibt trotzt ihrer Berührung mit Gesichtspunkten der Selbstdarstellung des Staates[56] Kunstförderung, die politische Wertung kann nur zu der künstlerischen hinzutreten; das Werturteil wird gemäß dem veränderten staatlichen Sollens-Urteil variiert[57].

2. Der Auswahlvorgang

Die Auswahl der zu fördernden Filme ist einem Gremium von Persönlichkeiten anvertraut, die — in wechselndem Wortlaut bisweilen alternativ, bisweilen kumulativ — dem „öffentlichen, kulturellen und geistigen Leben" angehören bzw. „auf dem Gebiet des Films fachkundig" und, seit 1964 ausdrücklich, „unabhängig" sein sollen[58]. Sie wer-

---

[49] S. 239.

[50] Punkt IX Ziff. 1 des Filmförderungserlasses (Fn. 43).

[51] S. 226 Fn. 229.

[52] S. 239.

[53] Mißverständlich insoweit *Kniess* a.a.O.

[54] Vom 10. Februar 1951 (GMBl. 1951 S. 18); vom 28. Mai 1951 (GMBl. 1951 S. 130); vom 25. März 1954 (GMBl. 1954 S. 185); vom 30. April 1957 (GMBl. 1957 S. 148).

[55] s. o. S. 61.

[56] Dazu oben S. 105 ff.

[57] Dazu *Herrfahrdt:* Normative Kunstwissenschaft S. 5.

[58] Dem Auswahlausschuß nach dem Filmförderungserlaß gehören Politiker, Pädagogen, Filmfachleute, Kirchenvertreter und Publizisten an (Urs *Jenny:* Filmförderung aus einem Guß, in: SZ vom 21. Nov. 1967).

den vom Bundesinnenminister auf die Dauer von drei Jahren berufen. Die Aufnahme von Angehörigen der Ministerien des Bundes oder der Länder in den Ausschuß wurde in früheren Erlassen ausdrücklich ausgeschlossen. Der Leiter der Abteilung für kulturelle Angelegenheiten des Bundes im Bundesinnenministerium, der den Vorsitz führt, hat kein Stimmrecht[59].

Der Filmförderungserlaß von 1969 enthält im übrigen im Anschluß an denjenigen von 1967 ein Novum, das ihn als die bisher theoretisch klarste Regelung im Bereich staatlicher Kunstförderung erscheinen läßt: Während alle früheren Erlasse bestimmt haben, daß der Preisrichterausschuß „über die Verleihung des Preises" bzw. „über die Vergabe der Prämien" entscheide, heißt es im Filmförderungserlaß in Punkt IX Ziffer 1:

> „Die künstlerische Qualität von Filmen, Einzelleistungen, Filmvorhaben, Drehbüchern und Drehbuchentwürfen beurteilt ein Auswahlausschuß für Filmförderung beim Bundesminister des Innern nach den Bestimmungen dieses Erlasses"

und in Punkt X:

> „Der Bundesminister des Innern entscheidet auf Grund der Beschlüsse des Auswahlausschusses über die Vergabe von Preisen und Prämien ..."

Dies bedeutet die Unterscheidung und Gegenüberstellung des Urteils fachkundiger, unabhängiger und an Weisungen nicht gebundener Bürger über den künstlerischen Wert der Filme, das nur ihnen selbst, nicht aber dem Staat zuzurechnen ist und keine Allgemeingültigkeit für sich beansprucht, und der — staatlichen — Entscheidung eines Ministers über die Vergabe von Preisen und Prämien, die im Namen und mit Mitteln der Allgemeinheit vorgenommen wird und sich in den Rahmen der Förderung der Freiheit der Kunst einfügt. Der Preisrichterausschuß[60] ist damit als nichtstaatliches Gremium anzusehen, dessen künstlerische Entscheidung der Staat in seine Förderungstätigkeit einbezieht[61].

Die oben[62] entwickelten Kriterien ermöglichen auch die Beseitigung der Unklarheit, die hinsichtlich der Bindung des Ministers an das Urteil des Auswahlausschusses in Punkt X des Erlasses enthalten ist: Der Minister entscheidet *aufgrund* der Beschlüsse des Ausschusses

---

59 Punkt IX Ziff. 2 Filmförderungserlaß (Fn. 43).

60 Die Umbenennung in „Auswahlausschuß" bedeutet gegenüber den früheren Erlassen keine sachliche Änderung.

61 Auch hier wäre freilich namentliche Verantwortung der Juroren zu fordern, vgl. dazu oben S. 73 f., 93 f.

62 S. 87 ff.

und ist an dessen künstlerisches Urteil gebunden, er *entscheidet* aber aufgrund dieser Beschlüsse und ist berechtigt, bei Verfahrensfehlern, Tatsachenirrtümern und unsachlichen Erwägungen des Ausschusses die Vergabe eines Preises oder einer Prämie abzulehnen. Punkt X des Filmförderungserlasses erfüllt damit dieselbe Funktion wie der bereits zitierte Punkt 8 der Richtlinien über die Berliner Kunstpreise[63]. Entsprechend ist auch Punkt IX Ziff. 4 auszulegen, wo es etwas pauschal heißt:

> „Hat der Bundesminister des Innern Bedenken, einen Preis oder eine Prämie zu vergeben, so kann er einen erneuten Beschluß des Auswahlausschusses veranlassen."

Die Bedenken, die den Bundesinnenminister zu dieser Maßnahme ermächtigen, dürfen weder aus künstlerischen noch aus dem Kunstleben heteronomen Erwägungen, sondern nur aus solchen über mögliche Verfahrensfehler bei der Entscheidung des Ausschusses resultieren.

Von 1961 an enthielten die Erlasse die Regelung, daß bei einfacher Mehrheit der Stimmen der Bundesinnenminister entscheidet, wenn die Mehrheit dies beantragt. Diese dem nichtstaatlichen Charakter der künstlerischen Entscheidung zuwiderlaufende und deshalb von *Schäuble*[64] zu Recht beanstandete Regelung ist in dem jetzt geltenden Filmförderungserlaß[65] modifiziert:

> „Kommt nur eine einfache Mehrheit zustande, so kann der Auswahlausschuß mit dieser Mehrheit dem Bundesminister des Innern eine besondere Empfehlung geben."

Von der im Erlaß selbst getroffenen Unterscheidung her ergibt sich auch die Auslegung dieser Bestimmung: Würde sie bedeuten, daß im Falle einer solchen Empfehlung der Innenminister den von der einfachen Mehrheit empfohlenen Film oder auch einen anderen auszeichnen kann, so wäre an dem alten, unbefriedigenden Zustand nichts geändert; verfassungsmäßig ist die Vorschrift dagegen, wenn sie von dem in Punkt X durch die Worte „auf Grund" normierten Prinzip strikter Bindung des Ministers an das künstlerische Urteil des Ausschusses für den Fall eine Ausnahme zuläßt, daß diese Mehrheit zu knapp ist, und es dann dem Minister freistellt, den Preis oder die Prämie entweder für den empfohlenen Film — oder aber in der betreffenden Sitzungsperiode überhaupt nicht — zu verleihen.

---

63 Oben S. 88.
64 S. 220.
65 Punkt IX Ziff. 3.

II. Das Kuratorium Junger Deutscher Film

Als auch die Filmpreise und -prämien nicht zu einer Verbesserung des künstlerischen Niveaus des deutschen Films hatten beitragen können und seine Krise ihrem Tiefpunkt zusteuerte, kündigte eine Reihe damals unbekannter junger Regisseure im Jahre 1962 auf dem Oberhausener Kurzfilm-Festival den „Zusammenbruch des konventionellen deutschen Films" an und bemühte sich gleichzeitig um staatliche Hilfe für eine „Stiftung junger deutscher Film G.m.b.H." zur Herstellung neuer, von der Konzeption der Altproduzenten grundsätzlich abweichender Filme[66]. Im Februar 1965 wurde in Zusammenarbeit der „Oberhausener" mit dem Innenministerium das Kuratorium Junger Deutscher Film als gemeinnütziger Verein kraft Verleihung gegründet und vom Bundesinnenministerium mit fünf Millionen Mark unterstützt. Diese Gelder sollten (bis zu 300.000 DM pro Projekt) zur Herstellung von Filmen an Regisseure weitergegeben werden, die ein förderungswürdiges Drehbuch beim Kuratorium eingereicht hatten. Über die Förderungswürdigkeit entschied nach dem Erlaß über die Vergabe von Spielfilmprämien vom 30. November 1964[67] ein unabhängiger Auswahlausschuß, der vom Bundesinnenminister nach Anhörung des Kuratoriums berufen wurde. Der Produzent des so geförderten Films muß einen der Förderungssumme entsprechenden Betrag aus dem Einspielergebnis und zusätzlich eine Gewinnbeteiligung an das Kuratorium abführen, die zur Finanzierung neuer Projekte dienen und dem Kuratorium die Stellung eines branchenunabhängigen Koproduzenten verleihen[68]. Der Staat enthielt sich jeder künstlerischen Intervention[69].

Als kulturpolitisches Modell ist die Einschaltung des Kuratoriums Junger Deutscher Film in staatliche Maßnahmen zur Kunstförderung deshalb bedeutsam, weil hier erstmalig von der kommerziellen Produzentenförderung abgewichen und dezidierte Qualitätsförderung zugunsten der eigentlichen Schöpfer der Filme, der Regisseure — und zwar auch zugunsten von Erstlingswerken — betrieben wurde. Damit wurde den Forderungen derer Rechnung getragen, die den Mangel an künstlerischer Qualität in der Struktur der Filmwirtschaft selbst mitbegründet sahen und sich von der kommerziellen Quantitätsförderung durch die Filmbürgschaften, die zudem die Produktionskosten in die Höhe getrieben hatte (der Gewinn des Produzenten stieg pro-

---

[66] Dazu: Der Spiegel (Fn. 46) S. 89 f.

[67] (Fn. 43), vgl. die Punkte B I 4, III und VIII.

[68] Vgl. die Satzung und die Richtlinien (vor allem Punkte III und IX) des Kuratoriums Junger Deutscher Film, in: UFITA Bd. 43 S. 347 ff. und Norbert *Kückelmann:* Kuratorium Junger Deutscher Film, gemeinnütziger Verein kraft Verleihung, in: UFITA Bd. 43 S. 345 ff.

[69] So *Kückelmann* (Fn. 68) S. 346.

portional zu den Gesamtunkosten des Films)[70], aber auch von der Produzentenförderung durch die Vergabe von Preisen und Prämien[71] keine künstlerische Renaissance des deutschen Films versprachen. Die Unterstützung begabter Regisseure mit Hilfe des Kuratoriums Junger Deutscher Film entspricht nicht nur den hier aus Art. 5 Abs. 3 GG entwickelten Kriterien für eine Förderung der Freiheit der künstlerischen Entwicklung, die der Qualität eine Chance gibt — Förderung nach dem Gesichtspunkt des künstlerischen Wertes, Auswahl durch ein unabhängiges Sachkennergremium und größtmögliche Unabhängigkeit des schaffenden Künstlers —, sondern erwies sich zudem als ungewöhnlich erfolgreich: Vom Kuratorium geförderte Filme, die durchweg geringere Produktionskosten aufwiesen als die früheren Filme[72], gewannen dem deutschen Film erstmals seit 25 Jahren Auszeichnungen in Cannes und Venedig, errangen einen Großteil der vom Bundesinnenminister vergebenen Prämien und fast alle Bundesfilmpreise und veranlaßten die internationale Kritik zu Lobeshymnen[73]. Der Erfolg dieses Modells legt die Überlegung nahe, ob eine solche Förderung dem demokratischen Staat, dessen Aufgabe auf dem Gebiet der Kunst vor allem in der Offenhaltung von Chancen, in der Hilfestellung und Anregung zu einer freien künstlerischen Entfaltung liegt[74], nicht grundsätzlich angemessener ist als das „liebenswürdige Relikt"[75] in feierlicher Zeremonie verliehener Preise. Ähnliche Überlegungen liegen der Tendenz, die traditionellen Filmfestivals in Informations- und Diskussionsforen umzuwandeln[76], zugrunde.

Die staatliche Unterstützung des Kuratoriums Junger Deutscher Film wurde zum 30. Juni 1968 eingestellt[77].

III. Das Filmförderungsgesetz

1. Entstehung und verfassungsrechtliche Problematik

In krassem Gegensatz zu den Bestrebungen, die in der staatlichen Förderung des Kuratoriums Junger Deutscher Film ihren Ausdruck

---

70 Hildegard *Tornau* a.a.O. (Fn. 45) S. 225; Fritz *Kempe*: Woran krankt der deutsche Film?, in: Kulturarbeit 1956 S. 43 ff.; Wilhelm *Mogge*: Die Filmkrise in Deutschland, in: Kulturarbeit 1957 S. 44 f.

71 Urs *Jenny* a.a.O. (Fn. 58), der bemerkt, Filmpreise an Produzenten zu vergeben, sei gerade so sinnvoll, als wollte man Literaturpreise nicht den Schriftstellern, sondern den Verlegern zuerkennen.

72 Zahlenangaben in: Der Spiegel a.a.O. (Fn. 46) S. 90.

73 Zitate in: Der Spiegel a.a.O (Fn. 46) S. 86 f.

74 Dazu oben S. 59.

75 So, ebenfalls kritisch, *Schäuble* S. 211.

76 Dazu generell und zu der vorzeitigen Beendigung der 21. Filmfestspiele in Cannes Enno *Patalas*: Gestern Cannes — morgen Berlin? Auch für die Filmfestspiele endet eine Ära, in: Die Zeit vom 31. Mai 1968.

77 Urs *Jenny* a.a.O. (Fn. 58).

gefunden haben, steht das neue Filmförderungsgesetz (im folgenden: FilmförderungsG)[78], in dem sich zugleich das mögliche Spannungsverhältnis zwischen Kunst und Wirtschaft offenbart.

---

[78] Zur Situation des deutschen Films in der vorangegangenen Zeit und zur Entstehungsgeschichte des FilmförderungsG vgl. Georg *Ramsegger*: Ist der deutsche Film am Ende? (Rede anläßlich der Verleihung des Bundesfilmpreises 1961), in: Die Welt (Ausgabe Berlin) vom 26. Juni 1961; Werner *Schulze-Reimpell*: Hat der deutsche Film noch eine Chance? in: Kulturarbeit 1962 S. 87 f.; *Bericht der Bundesregierung* über die Situation der Filmwirtschaft vom 25. April 1962 (BT-Drucks. IV/366 = UFITA Bd. 40 S. 76 ff.); unter uns gesagt. Wie kann dem deutschen Film geholfen werden? (Diskussion mit u. a. Berthold *Martin*, Bernhard *Wicki*, Alexander *Kluge*, Gregor *v. Rezzori*, Karl *Korn*) Manuskript der Sendung DFS I/ Bayerischer Rundfunk vom 21. Mai 1962, 21.40 Uhr; *G. S.*: Der Staat soll den deutschen Film retten, in: Deutsche Zeitung mit Wirtschaftszeitung vom 9. August 1962; Karl *Korn*: Hilfe für den deutschen Film, in: FAZ vom 9. Nov. 1962; *j. n.*: Filmtheater ziehen Selbsthilfe vor, in: Deutsche Zeitung mit Wirtschaftszeitung vom 13. März 1963; Enno *Patalas*: Hilfe für den deutschen Film? Zu dem Plan des Abgeordneten Dr. Martin, in: Die Zeit vom 29. März 1963; Karl *Korn*: Filmgesetz — für wen? in: FAZ vom 9. April 1963; Kino nur noch für eine Elite? in: Die Welt (Ausgabe Berlin) vom 18. Sept. 1963; Ernst-Günther *Eck*: Filmwirtschaft hofft auf Förderungsgesetz, in: Die Welt (Ausgabe Berlin) vom 6. Febr. 1964; Peter W. *Jansen*: Wer glaubt noch an das Filmhilfegesetz? in: FAZ vom 22. April 1964; *Schriftliche Berichte des (Bundestags-) Ausschusses für Kulturpolitik und Publizistik* vom 8. Juni 1964 (BT-Drucks. IV/2324 = UFITA Bd. 42 S. 308 ff.) und vom 20. Mai 1965 (zu BT-Drucks. IV/3486 = UFITA Bd. 44 S. 71 ff.), jeweils A.: Bericht der Abgeordneten Frau Dr. Maxsein; Wirbel um das Filmhilfegesetz (AP), in: FAZ vom 22. Juni 1964; Die Spio lehnt ab (AP), in: FAZ vom 15. Dez. 1964; Filmförderungs-Gesetz ohne Chancen, in: SZ vom 20. Jan. 1965; Das Filmhilfegesetz hat kaum mehr eine Chance, in: SZ vom 3. März 1965; *K. K.*: Filmförderung, in: FAZ vom 16. Juni 1965; Ernst-Günther *Eck*: Wie steht es mit dem Filmförderungs-Gesetz? in: Die Welt (Ausgabe Berlin) vom 26. Juni 1965; *Berliner Senatsbericht* über die Lage der Filmwirtschaft vom 3. Sept. 1965, in: UFITA Bd. 48 S. 191 ff.; Karl *Korn*: Noch einmal: Filmförderungsgesetz, in: FAZ vom 11. Nov. 1965; *Bartosch*, Film zwischen Politik und Geschäft, in: Auswärtige Kulturbeziehungen 3 (1966) S. 165 ff.; *kj. f.*: Die Situation des deutschen Films, in: Neue Zürcher Zeitung (Fernausgabe) vom 20. Aug. 1966; Alexander *Kluge*: Schnulzen-Kartell versperrt die Zukunft, in: Die Welt (Ausgabe Berlin) vom 22. Febr. 1967; Urs *Jenny*: Noch einmal das Filmförderungsgesetz, in: SZ vom 24. Febr. 1967; Hans-Rolf *Strobel*: Die Ruhe ist dahin, in: SZ vom 24. Febr. 1967; Alexander *Grüter*: Muttis Kino soll leben! in: SZ vom 24. Febr. 1967; Helmuth *de Haas*: Deutscher Film in Agonie, in: Die Welt (Ausgabe Berlin) vom 10. März 1967; Enno *Patalas*: Wie ist dem deutschen Film zu helfen? in: Die Zeit vom 28. April 1967; Urs *Jenny*: Filmförderung aus einem Guß, in: SZ vom 21. Nov. 1967; Ach, der Papili, in: Der Spiegel Nr. 53/1967 S. 86 ff.; Hermann *Herlinghaus*: Zerstobene Illusionen, in: Neues Deutschland vom 14. Dez. 1967; Reg. Dir. Hans *Schüßler* (Bundesministerium für Wirtschaft): Maßnahmen zur Förderung des deutschen Films, in: Bulletin des Presse- und Informationsamtes der Bundesregierung vom 19. Januar 1968 S. 60 ff.; = FuR 1968, 81; Heinz *Kersten*: Gut ist, was Geld bringt, in: FR vom 11. März 1968; Ernst-Günther *Eck*: „Dieses Gesetz ist ein Experiment" (Gespräch mit dem Abgeordneten Dr. Toussaint), in: Die Welt (Ausgabe Berlin) vom 1. April 1968; *Caspary*: Beratung und Verabschiedung des deutschen Filmförderungsgesetzes — Chronik und Dokumentation — FuR 1968, 53 ff.; Filmförderung in der Bundesrepublik Deutschland, in: UFITA Bd. 51 S. 174 ff.; *v. Bredow*: Zum „Filmförderungs"-Gesetz, in: Blätter für deutsche und internationale Politik 1968, 5. S. 445 ff.; *Oppermann* S. 523 ff.

Ebenfalls im Tiefpunkt der künstlerischen wie wirtschaftlichen Krise des deutschen Films, die sich in ständig sinkenden Besucherzahlen manifestierte[79], setzte sich die Filmwirtschaft für eine über die als unzureichend empfundene Vergabe von Preisen und Prämien hinausgehende Stützung der wirtschaftlichen Grundlagen des deutschen Films durch den Staat ein. Der erste Erfolg dieser Bemühungen war der *Martin-Plan* von 1963[80]. Seine Konzeption als reines Wirtschaftsförderungsgesetz zeigt sich sowohl in seinem Titel: „Entwurf eines Gesetzes über Maßnahmen auf dem Gebiet der deutschen Filmwirtschaft" als auch in der Bezeichnung seiner Zielsetzung: „Zur Förderung der deutschen Filmwirtschaft wird als Anstalt des öffentlichen Rechts ein Filmwirtschaftsfonds errichtet[81]." Die Förderung wird ausschließlich an die Einspielergebnisse geknüpft[82]. Seine einzige Bezugnahme auf künstlerischem Wert: „Die Anstalt hat die Aufgabe, die Herstellung deutscher Filme und ihre Qualität zu fördern"[83] wirkt eher wie ein Alibi[84], als daß sie reflektierte kunstpolitische Vorstellungen erkennen ließe. Der Verwaltungsrat setzt sich der Intention des Gesetzes entsprechend pluralistisch, nämlich aus Politikern, Beauftragten der kirchlichen Filmarbeit und Vertretern zahlreicher Filmwirtschaftverbände zusammen[85].

Eine bereits etwas veränderte Zielsetzung zeigt die vom Kulturpolitischen Ausschuß des Bundestages erarbeitete Fassung von 1964[86], die für programmfüllende Filme alternativ zum Einspielergebnis auf eine „in der Filmwirtschaft anerkannte Qualitätsauszeichnung" (§ 7 Abs. 2) und für Kinder-, Jugend- und Kurzfilme auf dem Film zuerkannte „öffentliche Anerkennungen" (§ 10) abstellt. Der *Martin-Plan* scheiterte 1965 am Widerstand der Kinobesitzer, die den ihnen (zusammen mit den Filmherstellern und -verleihern) auferlegten Beitrag nicht entrichten wollten, und der Kirchen, die sich für eine stärkere Berücksichtigung der Qualität aussprachen[87].

Zur Arbeit der Filmförderungsanstalt vgl. *Caspary:* Die Filmförderungsanstalt. Ein halbes Jahr nach Arbeitsaufnahme, FuR 1968, 257 ff.

[79] Einzelheiten dazu im *Bericht der Bundesregierung* von 1962, im *Berliner Senatsbericht* von 1965, im *Bericht des Kulturpolitischen Ausschusses des BT* von 1964 sowie in: Der Spiegel S. 88 f. (alle Fn. 78).

[80] BT.-Drucks. IV/1172.

[81] § 1 Ziff. 1 des Entwurfes.

[82] § 3 Ziff. 1 des Entwurfes.

[83] § 1 Ziff. 2 des Entwurfes.

[84] So Enno *Patalas* in: Die Zeit vom 28. April 1967 (Fn. 78) S. 20.

[85] § 7 des Entwurfes.

[86] BT-Drucks. IV/2324; diese Linie verfolgt der Entwurf von 1965 (BT-Drucks. IV/3486) weiter.

[87] Karl *Korn* in: FAZ vom 9. Nov. 1962; AP-Bericht in FAZ vom 22. Juni 1964; Ernst-Günter *Eck* in: Die Welt vom 26. Juni 1965; *Berliner Senatsbe-*

Eine am künstlerischen Wert ausgerichtete Förderung forderten in der Folgezeit auch die maßgeblich am Oberhausener Manifest beteiligten Regisseure, die inzwischen eigene Produktionsfirmen gegründet und sich in der „Arbeitsgemeinschaft neuer deutscher Spielfilmproduzenten" zusammengeschlossen hatten[88]. Auch die EWG-Kommission gab eine entsprechende Anregung[89].

Der auf den *Martin-Plan* folgende *Toussaint-Plan*[90] von 1967 verwirklichte diese Bestrebungen nicht gradlinig. In seiner Zwitterstellung zwischen Wirtschaftsförderung und Kunstförderung ist er nur zu erklären aus der Berücksichtigung der kontradiktorischen Interessen dieser Gruppen einerseits und des (Altproduzenten-)„Verbandes Deutscher Spielfilmproduzenten" andererseits, der schließlich maßgeblichen Einfluß auf die Fassung des neuen Entwurfes gewann[91]. Die Grundförderung wird nunmehr gewährt für Filme, deren Bruttoverleiheinnahmen 500.000 DM erreichen; bei Filmen, die ein FBW-Prädikat erhalten haben, genügt dagegen ein Einspielergebnis von 300.000 DM[92]. Einen Zusatzbetrag erhalten Filme, die entweder prädikatisiert oder von der Kleinen Kommission der Filmförderungsanstalt als „guter Unterhaltungsfilm"[93] eingestuft worden sind.

Das endgültige FilmförderungsG[94] lehnt sich eng an den *Toussaint-Plan* an, enthält aber eine erhebliche Komplizierung der Förderungsvoraussetzungen[95], indem es in einer verzweigten Kasuistik in bestimmten Fällen alternativ zu den FBW-Prädikaten auch auf A-Festivals verliehene Hauptpreise und kumulativ zu dem FBW-Prädikat Wertvoll Auszeichnungen auf einem Festival oder aus anderem Anlaß, die dem FBW-Prädikat Besonders wertvoll entsprechen, zu Förderungsvoraussetzungen erklärt[96].

---

richt S. 201 f.; Der Spiegel S. 88 f.; die Ablehnung jeder Qualitätsförderung durch die Filmwirtschaft wird deutlich in den im *Bericht der Bundesregierung* (UFITA Bd. 40 S. 82) zitierten Vorschlägen der Filmwirtschaft sowie in dem AP-Bericht in FAZ vom 15. Dez. 1964 (alle Fn. 78).

[88] Der Spiegel S. 96; Enno *Patalas* in: Die Zeit vom 28. April 1967 S. 20 (beide Fn. 78).

[89] *Bericht des Kulturpolitischen Ausschusses des BT* von 1965 S. 74; *Bartosch* S. 178 (beide Fn. 78).

[90] BT-Drucks. V/1545.

[91] Der Spiegel S. 87, 96; Enno *Patalas* in: Die Zeit vom 28. April 1967 S. 21; deutlich auch die Äußerungen von *Toussaint,* s. Ernst-Günther *Eck* in: Die Welt von 1. April 1968 (alle Fn. 78).

[92] § 8 des Entwurfes.

[93] § 9 des Entwurfes, dazu ausführlich unten S. 141 ff.

[94] Fn. 44.

[95] Zu den Einzelheiten vgl. §§ 8, 13 FilmförderungsG.

[96] Vgl. die ausführliche Erläuterung der dem Gesetz zugrunde liegenden Kasuistik durch *Dörffeldt:* Filmförderungsgesetz und FBW Wiesbaden, in: FBW-Inf. Nr. 1/1968 sowie *ders.:* Die Qualifikation von Filmen im Filmförderungsverfahren, FuR 1968, 63 ff.

Die Untersuchung des FilmförderungsG, das seine Schöpfer und Befürworter primär als Wirtschaftsgesetz verstanden wissen wollen[97], unter dem Aspekt des Art. 5 Abs. 3 GG bedarf freilich einer Rechtfertigung. Diese ergibt sich schon aus der Eigenart des geförderten Gegenstandes selbst: Der Film ist ein einheitlicher Lebensbereich und gleichzeitig januskopfig, mit seinem einen Gesicht dem Markt und mit seinem anderen der Kunst zugewandt; von ihm sprechen heißt immer, gleichzeitig von einem Wirtschaftszweig und von einem Kunstbereich sprechen (selbst wenn man einen qualitativen Kunstbegriff zugrunde legt, besteht in diesem Bereich immer die Chance, Kunstwerke hervorzubringen[98]). Ein Gesetz zur Förderung des Films stellt deshalb, wie immer es beschaffen sein mag, einen Eingriff in das Kunstleben dar, es kann gar nicht kunstpolitisch neutral sein[99].

Könnte die prinzipielle Einheit von Wirtschaftszweig und Kunstbereich allein die Berechtigung und Notwendigkeit, das Gesetz an der Kunstfreiheitsgarantie des Art. 5 Abs. 3 GG zu messen, noch zweifelhaft erscheinen lassen[100], so folgt sie jedenfalls daraus, daß das FilmförderungsG selbst eindeutig kunstpolitische Bestandteile enthält: einmal in § 2 Abs. 1 Ziff. 1, wo der Filmförderungsanstalt die Aufgabe zugewiesen wird, „die Qualität des deutschen Films auf breiter Grundlage zu steigern ...". Qualität eines Films kann nichts anderes heißen als künstlerische Qualität: Der Film ist keine Ware, die sich unter ausschließlich wirtschaftlichen Gesichtspunkten bewerten ließe. Weiter durch die Anknüpfung der Förderung an künstlerische Wertentscheidungen, sei es der FBW, sei es internationaler Festivaljuries, sei es der Kleinen Kommission der Filmförderungsanstalt selbst, in den §§ 8, 9 und 13. Darüber hinaus ermächtigt das Gesetz in § 13 Abs. 2 den Bundeswirtschaftsminister, die dem FBW-Prädikat Besonders wertvoll vergleichbaren, auf einem Festival oder aus anderem Anlaß verliehenen Auszeichnungen durch Rechtsverordnung im einzelnen zu bestim-

---

97 Vgl. den Entschließungsantrag zum FilmförderungsG der Fraktionen CDU/CSU und SPD, Umdruck 305 zu BR-Drucks. 610/67 und die bei *Schüßler* (Fn. 78) S. 63 zitierte Entschließung des Deutschen Bundestages.

98 *Schäuble* S. 22 ff. mit Literaturnachweisen; *Erbel* S. 192; HessVGH in: FBW-Inf. Nr. 4/1967, S. 18 (Pamir II).

99 Auf diese Tatsache haben Alexander *Kluge* in: Die Welt vom 22. Febr. 1967 und Enno *Patalas* in: Die Zeit vom 28. April 1967 S. 21 (beide Fn. 78) nachdrücklich hingewiesen.

100 Scharf ablehnend gegenüber einer Kritik am *Martin-Plan* unter kulturpolitischen Gesichtspunkten *Weides*: Rechtsprobleme staatlicher Finanzhilfe zugunsten der Filmwirtschaft, in: UFITA Bd. 40 S. 38 ff. (43 f.), vgl. auch die Antithese bei *Scheuner:* VVDStRL 22 S. 16 Fn. 43, der die Ansicht vertritt, der *Martin-Plan* könne nicht zu Art. 5 GG als objektiv-rechtlicher Norm in Beziehung gesetzt werden, *sondern* stelle eine Maßnahme der Wirtschaftsförderung dar; *Erbel* S. 203 f. würdigt dagegen den *Martin-Plan* unter dem Aspekt der Kunstfreiheitsgarantie, ohne auf das Problem einzugehen.

men[100a], also zu einer eindeutig kunstpolitischen Entscheidung im hier entwickelten Sinne[101]. An dem materiellen Charakter dieser Regelungen, die unter bloße Wirtschaftsförderung schlechterdings nicht mehr subsumierbar sind, sondern die Freiheit der Kunst unmittelbar und gezielt berühren, kann auch der Vorbehalt des Gesetzgebers, er habe kein „rein oder überwiegend kulturpolitischen Zielsetzungen dienende(s)" Gesetz schaffen wollen[102], nichts ändern.

Ob der Bundesgesetzgeber mit diesen Regelungen nicht seine Kompetenz überschritten hat, ist äußerst fraglich. Auf eine Untersuchung dieses Problems, die den Rahmen dieser Arbeit sprengen würde, muß hier verzichtet werden[103]. Festzuhalten bleibt aber, daß der Bundesgesetzgeber zum Erlaß eines Gesetzes mit explizit kunstpolitischem Inhalt nur entweder zuständig oder unzuständig sein kann und daß Zweifel an seiner Kompetenz halbherzige Entscheidungen nicht rechtfertigen. Die in dieser Untersuchung aus der Kunstfreiheitsgarantie entwickelten Maßstäbe an das Filmförderungsgesetz anlegen, bedeutet nur, es an dem Anspruch messen, den es selbst erhebt.

An ein Gesetz, das den Wirtschafts- und Kunstbereich Film fördern will, wäre unter dem Aspekt des Art. 5 Abs. 3 GG der Anspruch zu stellen, daß es sich dem der Einheit des Films als eines zugleich wirtschaftlichen und kulturellen Phänomens innewohnenden und sie konstituierenden Spannungsverhältnis zwischen Wirtschaft und Kunst stellt. Dieses Spannungsverhältnis zeigt sich deutlich schon darin, daß das von wirtschaftlichen Interessen am Film bestimmte Bestreben, staatliche Förderung möglichst nur am wirtschaftlichen Erfolg orientiert zu sehen, zugleich einen kunstpolitischen Aspekt enthält: Das Einspielergebnis ist Produkt aus einer bestimmten wirtschaftlichen Struktur und dem Publikumsgeschmack, der seinerseits nicht künstlerisch neutral ist, sondern in einem latenten Spannungsverhältnis zum künstlerischen Wert steht, das nur in Ausnahmefällen Übereinstimmung ermöglicht. Umgekehrt manifestieren sich künstlerische Entwicklungen in der Veränderung wirtschaftlicher Strukturen: Die Konkurrenz zwischen dem „Produzentenfilm" und „Autorenfilm" oder auch der Verzicht mancher Regisseure darauf, überhaupt noch in Studios zu drehen, mögen als Andeutung genügen. Diese Spannung wird in der konkreten Situation verschärft durch die Entwicklung des deutschen Films seit dem Oberhausener Manifest: die Polarisierung zweier Gruppen von Regisseuren (die übrigens mit der gängigen Unter-

---

[100a] Die Rechtsverordnung ist im BGBl. 1968 Teil I Bd. 2 S. 1231 f. verkündet worden und am 29. November 1968 in Kraft getreten.

[101] Oben S. 64 ff.

[102] Vgl. die in Fn. 97 zitierte Entschließung des Deutschen Bundestages.

[103] Ausführlich dazu *Weides* a.a.O. (Fn. 100) S. 47 ff.

scheidung zwischen „Alten" und „Jungen" nur höchst unvollkommen umschrieben wird), von denen die einen einer künstlerischen Konzeption folgen, die eine große Affinität zu wirtschaftlichen Interessen aufweist, während die anderen sich prinzipiell an künstlerisch-experimentellen Zielvorstellungen orientieren.

Folge dieser tatsächlichen Lage ist, daß die staatliche Förderung eines Wirtschaftszweiges, der in engem Zusammenhang mit dem Kunstleben steht, nach wirtschaftlichen Gesichtspunkten immer in der Gefahr steht, faktisch zur Bevorzugung derjenigen Kunstauffassung zu führen, die sich am Publikumsgeschmack orientiert, und so in einen unvermeidlichen Konflikt mit der Kunstfreiheitsgarantie gerät. Da die wirtschaftlichen Interessen aber einen Eigenwert besitzen und der Staat in der Bewertung derjenigen Wirtschaftszweige, die er subventionieren will, frei ist, kann ihm eine solche Förderung auch unter dem Gesichtspunkt des Art. 5 Abs. 3 GG nicht völlig untersagt sein. Soll aber der Satz, Art. 5 Abs. 3 GG enthalte eine verbindliche Wertentscheidung zugunsten der Freiheit der Kunst, die der Staat überall dort zu beachten hat, wo seine Maßnahmen unmittelbar oder auch nur mittelbar das Kunstleben betreffen[104], irgendeinen Sinn haben, so muß er die Pflicht des Staates zu einer die Freiheit der Kunst respektierenden Ausgestaltung solcher wirtschaftsfördernden Maßnahmen bedeuten, deren Objekt zugleich ein Kunstbereich ist. Die unter wirtschaftlichen Gesichtspunkten legitime, an der Quantität ausgerichtete Förderung, die künstlerisch hochwertige, aber nicht publikumswirksame Filme per se benachteiligt, darf nicht dazu führen, daß solchen Filmen die Chance auf Förderung bis zur völligen Versagung verkürzt wird. Sie bedarf daher der Ergänzung durch eindeutig qualitative Kriterien, die ein Korrektiv zugunsten der Entfaltungsmöglichkeit der Kunst zu bilden hätten. Diese korrigierende Funktion kann die Qualitätsförderung aber nur erfüllen, wenn der Gesetzgeber, der Qualität auf „breiter Grundlage" fördern will[105], seiner Förderung nicht eine Vorstellung von künstlerischer Qualität zugrunde legt, die diese auf die „breite Grundlage" selbst reduziert. Der künstlerisch hochwertige Film darf nicht auf staatliches Mäzenatentum verwiesen

---

[104] *Erbel* S. 101 (ein Satz, dessen sachliche Richtigkeit durch die Kritik an der Eignung der *Wert*entscheidung des GG als methodischer Ansatzpunkt für eine Untersuchung der *Freiheits*verbürgung (oben S. 48 f.) nicht bestritten wird).

[105] Ob dies das geeignete Mittel ist, eine Qualitätssteigerung zu bewirken, mag man angesichts der Klagen in den fünfziger Jahren, es würden (aufgrund staatlicher Förderung) zu viele Filme gedreht, während die Qualität nicht steige (so *Kempe* S. 44 und *Mogge* S. 44, beide Fn. 70), bezweifeln dürfen. Es ist dies aber eine kunstpolitische Entscheidung des Gesetzgebers: die ihr zugrunde liegende Bewertung der tatsächlichen Situation ist an Art. 5 Abs. 3 GG nicht meßbar (dazu oben S. 65).

werden, wie der Gesetzgeber es durch seinen indirekten Hinweis auf die Filmpreise und -prämien, die „eine sinnvolle Ergänzung bilden“ sollen[106], vorzuhaben scheint, sondern die Förderung des Wirtschafts- und Kunstbereichs Film mit Mitteln, die die Filmwirtschaft selbst aufbringt, müßte die Voraussetzungen für eine wirtschaftliche Struktur dieses Bereiches schaffen helfen, die das Hervorbringen künstlerisch hochwertiger Filme nicht nur ermöglicht, sondern begünstigt und einen Anreiz dazu bietet[107].

Unter dem Aspekt der Kunstfreiheitsgarantie ist das Anknüpfen der Förderung an FBW-Prädikate, aber auch an die Werturteile deutscher und internationaler Juries nicht zu beanstanden[108]. Es zeigt zugleich einmal mehr, daß der Satz: Weil der Staat das Sachverständigenurteil zur Grundlage seiner Förderungstätigkeit macht, ist es ihm rechtlich zuzurechnen und wird damit zur staatlichen Entscheidung[109], in dieser Allgemeinheit nicht haltbar ist. Auch *Huber* und *Knies* würden sich vermutlich nicht dazu bereit finden, die Konsequenz zu ziehen, eine internationale Jury in Cannes oder Venedig verwandele sich „ihrem Wesen nach alsbald in ein Stück Staat“ und werde „ihrer Funktion nach ein Staatsorgan“[110] der Bundesrepublik Deutschland.

Neben dem Einbau qualitativer Förderungsvoraussetzungen enthält das Gesetz aber andererseits Regelungen, deren Interpretation schwerlich ein anderes Ergebnis erbringen kann als: beabsichtigte, sich nicht nur aus dem Förderungsmechanismus selbst[111] ergebende Benachteiligung des künstlerisch bedeutenden Films zugunsten der Massenproduktion. Diese Tendenz zeigt am deutlichsten die Gegenüberstellung zweier Extremfälle: Filme, die mindestens 500.000 DM eingespielt haben, erhalten, wenn sie nicht unter die Sittenklausel des § 7 Ziff. 9 FilmförderungsG[112] fallen, den Grundbetrag ohne Rücksicht auf ihre künstlerische Qualität. Im schärfsten Kontrast dazu steht die Regelung für Filme, die (in der Bundesrepublik innerhalb von zwei Jahren nach ihrer Erstaufführung) ein Einspielergebnis von weniger als 300.000 DM erzielt haben. für Filme also, die — möglicherweise — zwar kein deutscher, aber ein internationaler Erfolg sind, über das Fernsehen ihr Publikum gefunden haben, sich mit Hilfe von Qualitäts-

106 § 2 Abs. 1 Ziff. 1 FilmförderungsG, vgl. auch die Äußerungen von *Toussaint*, s. Ernst-Günther *Eck* in: Die Welt vom 1. April 1968 (Fn. 78).

107 Dazu Enno *Patalas* in: Die Zeit vom 28. April 1967 S. 21 (Fn. 78).

108 Sehr zweifelnd, aber primär hinsichtlich der Kompetenz des Bundeswirtschaftsministers *Dörffeldt* a.a.O. (Fn. 96) S. 18.

109 *Huber* S. 14 f., *Knies* S. 225. Dazu oben S. 27 ff., 71 f., 85 f.

110 Huber S. 15.

111 Wie es noch beim *Martin-Plan* gewesen wäre.

112 Die unten S. 145 ff. gesondert untersucht wird.

prämien amortisiert oder bei ihrer Wiederaufführung ihren Durchbruch erzielt haben oder längere Zeit auf dem Spielplan geblieben sind (zu ergänzen wäre: in ihrer Verbreitung auf Studiobühnen beschränkt sind) — nach der Auffassung von *Enno Patalas*[113] lauter Merkmale für Werke von starker und bleibender Qualität. Solche Filme sind in der Regel von der Förderung ausgeschlossen. Höchstens drei Filmen dieser Art (pro Jahr) kann im Wege des Ermessens der — zudem verminderte — Grundbetrag zuerkannt werden, wenn sie das höchste Prädikat der FBW oder einen Hauptpreis auf einem A-Festival erlangt haben und „die Versagung einer Förderungshilfe eine unbillige Härte wäre"[114]. Das bedeutet nichts anderes als ein Almosen für den künstlerisch hervorragenden Film, seine bewußte Diskriminierung gegenüber „den kurzlebigen Hits, den Gelegenheitsfilmen der Großverleiher, die diese in zwei Jahren durch die von ihnen beherrschten Kinos jagen"[115]. Dieser Tendenz des Gesetzes entspricht auch die Förderung ausschließlich der Produzenten, nicht dagegen der Regisseure[116] — ein Regisseur, der einen prädikatisierten, prämiierten und preisgekrönten Film gedreht hat, hat nicht die geringste Gewähr, für seinen nächsten Film einen Zuschuß zu bekommen. Freiheit für das Kunstleben hätte dagegen zu bedeuten, dem Regisseur als dem eigentlichen Schöpfer des Films künstlerische Bewegungs- und Entscheidungsfreiheit gerade auch im Verhältnis zum Produzenten zu verschaffen.

2. Die Entscheidung der Kleinen Kommission über den „guten Unterhaltungsfilm"

Dieselbe Tendenz offenbart auch eine genauere Untersuchung der einzigen nicht rein deklaratorischen Entscheidung, die in der Filmförderungsanstalt gefällt wird: des Urteils der Kleinen Kommission über die Vergabe des Prädikats „guter Unterhaltungsfilm".

Ihre Interpretation erfordert zunächst einen Vergleich mit den Bewertungen der FBW, denn ein Film, dem der Grundbetrag zuerkannt worden ist, hat Anspruch auf den Zusatzbetrag, wenn er entweder ein Prädikat der FBW erhalten hat oder als „guter Unterhaltungsfilm" anerkannt ist[117]. Das Gesetz selbst gibt die Legaldefinition in § 9

---

[113] In: Die Zeit vom 28. April 1967, S. 20 (Fn. 78).

[114] § 8 Abs. 2 FilmförderungsG.

[115] Enno *Patalas* in: Die Zeit vom 28. April 1967, S. 20 (Fn. 78), auch zum folgenden; ebenso Hans-Rolf *Strobel* in: SZ vom 24. Febr. 1967 (Fn. 78); *v. Bredow* a.a.O. (Fn. 78) S. 448.

[116] In der Urs *Jenny* (in: SZ vom 21. Nov. 1967, Fn. 78) eine bewußte Benachteiligung des Kinos der Autoren gegenüber dem „schwerfälligen Apparat einer mehr industriellen Filmfertigung" sieht.

[117] § 9 Abs. 1 FilmförderungsG.

Abs. 1: „Ein guter Unterhaltungsfilm ist ein Film, der unter Berücksichtigung des dramaturgischen Aufbaus, des Drehbuchs, der Gestaltung, der schauspielerischen Leistungen, der Kameraführung und des Bildschnittes einen guten Gesamteindruck hinterläßt." Auffallend ist die Übereinstimmung mit § 8 VA-FBW a. F. bzw. § 6 VA-FBW n. F., wo die Erörterung dieser (noch weiter detaillierten) Einzelmerkmale vorgeschrieben wird. Während aber ein Film hier das Prädikat Wertvoll nur erhielt, wenn er „eine wesentliche Entsprechung von Inhalt und Form erkennen läßt" und seinen „Einzelmerkmalen eine überdurchschnittliche ästhetische Bedeutung zukommt", und das Prädikat Besonders wertvoll, wenn er „Übereinstimmung von Inhalt und Form aufweist" und ihm „im ganzen überragende ästhetische Bedeutung zukommt"[118], genügt für den „guten Unterhaltungsfilm" des FilmförderungsG ein „guter Gesamteindruck". Die Vermutung, daß hier ein drittes, weniger anspruchsvolles Prädikat beabsichtigt ist[119], wird durch die Überlegung bestärkt, daß ja auch die FBW, die verpflichtet ist, den Anspruch zu berücksichtigen, den der zu beurteilende Film selbst nach Stoff *und Gattung* erhebt[120], überdurchschnittlichen Filmen, die Unterhaltung und nichts sonst sein wollen, ihr Prädikat nicht versagt hat[121].

Sie findet ihre Bestätigung in der Entstehungsgeschichte dieser Vorschrift. Noch der Bericht des Kulturpolitischen Ausschusses des Bundestages aus dem Jahre 1964[122] betont, der Entwurf[123] beschränke sich aus verfassungsrechtlichen Gründen, um nämlich nicht in die kulturpolitische Kompetenz der Länder einzugreifen, auf reine Wirtschaftsförderung. Er gehe von dem Gedanken aus, daß nur auf gesunder wirtschaftlicher Basis eine Qualitätssteigerung möglich sei. Eine wesentliche Akzentverschiebung enthält dagegen der bereits zitierte[124], ein knappes Jahr später erstellte Bericht desselben Ausschusses. Nunmehr wird die Notwendigkeit einer Berücksichtigung qualitativer Gesichtspunkte damit begründet, „daß eine vermehrte Produktion guter Filme für die Gesundung der gesamten deutschen Filmwirtschaft

118 § 12 Abs. 2 und 3 VA-FBW a. F. Nach § 7 Abs. 3 und 4 VA-FBW n. F. erhält das Prädikat Wertvoll ein Film, „dem künstlerische, dokumentarische oder filmhistorische Bedeutung zukommt", das Prädikat Besonders wertvoll ein Film, „dem überragende künstlerische, dokumentarische oder filmhistorische Bedeutung zukommt".

119 So *Dörffeldt:* Filmförderungsgesetz und FBW Wiesbaden, in: FBW-Inf. Nr. 1/1968 S. 8 f.

120 § 8 Abs. 2 VA-FBW a. F., § 6 Abs. 2 VA-FBW n. F.

121 Beispiele bei *Prager:* Unterhaltung auf der Leinwand, in: Zehn Jahre Filmbewertungsstelle Wiesbaden, S. 14 ff. (22 f.).

122 Fn. 78.

123 Bezogen auf den von 1964 (BT-Drucks. IV/2324).

124 (Fn. 78), UFITA Bd. 44 S. 71 ff.

unerläßlich ist". Die noch ein Jahr zuvor ausschlaggebenden bundesstaatlichen Bedenken glaubte man dadurch beseitigen zu können, daß man auch die Entscheidung über den „guten Unterhaltungsfilm" der FBW anvertrauen wollte. Zugleich verdeutlicht der Bericht durch eine authentische Interpretation dessen, was als „guter Unterhaltungsfilm" angesehen wird, das Leitbild des Gesetzgebers: „Unter einem *qualitativ hochwertigen* Film ist nach den Vorstellungen des Ausschusses nicht in erster Linie ein künstlerisch herausragendes Projekt und noch weniger (!) ein künstlerischer Experimentierfilm zu verstehen. Angestrebt wird vielmehr ein Film, der gute Unterhaltung bietet, ohne geschmacklos oder nichtssagend zu sein[125]." Die bedenkliche Verkürzung der Perspektive, die schon eine Interpretation der Legaldefinition zeigt — so, als müsse jeder Film, der nach seinen Einzelmerkmalen einen guten Gesamteindruck hinterläßt, auch ein Unterhaltungsfilm sein — ist also adäquater Ausdruck der Vorstellung des Gesetzgebers. Offen wird hier „Qualität" mit einer bestimmten Gattung identifiziert und bei ihr monopolisiert; angewandt auf einen Film, der dieser nicht unterfällt, muß das Prädikat zynisch wirken: Man denke sich Resnais' „Nacht und Nebel" (auf deutsche Verhältnisse übertragen) oder Wickis „Die Brücke" als „guten Unterhaltungsfilm" plakatiert. Das Gesetz stellt aber offensichtlich gar nicht auf derartige Filme ab (die freilich durchaus in den Genuß dieses Prädikats kommen könnten[126]), sondern auf jene, die zwar die 500.000-DM-Hürde, nicht aber die des FBW-Prädikats überspringen konnten: publikumswirksame, aber künstlerisch unbedeutende Streifen. Nach der ganzen Konstruktion des Gesetzes und seinem Zusammenhang mit der Bewertungstätigkeit des FBW wird „Unterhaltung" hier nicht als eigene Kategorie gefördert, die möglicherweise anderen Kriterien unterliegt als Kunst (wenn auch Überschneidungen möglich sind), sondern mit künstlerischer Anspruchslosigkeit identifiziert, wobei diese verbal zu Qualität aufgewertet wird[127]. Für eine juristische Interpretation muß diese Entscheidung, in der ein Film unter Berücksichtigung seiner Gestaltungsmerkmale qualitativ bewertet wird, dennoch als künstlerische Wertentscheidung, wenn auch mit geringem Anspruch, angesehen werden[128].

[125] a.a.O. S. 72; in seinem offenen Widerspruch symptomatisch für die Intention des Gesetzes auch der offiziöse Kommentar von *Schüßler* (Fn. 78): „Die Kleine Kommission wird bei der Einstufung weniger filmästhetische Gesichtspunkte zu berücksichtigen haben als den Grundgedanken aller Förderungsmaßnahmen dieses Gesetzes: Qualitätshebung durch Förderung auf breiter Grundlage."

[126] Wenn sie nämlich den Grundbetrag aufgrund eines Hauptpreises auf einem A-Festival erhalten hätten und ein FBW-Prädikat (noch) nicht vorläge.

[127] Zum Thema Kunst und Unterhaltung vgl. *Prager* a.a.O. (Fn. 121).

[128] Ebenso *Dörffeldt* a.a.O. (Fn. 119) S. 8.

Die Entscheidung über den „guten Unterhaltungsfilm" wurde — nachdem die FBW sich offenbar zu einer Mitwirkung bei den Plänen des Bundesgesetzgebers nicht bereit gefunden hatte — einem nach Proporzgesichtspunkten zusammengesetzten Gremium der Filmförderungsanstalt selbst, der Kleinen Kommission, übertragen. Dieser gehören Politiker, Vertreter der Filmwirtschaft und ein Beauftragter der Kirchen an[129]. Die „Arbeitsgemeinschaft neuer deutscher Spielfilmproduzenten" hat die ihr schließlich[130] zugestandenen zwei Plätze aus Protest nicht eingenommen[131]. Die Kleine Kommission wird durch den ebenfalls nach Proporzgesichtspunkten zusammengesetzten Verwaltungsrat aus seiner Mitte auf ein Jahr gewählt und entscheidet mit der Mehrheit ihrer Mitglieder[132], der Verwaltungsrat selbst fungiert als Berufungsinstanz[133].

Die Forderung von Kritikern des *Toussaint-Planes*, die Entscheidung über die Vergabe des Prädikats „guter Unterhaltungsfilm" einer Jury von renommierten Filmkritikern und -fachleuten zu übertragen[134], ist unbeachtet geblieben. Noch der Kulturausschuß des Bundesrates hat sich für eine Streichung des „guten Unterhaltungsfilms" mit der Begründung ausgesprochen, die Zusatzförderung solle auf Qualitätsfilme beschränkt werden, zumal „Konfektionsfilme" bereits den Grundbetrag bekämen. Der Bundesrat hat dann aber „im Interesse der deutschen Filmwirtschaft" am Inkrafttreten des Gesetzes zum 1. Januar 1968 auf die Anrufung des Vermittlungsausschusses verzichtet[135]. Es wird vermutet, daß nunmehr 80 % aller deutschen Spielfilme einen guten Gesamteindruck hinterlassen werden und daß lediglich eine kleine Zahl von Filmen, die die Anstalt als besonders mißlungen ansieht (oder die wegen Verstoßes gegen die Sittenklausel von vornherein ausscheiden), von der Zusatzförderung ausgeschlossen bleibt[136]. Kritiker des Gesetzes sehen eine Neubelebung von „Papas Kino" vor-

---

129 § 9 Abs. 4 FilmförderungsG.

130 Vgl. den *Toussaint-Plan* (BT-Drucks. V/1545) einerseits und das FilmförderungsG andererseits (jeweils § 6).

131 *F. R.*: Ohne junge Gesichter, in: Der Tagesspiegel vom 7. März 1968.

132 § 9 Abs. 4 FilmförderungsG.

133 § 9 Abs. 4 FilmförderungsG.

134 So Enno *Patalas* in: Die Zeit vom 28. April 1967 (Fn. 78), vgl. auch *ders.*: Das Kino der Genossen, in: Die Zeit vom 8. März 1968 und *Kersten* in FR vom 11. März 1968 (Fn. 78) sowie die bei *Bartosch*, a.a.O. (Fn. 78) S. 183 auszugsweise wiedergegebene Rede des Staatssekretärs im Innenministerium anläßlich der Verleihung des Deutschen Filmpreises am 26. Juni 1966, der sich für eine Filmförderung einsetzt, aber betont, um der Freiheit der Kunst willen müßten erfahrene, unabhängige Persönlichkeiten die Auswahl treffen; die Gefahr jedes anderen Weges sei ungleich größer.

135 vgl. BR-Drucks. V/610/1/1967.

136 So *Dörffeldt* a.a.O. (Fn. 119) S. 8 f.

aus[137], und *Alexander Kluge* bezeichnet die Filmförderungsanstalt schlichtweg als „Schnulzenkartell"[138].

Sowohl in seiner mit der Vergabe des Prädikats verbundenen Zielvorstellung als auch in den Modalitäten der Entscheidung widerspricht § 9 FilmförderungsG allen in der vorliegenden Untersuchung ermittelten Kriterien für die Gestaltung des Verfahrens, in dem unter Berücksichtigung der Freiheit des Kunstlebens ein Urteil über künstlerische Qualität zu ermitteln wäre, das zur Voraussetzung staatlicher Förderung gemacht wird[139]. Nicht daß das Gesetz den Durchschnitt unterstützt, ist unter dem Aspekt des Art. 5 Abs. 3 GG bedenklich — dies entspricht der wirtschaftspolitischen Freiheit des Gesetzgebers —, sondern daß es ihn auf Kosten der Filmkunst fördert und darüber hinaus in dem Bestreben, der Begünstigung von Konfektionsfilmen einen Anstrich künstlerischen Mäzenatentums zu verleihen, anspruchslose Unterhaltung zu künstlerischer Qualität aufwertet und so seiner gesamten Förderung eine der Freiheit des Kunstlebens feindliche Kunstauffassung zugrunde legt, die den künstlerisch hochwertigen Problemfilm ebenso desavouiert wie die unsterblichen Kunstwerke, die Meister des Unterhaltungsfilms wie Ernst Lubitsch oder René Clair hervorgebracht haben. Ob der Erlaß dieses Gesetzes eine Aufweichung der Maßstäbe auch der FBW und ihre Annäherung an das in ihm zum Ausdruck kommende Kinoideal zur Folge haben wird, ist noch nicht abzusehen[140]. Zunächst einmal hat der Erlaß des Filmförderungsgesetzes zu Ansätzen eines Underground Cinema in der Bundesrepublik geführt[141].

3. Die „Sittenklausel" des § 7 Abs. 9 FilmförderungsG

Einer der am heftigsten umstrittenen[142] Punkte des FilmförderungsG ist die Sittenklausel des § 7 Abs. 9. Sie lautet:

---

137 s. die in Fn. 134 Zitierten und Der Spiegel, a.a.O. (Fn. 78) S. 86 ff.

138 In: Die Welt vom 22. Februar 1967 (Fn. 78).

139 Oben S. 79 ff.

140 Vgl. dazu *Dörffeldt* a.a.O. (Fn. 119) S. 17 ff.; Uwe *Nettelbeck*: Unverschuldete Bekränkung, in: Die Zeit vom 19. April 1968.

141 Dazu: Enno *Patalas* in: Die Zeit vom 8. März 1968 (Fn. 134); vgl. auch zu der Kontroverse auf dem Oberhausener Kurzfilm-Festival 1968: Uwe *Nettelbeck:* Beschreibung eines Kampfes, in: Die Zeit vom 29. März 1968; die dpa-Meldung in: Die Welt vom 2. April 1968 S. 8; Peter W. *Jansen*: Projektion eines Unfilmes, in: FAZ vom 2. April 1968; *ders.:* Tumulte und Sezession. Krise der Westdeutschen Kurzfilmtage, in: FAZ vom 5. April 1968; Uwe *Nettelbeck:* Besonders wertvoll — nicht in Oberhausen, in: Die Zeit vom 5. April 1968; Helmuth *de Haas:* Protest, Protest und nur Protest, in: Die Welt vom 6. April 1968; Kerze gelöscht, in: Der Spiegel Nr. 15/1968, S. 200 ff.

142 Vgl. dazu BR-Drucks. V/610/67 und Anlage: Bericht über die 318. Sitzung des Bundesrats vom 15. Dez. 1967, S. 314, sowie die in Fn. 134 Zitierten;

> „Nicht zu fördern sind Filme, die gegen die Verfassung oder die Gesetze verstoßen oder das sittliche oder religiöse Gefühl verletzen[143].“

Die teilweise erbittert geführte Diskussion über diese Bestimmung konnte den Eindruck aufkommen lassen, als handele es sich hier um ein Novum. Demgegenüber dürfte ein Blick auf die vergleichbare Klausel im Filmförderungserlaß — und ihre Vorgänger in den früheren Erlassen — von Interesse sein. Punkt VI des Erlasses bestimmt:

> „Gefördert werden können nur Filme, Filmvorhaben, Drehbücher und Drehbuchentwürfe, die angemessene Rücksicht auf die von der Verfassung geschützten Werte, die Gesetze und auf das religiöse und sittliche Empfinden nehmen, und nicht politische Propaganda sind.“

Interessant ist, daß derartige Einschränkungen erst Ende der fünfziger Jahre in die Filmpreis- und Prämienerlasse des Bundesinnenministers Eingang gefunden haben und zunächst nur das Gebiet der Politik betrafen. Bis 1959 wurde ausschließlich darauf abgestellt, daß der zu fördernde Film von der FSK freigegeben war. Ihre Prüfungsgrundsätze lauten in den hier wesentlichen Passagen:

> „A. II. Es soll kein Film hergestellt, verliehen oder öffentlich vorgeführt werden, der gegen die nachstehenden Richtlinien verstößt:
> Kein Film soll Themen, Handlungen oder Situationen darstellen, die geeignet sind,
>
> a) das sittliche oder religiöse Empfinden zu verletzen, insbesondere entsittlichend oder verrohend zu wirken,
>
> d) die verfassungsmäßigen und rechtsstaatlichen Grundlagen des deutschen Volkes in seiner Gesamtheit und in seinen Ländern zu gefährden oder herabzuwürdigen[144].“

Erstmalig 1959 wurden „politische Propaganda- und Tendenzfilme“ von der Förderung ausgeschlossen. Seit 1961 erstreckte sich die Einschränkung zusätzlich auf „Filme, die in ihrer Gesamtheit oder in einzelnen Szenen auf das sittliche und religiöse Gefühl nicht angemessene Rücksicht nehmen“[145].

---

zu der Frage, ob derartige Klauseln mit der Informationsfreiheit vereinbar sind, *Wohland* S. 222 ff., 233 ff., 237 f.

[143] Vgl. aber auch die schärfere Sittenklausel in § 6 Abs. 3 des Entwurfes von 1965 (BT-Drucks. IV/3486), wo zusätzlich Filme von der Förderung ausgeschlossen werden, die „den Schutz von Ehe und Familie beeinträchtigen“.

[144] Zitiert nach *Noltenius* S. 83 f.

[145] Vgl. die Erlasse über die Auszeichnung bester Jahresleistungen im deutschen Filmschaffen vom 24. April 1959 (GMBl. 1959 S. 235), Punkt IV 2 (3) und vom 7. April 1961 (GMBl. 1961 S. 271), Punkt IV 1 (3).

Die Formulierung des § 7 Abs. 9 FilmförderungsG selbst lehnt sich aber nicht an die Filmerlasse an, sondern wurde fast wörtlich aus einem älteren Gesetz übernommen: § 3 des Gesetzes über den Hessischen Rundfunk vom 2. Oktober 1948[146] lautet:

„Die folgenden Grundsätze sind für die Darbietungen verbindlich: (Ziff. 3) Die Darbietungen dürfen nicht gegen die Verfassung und die Gesetze verstoßen oder das sittliche und religiöse Gefühl verletzen. Sendungen, die Vorurteile oder Herabsetzung wegen der Nationalität, Rasse, Farbe, Religion oder Weltanschauung eines einzelnen oder einer Gruppe enthalten, sind nicht gestattet."

Für die Klärung der zentralen Frage, ob in den Sittenklauseln sowohl des Filmförderungserlasses als auch des Filmförderungsgesetzes nur die ohnehin für die künstlerische Freiheit bestehenden Schranken deklaratorisch auch als Grenze der Förderungswürdigkeit festgestellt werden oder ob der Bereich des zu Fördernden darüber hinaus weiter eingeschränkt wird, erscheinen zwei Tatsachen bedeutsam. Erstens machen sowohl das FilmförderungsG als auch der Filmförderungserlaß (wie sämtliche früheren Erlasse) die Förderung zusätzlich von der Freigabe des betreffenden Films durch die FSK abhängig. Zweitens — und diese Tatsache wurde in der bisherigen Diskussion kaum beachtet[147] — hat die Sittenklausel des Filmförderungsgesetzes nicht nur Bedeutung für den Referenzfilm, an den die Förderung anknüpft, sondern auch für den neuen Film, zu dessen Herstellung der Förderungsbetrag in der Regel verwendet werden muß[148]: Verstößt dieser gegen die Klausel, so muß der Produzent den gesamten Förderungsbetrag zurückzahlen[149]. Erst diese Bindung zukünftiger Filmvorhaben an die Sittenklausel offenbart ihre ganze Brisanz und läßt die Klärung ihres Inhalts zu einem vitalen Interesse für die Filmproduzenten werden. Möglichen Rechtsstreiten über ihren Inhalt darf vor allem deshalb mit Interesse entgegengesehen werden, weil es in Zukunft durchaus vorkommen kann, daß derselbe Film von drei Instanzen auf seine Sittlichkeit überprüft wird: von der FSK, der FBW[150], deren Prädikat in bestimmten Fällen Voraussetzung der Förderung nach dem Film-

---

146 GVBl. 1948 S. 123 und 149.

147 Auf sie hat dagegen der Hessische Minister *Dr. Strelitz* in der Bundesratsdebatte über das FilmförderungsG nachdrücklich hingewiesen, vgl. den in Fn. 142 zitierten Sitzungsbericht S. 314.

148 § 10 Abs. 1 FilmförderungsG.

149 § 11 Abs. 1 Ziff. 1 FilmförderungsG.

150 Diese hat gemäß § 6 Abs. 1 lit. c VA-FBW n. F. über die „künstlerische Gestaltung in Zusammenhang mit den sittlichen Grundlagen der Kultur" zu urteilen. Die Klausel, die sich früher in § 8 Ziff. 1 VA-FBW a. F. fand, wurde „aufgrund der vielfachen Kritik ... aus weltanschaulich gebundenen und Erzieherkreisen" aufgenommen (*Keim*: Kommentar zur Verfahrens- und Geschäftsordnung der FBW, in: FBW-Inf. Nr. 2/1964, S. 9).

förderungsG ist[151], und schließlich vom Verwaltungsrat der Filmförderungsanstalt.

Verfassungsrechtliche Bedenken gegen die Sittenklausel wurden bisher, gestützt auf das Zensurverbot, nur andeutungsweise vorgebracht[152]. Zu dieser Argumentation ist vorweg zu bemerken, daß die unmittelbare Anwendung des Art. 5 Abs. 1 Satz 3 GG zumindest unter Zugrundelegung der Auffassung derjenigen Autoren, die die subjektive Kunstfreiheit nur in Art. 5 Abs. 3 GG und nicht in Art. 5 Abs. 1 GG gewährleistet sehen (und gerade deshalb die Schranken des Art. 5 Abs. 2 GG für die Kunst ablehnen)[153], dann Schwierigkeiten bereiten muß, wenn es um Filme geht, die nicht Berichterstattung oder Meinungsäußerung, sondern Kunst sind[154] — gerade um jene Filme also, die im Zusammenhang mit der Sittenklausel besonders interessieren. Aber selbst abweichende Standpunkte in dieser Frage unterstellt[155], begegnet die Argumentation aus dem Zensurverbot dem Vorwurf mangelnder Unterscheidung zwischen subjektivem Abwehrrecht und objektiv gewährleisteter Freiheit:

Da Zensur im formellen Sinne[156] hier ausscheidet, könnte § 7 Ziff. 9 FilmförderungsG nur bei Zugrundelegung eines materiellen Zensur-

---

[151] Einzelheiten bei *Dörffeldt* a.a.O. (Fn. 96).

[152] Vgl. die Stellungnahmen von *Rathsack* (Akademie für Film und Fernsehen) und *v. Hartlieb* (Verband der Filmverleiher e. V., jetzt Mitglied des Verwaltungsrates der Filmförderungsanstalt) in der öffentlichen Informationssitzung des Kulturpolitischen Ausschusses des BT vom 11. Mai 1967 (Protokoll Nr. 42 des 8. Ausschusses des Deutschen Bundestages, 5. Wahlperiode, S. 13, 57); den Antrag des kulturpolitischen Ausschusses des Bundesrates auf Streichung der Klausel (BR-Drucks. 610/1/1967, besonders Punkt 1 e) sowie die Ausführungen des Hessischen Ministers *Dr. Strelitz* im Bundesrat (Fn. 142).

[153] Vgl. etwa *Ropertz* S. 73 ff., 84 ff.; *Erbel* S. 85 ff., 128 f.; *Schäuble* S. 174 f.

[154] Das BVerwG (BVerwGE 23, 199 f., Pamir-Urteil) unterscheidet in Anlehnung an § 9 VA-FBW a. F. und Art. 2 VV-FBW a. F. zwischen Wochenschauen u. ä. einerseits (Berichterstattung) und Dokumentar-, Kultur- und Spielfilmen andererseits, wobei es die Dokumentar- und Kulturfilme zunächst der Meinungsäußerung zuordnet, dann aber auf sie auch Art. 5 Abs. 3 GG anwendet; kritisch zu diesem Vorgehen des Gerichts *Katholnigg* in seiner Anmerkung in NJW 1966, 1574 f.; diese (nicht unproblematische) Unterscheidung in den alten FBW-Vorschriften ist im FilmförderungsG durch die formale Differenzierung zwischen programmfüllenden (mindestens 79 Minuten Vorführdauer) und nicht programmfüllenden = Kurzfilmen ersetzt worden (§§ 7 und 13); zu der theoretischen Abschaffung der Kategorien in der VV-FBW n. F. *Dörffeldt,* Die neuen Rechtsgrundlagen der Filmbewertung, FuR 1969, 165 (168).

[155] Etwa die Subsumption „engagierter" Kunst (so z. B. *Ridder,* Freiheit der Kunst S. 18 f.) oder der meinungsbildenden Elemente eines Kunstwerks (so *Katholnigg,* a.a.O., Fn. 154) unter Art. 5 Abs. 1 GG oder die Annahme der Verbürgung von Teilaspekten individueller Kunstfreiheit durch Art. 5 Abs. 1 GG (so *Knies* S. 233 ff.).

[156] Zum Begriff: *Noltenius* S. 106.

begriffs, den sich auch das Bundesverwaltungsgericht in seiner Pamir-Entscheidung im Ergebnis zu eigen gemacht hat[157], unter diesem Gesichtspunkt verfassungswidrig sein. Zensur im materiellen Sinne liegt vor bei einer „Beeinflussung der öffentlichen Meinung ..., dergestalt, daß ein möglicher Beitrag zum Prozeß der Meinungsbildung der Öffentlichkeit durch eine intervenierende Instanz entzogen oder verändert zugänglich gemacht wird“[158]. Daraus aber, daß die Zensur einen „möglichen“ Beitrag zur Meinungsbildung hindert, daß sie ihn oder Teile desselben dem Meinungsbildungsprozeß „entzieht“, in den er ohne die staatliche Zensurmaßnahme eingebracht werden könnte, folgt, daß Zensur im materiellen Sinne einen — nach seiner Auswirkung, nicht nur nach seiner Form, auf die der formelle Zensurbegriff abstellt, charakterisierten — Eingriff in den status negativus darstellt. Die Ablehnung staatlicher Förderung eines Kunstwerks unterscheidet sich von staatlicher Zensur aber dadurch, daß diesem Kunstwerk der status negativus voll erhalten bleibt, in die Freiheit, es zu verbreiten, nicht eingegriffen wird. Diesen wichtigen theoretischen Unterschied zwischen — auch mittelbarer — Zensur und Versagung der Förderung gilt es festzuhalten[159], obwohl in der Praxis beide dieselbe Wirkung dadurch erlangen können, daß — im Extremfall — im status negativus die Verbreitung (im Fall des Films u. U. sogar das Schaffen) von Kunstwerken nur theoretisch, nicht aber tatsächlich möglich ist — daß also Freiheit erst durch Teilhabe am status positivus erreichbar wird. Durch die Ablehnung der Förderung wird kein an sich „möglicher“ Beitrag zum Kommunikationsprozeß unterdrückt, sondern die Förderung soll Werken, deren Herstellung oder Verbreitung ohne sie u. U. nicht möglich wäre, diese Möglichkeit im status positivus erst eröffnen. Jede Nichtgewährung dieser Möglichkeit entzieht das betreffende Kunstwerk in der Tat dem Kunstleben. Sie aber mit Zensur gleichzusetzen, bedeutet, allen Kunstwerken, die ohne staatliche Hilfe nicht lebensfähig wären, einen Anspruch auf Förderung zuzuerkennen, der nach allgemeiner Meinung aus Art. 5 Abs. 3 GG gerade nicht gefolgert werden kann[160]. Das Problem liegt somit nicht in der möglichen Unterdrückung eines Beitrags zum Kommunikationsprozeß „Kunstleben“, sondern in einer rechtsstaatlichen und Freiheit verbürgenden Regelung des bei jeder staatlichen Förderungstätigkeit notwendig werdenden

---

157 a.a.O. (Fn. 154), dazu *Katholnigg*, a.a.O. (Fn. 154).

158 *Noltenius* S. 107 f.

159 Ebenso *Lerche*, Pressefreiheit Sp. 1604; deutlich zu dem ganzen Komplex auch *Keim*, FBW und Bundesverwaltungsgericht, in: FBW-Inf. Nr. 3/1966 S. 17 ff. (21 ff.) sowie *Erbel*, Verfassungswidrige Filmbewertung? Noch einmal BVerwGE 23, 194, Jus 1969, 120 ff. (121 f.).

160 Oben S. 52.

Auswahlprozesses — nicht im subjektiven, sondern im objektiven Verfassungsrecht[161].

Eine Auslegung der Sittenklauseln im FilmförderungsG und im Filmförderungserlaß unter dem Blickwinkel der objektiven Bedeutungskomponente des Art. 5 Abs. 3 GG ergibt folgendes: Ihr erster, auf Verfassung und Gesetze bezogener Teil hat lediglich deklaratorische Bedeutung. Die unscharfe Formulierung des Filmförderungserlasses: „Gefördert werden nur solche Filme..., die *angemessene Rücksicht* auf die von der Verfassung geschützten Werte, die Gesetze... nehmen" scheint freilich, abgesehen von der einmal positiven, einmal negativen Formulierung, auf den ersten Blick etwas anderes zu besagen als der entsprechende Passung im FilmförderungsG: „Nicht zu fördern sind Filme, die gegen die Verfassung oder die Gesetze *verstoßen...*" Jedoch wäre es irrig anzunehmen, hier würde ein neuer unbestimmter Rechtsbegriff „angemessene Rücksicht" eingeführt. Die Verfassung und die Gesetze sind zwingende Rechtsnormen, deren Inhalt für jeden Einzelfall von unabhängigen Gerichten exakt zu ermitteln ist. Man kann sich nur ihnen konform verhalten oder gegen sie verstoßen — tertium non datur. Die Einführung irgendwelcher Zwischenstufen würde nicht nur die Technizität des Grundgesetzes mit seiner Gewährung von Freiheitsrechten und seiner Festsetzung — genau begrenzter — Schranken, sondern mit ihr auch jede Rechtssicherheit und damit den Rechtsstaat selbst beseitigen.

Will man die unklare Formulierung im Filmförderungserlaß nicht als unsorgfältige Redaktion abtun, so deutet sie schon das Problem an, das sich im zweiten Teil beider Sittenklauseln mit aller Klarheit stellt: ob diese nämlich das aus sittlichen oder religiösen Gründen „Förderungsunwürdige" scheiden wollen von dem Verbotenen — und ob eine solche Unterscheidung von der Kunstfreiheitsgarantie gedeckt ist.

Auf einen solchen Willen des Bundesministers bzw. des Gesetzgebers deutet manches hin, so vor allem die Aufnahme von Sittenklauseln zusätzlich zu dem Erfordernis der Freigabe durch die FSK. Für sie hat sich auch *v. Hartlieb* als Vertreter des Verbandes der Filmverleiher e. V. in der öffentlichen Informationssitzung des Bundestagsausschusses für Wissenschaft, Kulturpolitik und Publizistik am 11. Mai 1967[162] ausgesprochen mit der Begründung, die Gleichsetzung der Ver-

---

[161] Ebenso für die FBW *Schäuble*, Filmprädikate und Kunstfreiheit, FuR 1966, 261 ff. (265); unrichtig daher m. E. die Argumentation von *Roellenbleg* S. 141 ff., bes. S. 146 Fn. 105 sowie von *Lehner*, Über die ideologischen Vorurteile der Filmbewertungsstelle, in: Vorgänge 1968, 4. S. 155 ff. (156 f.).

[162] Vgl. das in Fn. 152 zitierte Protokoll S. 57; für eine Scheidung des Verbotenen vom Förderungsunwürdigen auch *Wohland* S. 237 f.

botswürdigkeit mit der Förderungsunwürdigkeit müßte entweder zu einer Erweiterung der Verbote führen oder aber zu einer Förderung auch von Filmen, „die unter dem Niveau dessen liegen, was einen Anspruch auf Mittel auf Grund dieses Gesetzes geltend macht... Das (bezogen auf das Zensurverbot) heißt aber nicht, daß das, was unter einem förderungswürdigen Niveau liegt, trotzdem gefördert werden müßte, sondern es heißt nur, daß man in der Praxis allen wichtigen Gesichtspunkten, Weltanschauungen und Kunstrichtungen der pluralistischen Gesellschaft Rechnung tragen muß." Wenn schon — darauf läuft diese Argumentation hinaus — jeder Film, der 500.000 DM eingespielt hat, ohne Rücksicht auf eine Spur von künstlerischer Qualität automatisch gefördert wird, so soll doch die gröbste Spreu von einer Proporzkommission nach sittlichen und religiösen Gesichtspunkten aussortiert werden, denen sich automatisch auch künstlerisch bedeutende Filme zu unterwerfen hätten. Die systemimmanente, bei näherem Zusehen aber dann doch unerwünschte Konsequenz des der Freiheit der Kunst heteronomen Förderungsmechanismus des FilmförderungsG soll korrigiert werden durch eine Einschränkung der Freiheit der staatlich geförderten Kunst. Ein von-Fall-zu-Fall-Kompromiß der im Verwaltungsrat der Filmförderungsanstalt versammelten Vertreter des Bundes, der Kirchen, der Filmtheater, -produzenten, -verleiher und -techniker über das sittlich oder religiös noch Erträgliche bedeutet aber die Auslieferung der Kunst an die „Gesellschaft" und widerspricht der Freiheit des Kunstlebens, die Art. 5 Abs. 3 GG verbürgt: Dieser bezeichnet als den Gegenstand staatlicher Förderungsmaßnahmen den gesamten, unteilbaren Bereich des freien — und das heißt: nicht den verfassungsrechtlichen Schranken subjektiver Kunstfreiheit unterliegenden — Kunstlebens. Die Grenze des unter sittlichen oder religiösen Gesichtspunkten noch Förderbaren ist damit indisponibel durch die Verfassung vorgegeben und pluralistischen Kompromissen entzogen[163]. Verfassungskonform ausgelegt, kann der zweite Teil beider Sittenklauseln ebenso wie derjenigen in der VA-FBW trotz ihrer unterschiedlichen Formulierung nichts anderes bedeuten als eine Substantiierung des ersten: Der Staat ist weder berechtigt noch verpflichtet, Filme zu fördern, die die individueller Künstlerfreiheit von der Verfassung gesetzten Schranken in sittlicher oder religiöser Hinsicht überschreiten[164].

---

[163] Dazu ausführlich oben S. 54 ff.

[164] Im Ergebnis ebenso *Schüßler* (Bundeswirtschaftsministerium), a.a.O (Fn. 78) S. 61 (wodurch freilich das hartnäckige Festhalten des Gesetzgebers an der Sittenklausel um so unverständlicher wird); für die Sittenklausel der Filmförderungserlasse *Schäuble* S. 237; ähnlich Rolf *Gross*, Filmförderung auf bedenklichen Wegen, in: Gewerkschaftliche Monatshefte Nr. 5/1968 S. 288 ff., der freilich von einer völligen Schrankenlosigkeit der subjektivrechtlichen Kunstfreiheit ausgeht.

Daß damit praktisch noch längst keine Klarheit gewonnen ist, hat seinen Grund in dem Streit über die Schranken der individuellen Kunstfreiheit selbst. Durch eine Trennung des wegen sittlicher oder religiöser Bedenken irgendwelcher Bürger Förderungsunwürdigen von dem Verbotenen würde aber — abgesehen davon, daß sie nach der hier vertretenen Auffassung verfassungswidrig ist — die Chance, die Erkenntnisse der Lehre und Rechtsprechung zur Schrankenproblematik zugleich für die Begrenzung staatlicher Förderungsberechtigung und -verpflichtung fruchtbar zu machen, vertan und die ohnehin schon auf diesem Gebiet bestehende Rechtsunsicherheit vervielfacht: Bei einer nicht auf die bloße Verfassungswidrigkeit begrenzten, sondern exakt am jeweiligen Wortlaut orientierten Auslegung der verschiedenen Sittenklauseln müßten die Gerichte angesichts ein und desselben Films in einer völlig unvorhersehbaren Kasuistik zu verschiedenen Ergebnissen gelangen bei der Beantwortung der Fragen, ob er erstens in religiöser oder sittlicher Hinsicht gegen die Verfassung, also — je nachdem — gegen das „Sittengesetz" oder die „verfassungsmäßige Ordnung" des Art. 2 GG bzw. über Art. 5 Abs. 2 GG gegen Straftatbestände zum Schutz der Sittlichkeit oder des religiösen Friedens verstößt[165], ob er zweitens (was für einen?) Zusammenhang mit den sittlichen Grundlagen der Kultur vermissen läßt[166], drittens, schon enger, das sittliche oder religiöse Gefühl (wessen?) verletzt[167], und viertens, noch enger, auf das sittliche und religiöse Empfinden keine angemessene Rücksicht nimmt[168].

---

165 Eine Frage, die für die Strafbarkeit oder das Verbot seiner Aufführung relevant ist.

166 Nach der Sittenklausel der VA-FBW.

167 Nach der Sittenklausel des FilmförderungsG.

168 Nach der Sittenklausel des Filmförderungserlasses.

Literaturverzeichnis

Adorno, Theodor W.: Kultur und Verwaltung, Merkur, 14. Jg. 1960 S. 101

Arndt, Adolf: Begriff und Wesen der öffentlichen Meinung, in: Die öffentliche Meinung, hrsg. von Martin Löffler, München, Berlin 1962 (Schriftenreihe der deutschen Studiengesellschaft für Publizistik Bd. 4) S. 1 (Zit.: Öffentliche Meinung)

— Demokratie als Bauherr. In: Geist der Politik. Reden, Berlin 1965 S. 217 (Zit.: Demokratie als Bauherr)

— Staat und Kunst. In: Geist der Politik. Reden, Berlin 1965 S. 312 (Zit.: Staat und Kunst)

— Die Kunst im Recht. In: Umwelt und Recht, NJW 1966, 26

Badura, Peter: Verwaltung im liberalen und im sozialen Rechtsstaat, Tübingen 1966

Bäumlin, Richard: Die rechtsstaatliche Demokratie. Eine Untersuchung der gegenseitigen Beziehungen von Demokratie und Rechtsstaat, Zürich 1954

Barran, Fritz R.: Kunst am Bau — heute. Mit einer Einführung von Walter Müller, Stuttgart 1964

Bauer, Fritz: Anmerkung zum Urteil des BGH vom 23. 3. 1965 — 5 StR 620/64 — (Fall Baselitz) JZ 1965, 491

— Anmerkung zu den Urteilen des BVerwG vom 12. 1. 1966 — V C 104/63 — (Kriegsverherrlichende Schriften) und — V C 111/61 — (betr. Cain, Die Rechnung ohne den Wirt) JZ 1967, 167

Baumeister, Willi: Das Unbekannte in der Kunst, 2. Aufl. Köln 1960

Becker, Hans: Weiteres zum juristischen Aspekt der Filmbewertung, in: FBW-Inf. Nr. 1/1967, Beilage/1 S. 1

Becker, Hellmut: Kulturpolitik und Schule, Stuttgart 1956

Beer, Rüdiger Robert: Von der Freiheit der kommunalen Kultureinrichtungen, Der Städtetag 1958 S. 54

Beling, Ernst: Kunstfreiheit und Rechtsbann. In: Festschrift für Heinrich Wölfflin (Beiträge zur Kunst- und Geistesgeschichte), München 1924 S. 19

Benecke, Otto: Möglichkeiten und Grenzen städtischer Kulturpflege, Der Städtetag 1952 S. 67

Berthold, F. J. und Horst *v. Hartlieb:* Filmrecht. Ein Handbuch, München und Berlin 1957

Besonders wertvoll: s. Filmbewertungsstelle Wiesbaden

Blöcker, Günter, Friedrich *Luft*, Will *Grohmann* und Heinrich *Stuckenschmidt:* Kritik in unserer Zeit. Literatur — Theater — Musik — Bildende Kunst, Göttingen 1960

Bluntschli, Johann Kaspar: Lehre vom modernen Staat in drei Bänden, Bd. 2: Allgemeines Staatsrecht, 6. Aufl., Neudruck der Ausgabe Stuttgart 1885, Aalen 1965
(Zitiert: Bluntschli)

Bredow, Wilfried Frhr. von: Zum „Filmförderungs"-Gesetz in: Blätter für deutsche und internationale Politik 1968, 5. S. 445

Brenner, Hildegard: Die Kunstpolitik des Nationalsozialismus, Reinbeck bei Hamburg 1963

Brinkmann, Carl: Artikel Kunstsoziologie, in: Handwörterbuch der Sozialwissenschaften, hrsg. von Erwin v. Beckerath u. a., Stuttgart—Tübingen—Göttingen 1959, 6. Bd. S. 425

Buchholz, Ernst: Kunst, Recht und Freiheit, München und Eßlingen 1966

Burckhardt, Walter: Staatliche Autorität und geistige Freiheit, Zürich 1936

Camus, Albert: Discours de Suède: l'artiste et son temps (Conférence du 14 Décembre 1957), in: Essais, Paris, Ed. Gallimard et Calmann-Lévy, 1965 S. 1076
(Zit.: Discours de Suède)

— L'homme révolté in: Essais, Paris, Ed. Gallimard et Calmann-Lévy, 1965 S. 407
(Zit.: L'homme révolté)

Carriere, Moritz: Artikel Kunstakademie, Kunstpflege, in: Deutsches Staatswörterbuch, hrsg. von Johann Kaspar Bluntschli und Karl Brater, Stuttgart und Leipzig 1861, 6. Bd. S. 165
(Zit.: Carriere)

Caspary, Roland A.: Beratung und Verabschiedung des deutschen Filmförderungsgesetzes — Chronik und Dokumentation — FuR 1968, 53

— Die Filmförderungsanstalt. Ein halbes Jahr nach Arbeitsaufnahme. FuR 1968, 257

Cohn, Jonas: Theorie der Dialektik. Formenlehre der Philosophie, Leipzig 1923

Dahrendorf, Ralf: Gesellschaft und Demokratie in Deutschland, München 1965

Denninger, Erhard: Rechtsperson und Solidarität, Frankfurt—Berlin 1967

Dörffeldt, Siegfried: Die Filmbewertungsstelle vor dem Bundesverwaltungsgericht, in: FBW-Inf. Nr. 2/1966 S. 1

— Filmbewertung im Rechtsstaat, in: FBW-Inf. Nr. 3/1966 — Anlage/1 — S. 2

— Die Rechtsprechung der Verwaltungsgerichte zur Filmbewertungsstelle Wiesbaden, in: FBW-Inf. Nr. 3/1967 S. 2

— Anmerkungen zum Urteil des Hess. VGH vom 13. 6. 1967 — OS II 67/66 — in: FBW-Inf. Nr. 4/1967 S. 26

— Filmförderungsgesetz und Filmbewertungsstelle Wiesbaden, in: FBW-Inf. Nr. 1/1968 S. 1

— Die Qualifikation von Filmen im Filmförderungsverfahren. System und Anwendungsfragen der gesetzlichen Regelung, FuR 1968, 63

Dörffeldt, Siegfried: Filmprädikat und Grundgesetz. Abschließende Bemerkungen zum Verfassungsstreit um die Filmbewertungsstelle Wiesbaden (FBW), FuR 1968, 341

— Die neuen Rechtsgrundlagen der Filmbewertung, FuR 1969, 165 ff., 191 ff.

Draht, Martin: Über eine kohärente sozio-kulturelle Theorie des Staats und des Rechts, in: Die moderne Demokratie und ihr Recht. Festschrift für Gerhard Leibholz zum 65. Geburtstag. Erster Band: Grundlagen, Tübingen 1966 S. 35
(Zit.: Leibholz-FS I)

— Artikel Staat, in: Evangelisches Staatslexikon, hrsg. von Hermann Kunst und Siegfried Grundmann in Verbindung mit Wilhelm Schneemelcher und Roman Herzog, Stuttgart—Berlin 1966 Sp. 2114
(Zit.: Staat)

Dünnwald, Rolf: Die Rechtsstellung des Theaterintendanten, Diss. jur., Köln 1964
(Zit.: Dünnwald)

— Kunst und Unzüchtigkeit. Zum Film „Das Schweigen", JR 1965, 46

Dürig, Günter: Verfassung und Verwaltung im Wohlfahrtsstaat, JZ 1953, 193

Düwel, Peter: Staat und Kunst — Eine literaturkritische Betrachtung, in: Studien über Recht und Verwaltung. Carl Hermann Ule zum 60. Geburtstag Köln—Berlin—Bonn—München 1967 S. 45
(Zit.: Ule-FS)

Ehmke, Horst: „Staat" und „Gesellschaft" als verfassungstheoretisches Problem, in: Staatsverfassung und Kirchenordnung. Festgabe für Rudolf Smend zum 80. Geburtstag am 15. Januar 1962, Tübingen 1962 S. 23
(Zit.: II. Smend-FG)

Erbel, Günter: Inhalt und Auswirkungen der verfassungsrechtlichen Kunstfreiheitsgarantie, Berlin—Heidelberg—New York 1966
(Zit.: Erbel)

— Verfassungswidrige Filmbewertung? Noch einmal BVerwGE 23, 194, JuS 1969, 120

Eyermann, Erich und Ludwig *Fröhler*: Verwaltungsgerichtsordnung. Kommentar, 4. Aufl., München und Berlin 1965

Fechner, Erich: Freiheit und Zwang im sozialen Rechtsstaat, Tübingen 1953

Filmbewertungsstelle Wiesbaden (Hg.): Besonders wertvoll. Verzeichnis der mit dem Prädikat Besonders wertvoll ausgezeichneten Spielfilme. Wiesbaden-Biebrich 1958 ff.

— Zehn Jahre Filmbewertungsstelle Wiesbaden, Wiesbaden-Biebrich 1962

Forsthoff, Ernst: Verfassungsprobleme des Sozialstaats 2. Aufl., Münster 1961
(Zit.: Sozialstaat)

— Verfassungsgeschichte der Neuzeit, Stuttgart 1961
(Zit.: Verfassungsgeschichte)

— Lehrbuch des Verwaltungsrechts, 1. Bd. Allgemeiner Teil, 9. Aufl., München und Berlin 1966
(Zit.: Verwaltungsrecht)

Frankenberger, Hans-Heinrich: Verfassungsrechtliche Garantien und Grenzen der Freiheit des künstlerischen Schaffens im Lichte der neueren Rechtsprechung unter besonderer Berücksichtigung der Verhältnisse in der Bundesrepublik, Diss. jur., Würzburg 1959

Friedrich, Carl J.: Der Verfassungsstaat der Neuzeit, Berlin—Göttingen—Heidelberg 1953

Gebhard, Ludwig: Handkommentar zur Verfassung des Deutschen Reichs vom 11. August 1919, München, Berlin und Leipzig 1932

Gehlen, Arnold: In die Freiheit verstrickt. Zur Situation der modernen Kunst, Merkur, 14. Jg. 1960 S. 301

Geiger, Willi: Zur Diskussion um die Freiheit der Kunst. In: Die moderne Demokratie und ihr Recht. Festschrift für Gerhard Leibholz zum 65. Geburtstag. Zweiter Band: Staats- und Verfassungsrecht, Tübingen 1966 S. 187
(Zit.: Leibholz-FS II)

Gerstenberg, Ekkehard: Industrielle Formgebung und Urheberrecht, BB 1964, 439

Grimm, Herman: Die Akademie der Künste und das Verhältniß der Künstler zum Staate, Berlin 1859
(Zit.: Akademie)

— Eine Reihe von Gesichtspunkten, unsere öffentlichen Anstalten für Pflege der Kunst betreffend, in: Preußische Jahrbücher, hrsg. von H. v. Treitschke und W. Wehrenpfennig, Bd. 29, Berlin 1872 S. 747
(Zit.: Preußische Jahrbücher)

Gross, Rolf: Filmförderung auf bedenklichen Wegen, in: Gewerkschaftliche Monatshefte, Nr. 5/1968 S. 228

v. Hartlieb, Horst: Prädikat für die Meinungsfreiheit, in: FBW-Inf. Nr. 3/1966, S. 10 ff.

— s. auch Berthold-v. Hartlieb

Hartung, Fritz: Deutsche Verfassungsgeschichte vom 15. Jahrhundert bis zur Gegenwart, 7. Aufl., Stuttgart 1950

Hauser, Arnold: Sozialgeschichte der Kunst und Literatur, 1. Bd., 2. Aufl., München 1958
(Zit.: Hauser I)

Heckel, Martin: Staat — Kirche — Kunst. Rechtsfragen kirchlicher Kulturdenkmäler, Tübingen 1968

Heller, Hermann: Staatslehre, hrsg. von Gerhart Niemeyer, Leiden 1934

Hensel, Albert: Artikel 150 der Weimarer Verfassung und seine Auswirkung im preußischen Recht, AöR 53 (1928) — NF 14 S. 321

Henze, Anton: Die zweite Hälfte der Kunst, Kulturarbeit 1962 S. 61

— Das Romerlebnis in der modernen Kunst. Die Stipendien für die deutsche Akademie Villa Massimo in Rom, Kulturarbeit 1962 S. 133

Herrfahrdt, Heinrich: Aufgaben und Methoden einer normativen Kunstwissenschaft, Stuttgart 1917
(Zit.: Normative Kunstwissenschaft)

— Werterkenntnis und Normenbedürfnis, in: Festschrift für Fritz v. Hippel zum 70. Geburtstag, hrsg. von Josef Esser und Hans Thieme, Tübingen 1967 S. 209
(Zit.: v. Hippel-FS)

Hesse, Konrad: Grundzüge des Verfassungsrechts der Bundesrepublik Deutschland, Karlsruhe 1967

Hörstel, Reinhard: Fragen zur Kunstsubvention. Dargestellt am Beispiel der Documenta G.m.b.H., Heidelberg und Berlin 1961

Holubek, Reinhard: Allgemeine Staatslehre als empirische Wissenschaft, Bonn 1961

Huber, Ernst Rudolf: Deutsche Verfassungsgeschichte seit 1789. Bd. I: Reform und Restauration 1789 bis 1830, Stuttgart 1957
(Zit.: Verfassungsgeschichte I)

— Zur Problematik des Kulturstaats, Tübingen 1958
(Zit.: Huber)

Humboldt, Wilhelm v.: Über die Grenzen der Wirksamkeit des Staates. Mit einer Einführung von Rudolf Pannewitz, Nürnberg 1954

Jaeger, Werner: Staat und Kultur. In: Humanistische Reden und Vorträge, 2. Aufl., Berlin 1960 S. 195

Jellinek, Georg: Allgemeine Staatslehre, 3. Aufl. (Sechster Neudruck), Darmstadt 1959
(Zit.: Allgemeine Staatslehre)

— System der subjektiven öffentlichen Rechte, Nachdruck der 2. Aufl. (Tübingen 1905), Darmstadt 1963
(Zit.: System)

Juschka, Albert: Wesen und Wirken der Theaterbesucher-Organisationen, Kulturarbeit 1956 S. 165

Justi, Johann Heinrich Gottlob v.: Staatswirthschaft oder Systematische Abhandlung aller Oekonomischen und Cameral-Wissenschaften, die zur Regierung eines Landes erfodert werden. In zween Theilen ausgefertiget, Neudruck der 2. Aufl. (Leipzig 1758), Aalen 1963
(Zit.: Staatswirthschaft, zweiter Teil)

Katholnigg, Oskar: Die Filmbewertungsstelle und das Grundgesetz, UFITA Bd. 38 S. 25

— Anmerkung zum Urteil des BVerwG vom 28. 1. 1966 — VII C 128/64 — (BVerwGE 23, 194, Pamir-Urteil), NJW 1966, 1574

Keim, Walter: Kommentar zur Verfahrens- und Geschäftsordnung der Filmbewertungsstelle Wiesbaden, in: FBW-Inf. Nr. 2/1964 S. 3 = FuR Nr. 3/1964

— Filmbewertungsstelle Wiesbaden und Bundesverwaltungsgericht, in: FBW-Inf. Nr. 3/1966 = FuR Nr. 6/1966

Kempe, Fritz: Woran krankt der deutsche Film? Kulturarbeit 1956 S. 43

Kitzinger, Friedrich: Artikel 142 Satz 1. Die Freiheit der Wissenschaft und Kunst, in: Grundrechte und Grundpflichten der Reichsverfassung. Kommentar zum zweiten Teil der Reichsverfassung, Bd. 2, hrsg. von Hans Carl Nipperdey, Berlin—Mannheim 1930 S. 449
(Zit.: Kitzinger)

Knies, Wolfgang: Schranken der Kunstfreiheit als verfassungsrechtliches Problem, München 1967
(Zit.: Knies)

Knies, Wolfgang: Artikel Kunst, Freiheit der Kunst, in: Evangelisches Staatslexikon, hrsg. von Hermann Kunst und Siegfried Grundmann in Verbindung mit Wilhelm Schneemelcher und Roman Herzog, Stuttgart—Berlin 1966 Sp. 1199
(Zit.: Freiheit der Kunst)

Köttgen, Arnold: Die Freiheit der Wissenschaft und die Selbstverwaltung der Universität, in: Die Grundrechte, hrsg. von Neumann-Nipperdey-Scheuner, Bd. 2, Berlin 1954 S. 291
(Zit.: GR II)

Kreiterling, Willi und Rolf *Wedewer:* Kunst am Bau in Leverkusen, Kulturarbeit 1967 S. 10

Krings, Hermann: Für die Unabhängigkeit der Filmbewertung, Kulturarbeit 1956 S. 222

Krüger, Herbert: Allgemeine Staatslehre, 2. Aufl., Stuttgart 1966

Kückelmann, Norbert: Kuratorium Junger Deutscher Film, gemeinnütziger Verein kraft Verleihung, UFITA, Bd. 43 S. 345

Kugler, Franz: Grundbestimmungen für die Verwaltung der Kunst-Angelegenheiten im Preußischen Staate — Entwurf —. Aus dem Nachlaß herausgegeben, Berlin 1859

Kuhnt, Günther: Besucherorganisation und Theater, Kulturarbeit 1954 S. 148

Artikel *Kunst:* in: Das Staats-Lexikon. Encyklopädie der sämtlichen Staatswissenschaften für alle Stände, hrsg. von Carl v. Rotteck und Carl Welcker, 3. Aufl., Bd. 9, Leipzig 1864 S. 369
(Zit.: Art. Kunst, v. Rotteck-Welcker)

Lehmann-Haupt, H.: Art Under A Dictatorship, New York, Oxford University Press 1954

Lehner, Thomas: Über die ideologischen Vorurteile der Filmbewertungsstelle, in: Vorgänge 1968, 4. S. 155 ff.

Leibholz, Gerhard: Das Wesen der Repräsentation und der Gestaltwandel der Demokratie im 20. Jahrhundert, 3. Aufl., Berlin 1966

Lerche, Peter: Artikel Presse, Pressefreiheit, in: Evangelisches Staatslexikon, hrsg. von Hermann Kunst und Siegfried Grundmann in Verbindung mit Wilhelm Schneemelcher und Roman Herzog, Stuttgart—Berlin 1966 Sp. 1601
(Zit.: Pressefreiheit)

Linfert, Carl: Kultur ist keine Sache für sich. In: Staat und Kunst. Festschrift zum zehnjährigen Bestehen des Großen Kunstpreises des Landes Nordrhein-Westfalen, hrsg. von Werner Schütz, Carl Linfert u. a., Krefeld 1962 S. 21
(Zit.: Linfert)

Loos, Adolf: Der Staat und die Kunst, in: Sämtliche Schriften in zwei Bänden, hrsg. von Franz Glück, Wien—München 1962, 1. Bd., S. 352

Maetzel, Wolf Bogumil: Jugendschutz und Geistesfreiheit, MDR 1955, 262

Mallmann, Walter: Das Recht der Kunsthochschulen und die Freiheit der Kunst, in: Festschrift für Hermann Jahrreiss zu seinem 70. Geburtstag — 19. August 1964 — gewidmet. Im Auftrage der Rechtswissenschaftlichen Fakultät der Universität zu Köln, hrsg. von Karl Carstens und Hans Peters, Köln—Berlin—Bonn—München 1964 S. 247
(Zit.: Jahrreiss-FS)

Mangoldt, Hermann v. und Friedrich *Klein*: Das Bonner Grundgesetz. Kommentar, 2. Aufl., Berlin und Frankfurt/M. 1957 ff.

Mann, Thomas: Betrachtungen eines Unpolitischen, Stuttgart—Zürich—Salzburg o. J.

Martin, Berthold (Hg.): Jahrbuch der auswärtigen Kulturbeziehungen 1964 (Bonn 1964) und 1965 (Bonn 1965).

— Auswärtige Kulturbeziehungen 3, Neuwied und Berlin 1966

Maunz, Theodor, Günter *Dürig* und Roman *Herzog*: Grundgesetz. Kommentar, München 1968

Menger, Christian-Friedrich: Höchstrichterliche Rechtsprechung zum Verwaltungsrecht. VerwArch 54 (1963) S. 88

Menzel, Adolf: Zur Lehre vom Staatszweck. Zeitschrift für öffentliches Recht, Bd. VII, Wien und Berlin 1928 S. 211

Mierendorff, Marta: Die staatliche und die private Organisation des Kunstlebens in der Bundesrepublik Deutschland, Kulturarbeit 1958 S. 226

Mierendorff, Marta und Heinrich *Trost*: Einführung in die Kunstsoziologie, Köln und Opladen 1957

Mogge, Wilhelm: Die Filmkrise in Deutschland, Kulturarbeit 1957 S. 44

Mohl, Robert v.: Die Polizei-Wissenschaft nach den Grundsätzen des Rechtsstaates, 1. Bd., 3. Aufl., Tübingen 1866
(Zit.: Die Polizeiwissenschaft I)

Nawiasky, Hans: Allgemeine Staatslehre. Erster Teil: Grundlegung. 2. Aufl., Einsiedeln—Zürich—Köln 1958
(Zit.: Nawiasky I)

— Allgemeine Staatslehre. Zweiter Teil: Staatsgesellschaftslehre, 1. Bd. Volk — Gebiet — Zweck — Organisation, Einsiedeln—Zürich—Köln 1952
(Zit.: Nawiasky II 1)

Nestriepke, S.: Die wirtschaftliche Bedeutung der Besucherorganisationen für die Theater, Kulturarbeit 1949 S. 51

— Zum Thema: Besucherorganisationen, Kulturarbeit 1957 S. 5

Noltenius, Johanne: Die freiwillige Selbstkontrolle in der Filmwirtschaft und das Zensurverbot des Grundgesetzes, Göttingen 1958

Oppermann, Thomas: Kulturverwaltungsrecht. Bildung — Wissenschaft — Kunst, Tübingen 1969

Ott, Sieghart: Kunst und Staat. Der Künstler zwischen Freiheit und Zensur, München 1968
(Zit.: Kunst und Staat)

— Kunstfreiheit und Filmbewertung — BVerwG 23, 194. JuS 1968, 459

Peters, Hans: Zwischen gestern und morgen. Betrachtungen zur heutigen Kulturlage, Berlin 1946

Rabe, Klaus: Die Stellung der Theaterunternehmen im Staat, Diss. jur., Köln 1967

Rave, Paul Ortwin: Kunstdiktatur im Dritten Reich, Hamburg 1949

Ridder, Helmut: Freiheit der Kunst nach dem Grundgesetz, Berlin und Frankfurt/M. 1963
(Zit.: Freiheit der Kunst)

Ridder, Helmut: Meinungsfreiheit, in: Die Grundrechte, hrsg. von Neumann-Nipperdey-Scheuner, Bd. 2, Berlin 1954 S. 243
(Zit.: GR II)

Roellenbleg, Rainer Rüdiger: Die Rechtsstellung der Filmbewertungsstelle, Diss. jur., München 1963

Roesler, Hermann: Das sociale Verwaltungsrecht, 2. Bd., Erlangen 1873
(Zit.: Roesler)

Roh, Franz: Der verkannte Künstler. Studien zur Geschichte und Theorie des kulturellen Mißverstehens, München 1948
(Zit.: Roh)

— „Entartete" Kunst. Kunstbarbarei im Dritten Reich, Hannover 1962

Ropertz, Hans-Rolf: Die Freiheit der Kunst nach dem Grundgesetz, Berlin und Neuwied am Rhein 1966

Rousseau, Jean-Jacques: Lettre à M. d'Alembert, in: Du contrat social ou principes du droit politique (Oeuvres choisies de J.-J. Rousseau), Paris, Editions Garnier Frères, 1954 S. 123

Schäuble, Frieder: Rechtsprobleme der staatlichen Kunstförderung — unter Ausschluß bundesstaatlicher Probleme — Diss. jur., Freiburg 1965

— Filmprädikate und Kunstfreiheit, FuR 1966, 261

Scheuner, Ulrich: Das Wesen des Staates und der Begriff des Politischen in der neueren Staatslehre. In: Staatsverfassung und Kirchenordnung. Festgabe für Rudolf Smend zum 80. Geburtstag am 15. Januar 1962, Tübingen 1962 S. 225
(Zit.: II. Smend-FG)

— Pressefreiheit, VVDStRL 22 (1965) S. 1
(Zit.: VVDStRL 22)

Schindler, Dietrich: Verfassungsrecht und soziale Struktur, 3. Aufl., Zürich 1950

Schmidt, Georg: Umgang mit Kunst. Ausgewählte Schriften 1940—1963, Freiburg 1966
(Zit.: Georg Schmidt)

Schmidt, August: Über die Freiheit der Kunst, GA 1966, 97

Schmitt, Carl: Verfassungslehre, 4. Aufl. (Nachdruck der 1. Aufl. München, Leipzig 1928), Berlin 1965
(Zit.: Verfassungslehre)

— Inhalt und Bedeutung des Zweiten Hauptteils der Reichsverfassung, HdbDStR, Bd. 2, Tübingen 1930 S. 572
(Zit.: Reichsverfassung)

— Verfassungsrechtliche Aufsätze aus den Jahren 1924—1954. Materialien zu einer Verfassungslehre, Berlin 1958
(Zit.: Verfassungsrechtliche Aufsätze)

Schnerr, Ernst: Staatliche Verwaltung im Bereich der Kunst, BayVBl. 1960 S. 304.

Schnur, Roman: Pressefreiheit, VVDStRL 22 (1965) S. 101
(Zit.: VVDStRL 22)

Schönfeld, Walther: Die logische Struktur der Rechtsordnung, Leipzig und Berlin 1927

Schönfeld, Walther: Über den Begriff einer dialektischen Jurisprudenz, Greifswald 1929

Schramm, Carl: Die schöpferische Leistung, Berlin—Köln 1957.

Schüßler, Hans: Maßnahmen zur Förderung des deutschen Films, in: Bulletin des Presse- und Informationsamtes der Bundesregierung vom 19. Januar 1968, S. 60 = FuR 1968, 81

Schütz, Werner: Der Staat als Mäzen. In: Staat und Kunst. Festschrift zum zehnjährigen Bestehen des Großen Kunstpreises des Landes Nordrhein-Westfalen, hrsg. von Werner Schütz, Carl Linfert u. a., Krefeld 1962 S. 13 (Zit.: Schütz)

Schulze-Reimpell, Werner: Hat der deutsche Film noch eine Chance? Kulturarbeit 1962 S. 87

Smend, Rudolf: Verfassung und Verfassungsrecht, München und Leipzig 1928 (Zit.: Verfassung und Verfassungsrecht)

— Das Recht der freien Meinungsäußerung, VVDStRL 4 (1928) S. 4 (Zit.: VVDStRL 4)

— Artikel Integration, in: Evangelisches Staatslexikon, hrsg. von Hermann Kunst und Siegfried Grundmann in Verbindung mit Wilhelm Schneemelcher und Roman Herzog, Stuttgart—Berlin 1966 Sp. 803 (Zit.: Integration)

Stein, Erwin: Anmerkung zum Bescheid des OVG Münster vom 18. 11. 1958 — VII A 900/57 — (betreffend Sommer, Meine 99 Bräute), JZ 1959, 720

Stein, Lorenz v.: Die Verwaltungslehre. Theil 5: Die Innere Verwaltung, 2. Hauptgebiet: Das Bildungswesen, Stuttgart 1868

Thiele, Ernst: Besprechung von Fritz R. Barran, Kunst am Bau — heute. Kulturarbeit 1965 S. 87

Thieme, Hans und Herbert *Wehrhahn:* Die Freiheit der Künste und Wissenschaften. Untersuchungen zu Art. 5 Abs. 3 des Grundgesetzes für die Bundesrepublik Deutschland. II. Zur gegenwärtigen Rechtslage. Von Herbert Wehrhahn, Hannover 1967 (Schriften der Niedersächsischen Landeszentrale für Politische Bildung — Reihe Verfassungsrecht und Verfassungswirklichkeit, Heft 7) (Zit.: Wehrhahn)

Tornau, Hildegard: Die falsche Gleichung. Zur Situation der deutschen Filmbürgschaft, Kulturarbeit 1954 S. 224

Ule, Carl Hermann: Anmerkung zum Urteil des Bundesverwaltungsgerichts vom 28. 1. 1966 — VII C 128/64 — (Pamir-Urteil), DVBl. 1966, 574

van der Ven, Frans: Soziale Grundrechte, Köln 1963

Weides, Peter: Rechtsprobleme staatlicher Finanzhilfe zugunsten der Filmwirtschaft, UFITA, Bd. 40 S. 38

Wohland, Werner: Informationsfreiheit und politische Filmkontrolle. Ein Beitrag zur Konkretisierung des Art. 5 Grundgesetz, Berlin 1968

Wolff, Hans J.: Verwaltungsrecht I, 7. Aufl., München 1968

Zehn Jahre Filmbewertungsstelle Wiesbaden: s. Filmbewertungsstelle Wiesbaden

Zuhorn, Karl: Kulturpflege, in: Handbuch der kommunalen Wissenschaft und Praxis, hrsg. von Hans Peters, 2. Bd.: Kommunale Verwaltung, Berlin—Göttingen—Heidelberg 1957 S. 165

FSC
www.fsc.org
MIX
Papier | Fördert
gute Waldnutzung
FSC® C083411

Kolibri 360 GmbH
Ferdinand-Jühlke-Straße 7
99095 Erfurt, Deutschland
produktsicherheit@kolibri360.de

Druck:
CPI Druckdienstleistungen GmbH
im Auftrag der
Kolibri 360 GmbH
Ferdinand-Jühlke-Str. 7
99095 Erfurt